Pete Fromm, geboren 1958. Nach dem Studium der Wildbiologie an der University of Montana und einer Ausbildung als Rettungsschwimmer durchlief er verschiedene amerikanische Nationalparks als Lebensretter und als Ranger. 1987 begann das Schreiben über Natur und Wildnis in den Vordergrund zu treten. Es folgten Literatur-Workshops und eine Reihe von Veröffentlichungen, darunter »The Tall Uncut« und »King of the Mountain«, zwei Sammlungen mit Kurzgeschichten. 1991 gewann er den Sierra-Club-Natur-Schreibwettbewerb. Er ist Mitherausgeber einer Naturzeitschrift und lebt als freier Autor in Great Falls, Montana.

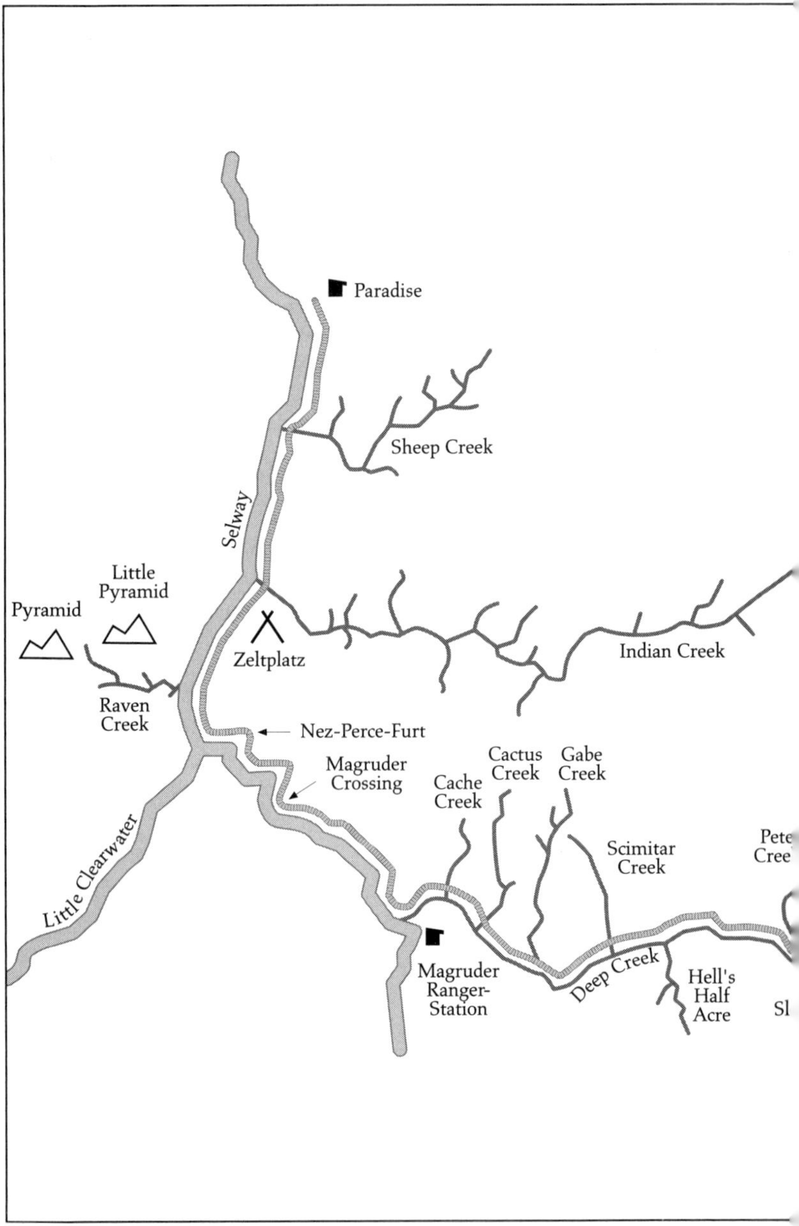

Paradise
Sheep Creek
Selway
Little Pyramid
Pyramid
Zeltplatz
Indian Creek
Raven Creek
Nez-Perce-Furt
Magruder Crossing
Cactus Creek
Gabe Creek
Cache Creek
Scimitar Creek
Pete
Cree
Little Clearwater
Magruder Ranger-Station
Deep Creek
Hell's Half Acre
Sl

Montana
Kartenausschnitt
Idaho
Trapper Peak
Idaho
Montana
Straße nach West Fork
Missoula 137 km
Ende der asphaltierten Straße
Nez-Perce-Pass
Kerlee Creek
Blondies Hütte
Gulch
Straße
Fluss
Bach
0
1
2
3
4 km

Pete Fromm

Ein Winter am Indian Creek

Allein in der Wildnis Montanas

Aus dem Amerikanischen
von Angela Meermann

NATIONAL GEOGRAPHIC
FREDERKING & THALER

Die Deutsche Bibliothek – CIP-Einheitsaufnahme
Ein Titeldatensatz für die Publikation ist bei
Der Deutschen Bibliothek erhältlich.

NATIONAL GEOGRAPHIC ADVENTURE PRESS
Reisen · Menschen · Abenteuer
Die Taschenbuch-Reihe von
National Geographic und Frederking & Thaler

3. Auflage November 2003

Titel der Originalausgabe: Indian Creek Chronicles
erschienen bei Lyons & Burford Publishers, Inc., New York, USA

Aus dem Amerikanischen von Angela Meermann
Titelfoto/Fotos: Pete Fromm
Umschlaggestaltung: Atelier Bachmann & Seidel, Reischach
Karte: Designstudio Fleischer, München
Gesamtbetreuung: Ariadne Buchkonzeption, Christine Proske, München
Herstellung: Caroline Sieveking, München
Druck und Bindung: Clausen & Bosse, Leck
Printed in Germany

ISBN 3-89405-073-X
www.frederking-thaler.de

Das Papier wurde aus chlorfrei gebleichtem Zellstoff hergestellt.

KAPITEL 1

Die Wildhüter waren fort, und auf einmal kam mir das Zelt noch kleiner vor. Ein plötzlicher Schauder überlief mich. War das nun mein Zuhause? Sieben Monate lang? Den ganzen Winter über? Und nur ich allein? Ich blickte die steilen, dunklen Felswände des Canyons empor, die schon die Nachmittagssonne verdeckten. Nichts lag hinter diesen Felsen und Wänden von Selway-Bitterroot als noch mehr Wildnis. Und ich war allein mitten in ihrem Herzen.

Der Schatten der Canyonwand fiel auf mich, und ich entfloh ihm auf die Wiese, wo noch ein wenig Sonne schien. Raschelnd schritt ich durchs kniehohe Gras. Zwischen turmhoch aufragenden Fichten und Zedern am Saum der Lichtung strich eine Brise. Das unentwegte Plätschern des Flusses war allgegenwärtig und erzeugte eine durchdringende Stille, die mich wie ein Leichentuch einhüllte.

Ich hielt am Telefonposten, meiner einzigen Verbindung zur Außenwelt, wie mir der Wildhüter gesagt hatte. Gestern hatten wir noch festgestellt, dass das Telefon nicht funktionierte. Trotzdem nahm ich den Hörer ab und lauschte dem absoluten Schweigen – der Stimme aus der Außenwelt. Noch mit dem Hörer am Ohr wandte ich mich um und blickte auf das entfernte Zelt im Schatten, das ich erst jetzt in seinen wirklichen Ausmaßen wahrnehmen konnte.

Die Zeltwände umfassten eine Gesamtfläche von drei mal vier Meter. So hatten es mir jedenfalls die Wildhüter gesagt – etwas beschönigend, damit es auch größer klang.

Damals am Schwimmbecken des Colleges, als ich diesen Job telefonisch zusagte, hatte sich das Zelt so groß wie ein Palast angehört.

Ich hängte den stummen Telefonhörer ein und kehrte zum Zelt zurück. Nun zog ich die Zeltplanen am Eingang beiseite und trat ein. Ein Haufen Kartons und Säcke – meine gesamte Habe und Proviant für die nächsten sieben Monate – türmten sich mitten auf dem Boden und nahmen erheblich viel Platz ein. Ich erinnerte mich, wie gestern noch meine Bude vollgestopft gewesen war mit diesen Kartons und Säcken und mein Zimmergenosse und ich uns kleine Gassen dazwischen gebahnt hatten.

Ich hockte mich auf den Haufen, und Boone, ein winziger, rattenähnlicher Hund, den mir mein Zimmergenosse geschenkt hatte, setzte sich zu meinen Füßen. Für dieses Unternehmen war er eigentlich noch zu jung; befand er sich mehr als ein bis zwei Meter von meinem Bein, verweigerte er es kategorisch, sich auf irgendetwas einzulassen. Beklommen holte ich tief Luft und kraulte seine Schlappohren. »Ist es nicht wunderschön hier, Boone?«, flüsterte ich. Doch anstatt auch nur die geringste Begeisterung für die kommenden sieben Monate Einsamkeit aufbringen zu können, saß ich nur da und streichelte sein warmes Köpfchen. Wie um alles in der Welt war ich bloß hierher geraten?

Ich dachte wieder an das Telefongespräch mit dem Wildhüter am Schwimmbecken, als ich zum ersten Mal von dem Job erfahren hatte. Jetzt wurde mir klar, dass alles mit dem Schwimmtraining begonnen hatte, bevor ich von diesem Unternehmen auch nur die geringste Ahnung hatte.

Der allererste Schritt auf dem langen Weg hierher war der, den mein Bruder vor vier Jahren auf einer Treppe in

Milwaukee verfehlt hatte. Paul, mein Zwillingsbruder, war der Schwimmstar der Highschool. Er stürzte also diese Treppe hinunter und brach sich ein Bein. Das war das Ende seiner Schwimmkarriere für diese Saison – und der Anfang der meinen.

Gleich am nächsten Morgen bedrängte mich der Trainer: »Sie sind doch Fromms Zwillingsbruder?«

Wir sahen uns zwar überhaupt nicht ähnlich, aber warum sollte ich lügen?

»Alles klar. Das Training beginnt um fünfzehn Uhr dreißig. Bis dann.«

»Ich bin kein Leistungsschwimmer«, sagte ich.

»Aber Sie sind doch Pauls Zwillingsbruder?«

Darauf gab ich keine Antwort, also wiederholte ich nur: »Fünfzehn Uhr dreißig« und verschwand durch die Tür.

Als die Schulglocke an diesem Nachmittag zum letzten Mal schrillte, machte ich mich auf den Weg nach Hause, doch in allerletzter Minute bog ich ganz automatisch zur Schwimmhalle ab. Bis zu dem Moment, da mich der penetrante Chlorgeruch umgab, hatte ich nicht vorgehabt, sie zu betreten. Instinktiv hatte ich die erste einer Reihe gedankenloser Entscheidungen getroffen, die mich schließlich in dieses Zelt brachten.

Ich kämpfte mich durch zwanzig Runden, und als alle es geschafft hatten, dachte ich, es wäre vorbei. Es würde wohl keiner auch nur noch eine einzige Runde schwimmen können. Doch dann teilte der Trainer die nächste Staffel ein, und ich rackerte mich weiter mit meinen Leidensgenossen ab. Alles andere hätte schlappmachen bedeutet. Dies war zwar nicht meine Welt, aber ich wollte mich auf keinen Fall blamieren.

Das war im Junior Year, dem Jahr der Collegewahl. Doch die Welt des Schwimmens vereinnahmte mich völlig, und an das College verschwendete ich so gut wie keinen Gedanken. Im Senior Year verbrachte ich sogar die Mittagspausen im Becken und bahnte mir ganz allein den Weg durchs Wasser, um die in den Unterrichtsstunden verlorene Zeit wieder aufzuholen. Nur der Trainer schritt am Beckenrand entlang und feuerte mich an. Mit seinen Rufen in den Ohren und dem stechenden Sauerstoffmangel in meinen Lungen begann ich, mir Fantasiewelten auszumalen – Weltrekorde, die Olympiade, die sieben Goldmedaillen von Mark Spitz um meinen Hals –, die der Grundstock zu meinen Tagträumen wurden. Ein Leben in Abgeschiedenheit war genau richtig.

Zum Ende meiner Highschool-Zeit war ich immer mehr bemüht, den Fragen meiner Eltern nach meiner Collegewahl auszuweichen, bis eines Tages vom Stapel mit den College-Unterlagen meines Freundes ein Brief herunterfiel. Auf dem Briefkopf prangte ein kraftstrotzendes Dickhornschaf, das stolze Symbol für wilde Natur und Freiheit. Darunter standen die obskuren Worte *Wildbiologie* und *University of Montana*.

Jahrelang hatte meine Familie im Sommer Campingreisen unternommen. Angefangen hatten wir mit einem gewöhnlichen Wohnwagen, dann brachten wir es zu einem Familienzelt. Schließlich unternahmen wir sogar Kanufahrten und ein bis zwei Rucksackwanderungen. Je weniger zivilisiert, umso lieber – das war meine Devise. Also ließ ich mich oft mitten auf der Strecke absetzen, während meine Familie weiter zu den markierten Wanderwegen fuhr. Ich zog es vor, allein auf Entdeckungsreise zu gehen, ohne die Anleitungen eines Führers, der mir vorgab, was ich anzuan, und sofort fühlte ich mich wie zu Hause in Wisconsin im Country Club, bei einem netten Flirt mit den Mädchen in ihren hautengen Badeanzügen. Natürlich würde so etwas kein Trapper tun, das war mir klar. Jener Sommer war der erste, den ich fort von zu Hause verbrachte. Ich jobbte im Nationalpark am Lake Mead in Nevada, allerdings wieder als Rettungsschwimmer, da ich zu meiner Schande noch nicht die Fähigkeiten besaß, um als Ranger zu arbeiten.

Das Mädchen hatte einen Sommer mit einer Freundin als Köchin in einer Wandererhütte in der Wildnis von Idaho verbracht. Sie stammte aus New Jersey und erzählte mir in ihrem näselnden Tonfall über das Kochen, das Wandern und über einen Indianerort namens Nez-Perce-Pass. Ich hatte sämtliche Bücher über die Nez Perce gelesen. Chief Joseph. »Ich werde niemals wieder kämpfen.« Auf diesem Gebiet war ich Experte. Doch ich saß hier in einem Rettungsboot, während mir ein Mädchen aus New Jersey erzählte, wie sie in den Bergen gelebt hatte – jenen Bergen, die ich nur aus den Büchern kannte.

Ich hörte ihr kaum richtig zu, als sie von einer Freundin erzählte und einen Wildhüter in Idaho erwähnte. Ihre Freundin hatte einen Job bei der Fischerei- und Jagdverwaltung von Idaho angenommen, bei dem man einen ganzen Winter allein in den Bergen verbringen musste. Es hatte etwas mit Lachslaich zu tun.

Nun war ich ganz Ohr. Mitten in der Wildnis. Allein. Wie ein Trapper. Sie meinte, sie persönlich fände das ziemlich cool, aber ihre Freundin, die wäre jetzt mit einem Typen zusammen und fände das gar nicht mehr so cool. Es bedeutete schließlich sieben Monate Einsamkeit. Heute hätte ihre Freundin dem Wildhüter abgesagt. »Mann, der war vielleicht stinkwütend«, sagte sie. Er hatte jetzt nur noch zwei Wochen Zeit, jemand anders zu finden, der bereit wäre, sieben Monate allein in der Wildnis zu verbringen. Solche Leute wüchsen nicht auf den Bäumen, sagte sie noch, und das gesamte Projekt sei jetzt gefährdet.

Sie gab mir Namen und Telefonnummer des Wildhüters. Ich rief ihn vom Pool aus an. Genauso wie es ein Trapper getan hätte. Einfallsreich und spontan. Die Gelegenheit beim Schopf packen. Ohne lange zu fackeln.

Ich spürte, wie erfreut der Wildhüter war über diesen Anruf aus heiterem Himmel, aber dennoch gab er sich große Mühe, alles über den Job Punkt für Punkt aufzuführen. Er sagte sogar, dass er meine Zusage nicht eher annähme, als bis er sämtliche Bedingungen aufgelistet hätte. Er wollte auf keinen Fall, dass jemand aus einem romantischen Impuls heraus zusagte und ihn dann doch wieder sitzen ließe. Er verwendete tatsächlich das Wort romantisch. Es war ganz bestimmt nicht seine Absicht, aber genau mit diesem Wort hatte er mich geködert.

»Sie werden in einem Wohnzelt am Zusammenfluss des Selway River und des Indian Creek leben«, erklärte er. »Mitten in der Selway-Bitterroot-Wildnis.« Ich hatte zwar keine Ahnung, was ein Wohnzelt war, doch ich hielt den Mund.

»Das liegt genau über der Wildhüter-Station von Paradise. Wissen Sie, wo das ist?«

»Nein.«

»Wo das Treibgut zusammenkommt«, sagte er und machte eine kleine Pause, ehe er weiterredete. Ich hatte noch nie Treibgut gesehen.

Ab Mitte Oktober bis Mitte Juni sollte ich mich um eine halbe Million Lachslaich kümmern, der in einem Kanal zwischen den beiden Flüssen abgelenkt wurde. Die nächste ausgebaute Straße war vierzig Meilen, der nächste Mensch sechzig Meilen weit entfernt. Falls ich Interesse hätte, fuhr er fort, könnte er mir allerdings nur zwei Wochen Vorbereitungszeit geben.

Ich hörte kaum noch zu. Es klang einfach perfekt. Endlich bot sich die Chance, alles über das Trapperleben zu erfahren. Romantische Vorstellung oder Wirklichkeit? Falscher Traum oder berauschende Freiheit? Egal, was sich dabei herausstellt, sicher wäre es etwas, worüber ich später erzählen könnte. Endlich hätte ich meine eigene Trappergeschichte.

Das klinge alles nicht schlecht, sagte ich dem Wildhüter. Wenn ich aufmerksamer zugehört hätte, hätte ich allerdings sein Kopfschütteln ahnen können.

»Wollen Sie nicht wissen, wie viel Sie dabei verdienen?«, fragte er.

Na klar, sagte ich, obwohl ich keinen Gedanken daran verschwendet hatte.

»Zweihundert Dollar pro Monat«, sagte er.

»Okay.« Zu schön, um wahr zu sein. Geld bekäme ich auch noch dafür.

Er meinte, ich sollte ihn am nächsten Morgen noch einmal anrufen. »Kein Problem«, erwiderte ich. Reine Formsache. Im Grunde hatte ich schon zugesagt.

KAPITEL 2

Kaum hatte der Wildhüter den Hörer aufgelegt, rief ich meine Eltern an. Sie würden nicht gerade einen Luftsprung machen, wenn ich ihnen sagte, dass ich aussteigen wollte. Anfangs hatten sie aber so viele andere Fragen auf dem Herzen, dass sie gar nicht erst zum Thema kamen. Die meisten hätte ich wohl selber dem Wildhüter stellen sollen, beispielsweise: Wie würde ich mit der Außenwelt kommunizieren?

Darauf erklärte ich ihnen, ich bekäme wahrscheinlich ein Radio oder etwas Ähnliches zur Verfügung gestellt.

»Wie willst du dich warm halten?«

»Es ist anscheinend ein großes Zelt. Der Wildhüter sagte, es hat einen Holzofen.«

»Und wenn du dir den Fuß mit einer Axt abhackst? Wer wird dir helfen?«

»Dann benutze ich das Radio«, antwortete ich. »Wenn du eines hast«, erwiderten sie. Ob sie tatsächlich jemanden für so blöd hielten, sich den Fuß abzuhacken?

Ich wirkte nicht gerade beruhigend auf sie, doch dann kam mir wieder Hugh Glass in den Sinn, wie er Hunderte von Meilen entlanggekrochen war, nachdem ihn ein Grizzlybär halb zerfleischt hatte. Das erzählte ich meinen Eltern. »Sollte es brenzlig werden«, meinte ich, »sind es schließlich nur vierzig Meilen. Notfalls lege ich die auf allen Vieren zurück.« Diese Vorstellung war erst recht kein Trost für sie.

Meine Mutter wurde immer logischer, ich immer defensiver. Ich gab Dinge von mir wie: »Diese Erfahrung wird mir im Beruf weiterhelfen. Ohne eine Menge Erfahrung kriegt man nie einen Job in der Wildbiologie.« Meine Mutter hielt die Erfahrungen eines Wahnsinnigen allerdings keineswegs für besonders förderlich.

»Was ist mit dem Studium?«, fragte sie schließlich.

»Das hat erst seit einer Woche begonnen. Ich kann problemlos aussteigen.«

Daraufhin Schweigen – keines ihrer Kinder war je aus etwas ausgestiegen. »Ich kann immer noch nächstes Jahr weitermachen«, sagte ich in die Stille hinein, obwohl mir der Unterricht zunehmend lächerlich vorkam und ich mir keineswegs im Klaren darüber war, ob ich je wieder mein Studium aufnehmen würde.

Endlich sagte mein Vater etwas Ähnliches wie: »Na ja, schließlich bist du wegen einer Chance wie dieser nach Montana gegangen.«

Ich stimmte ihm heftig zu, ohne mir je darüber bewusst gewesen zu sein, weshalb ich eigentlich hergekommen war.

Meine Mutter am Schlafzimmertelefon legte wilden Protest ein, doch mein Vater unterbrach sie lange genug, um mir Gelegenheit zu geben aufzulegen, ehe die Sache noch ungemütlicher wurde. Ich starrte auf das Telefon im Büro des Grizzly Pool. Meinen Fuß mit einer Axt abhacken? War ich in ihren Augen tatsächlich ein solcher Idiot?

Aber Rader würde sofort begreifen, wie großartig die Sache war. Ich zog mich blitzschnell um und raste über den Campus-Rasen, um ihm alles haarklein zu berichten.

»Sieben Monate?«, fragte er. »Ohne eine Menschenseele zu sehen?«

Ich nickte, fügte aber hinzu: »Ich nehme an, sie werden mich ab und zu mit dem Schneemobil besuchen. Um mir Post und so zu bringen.« Das erwähnte ich nur ungern. Es klang viel mehr nach Trapperleben, sieben Monate ohne irgendeinen menschlichen Kontakt zu verbringen.

»Du spinnst«, erklärte er, doch er war Feuer und Flamme. Eine großartige Erfahrung, gab er zu, obwohl er sie persönlich für nichts auf der Welt hätte machen wollen. Dies stimmte mich zwar etwas nachdenklich, machte aber die Sache noch spannender. Das war nichts für irgendeinen dahergelaufenen Dummkopf. Diese Sache setzte eine besondere Sorte Mensch voraus.

Rader war viel weniger von der romantischen Seite des Unternehmens begeistert als ich, und auch er stellte einige Fragen: Wie würde ich mitten in die Wildnis gelangen? Eine Straße führte dorthin, gestand ich. »So eine Art Korridor, hat der Wildhüter gesagt. Ab Ende Oktober, Anfang November ist sie meistens zugeschneit.«

»Du musst dein ganzes Zeug also nicht mit dem Pferd transportieren?«

Ich gab zu, dass ich meine Sachen auf einem Laster der Fischerei- und Jagdverwaltung hinbringen konnte.

»Deine Ausrüstung musst du dir also selber besorgen? Was ist mit dem Proviant?«

»Ich muss alles zusammenhaben, bevor sie mich abholen.«

»Wie viel Zeit hast du?«

»Zwei Wochen.«

Er pfiff wie bei der Lektüre seiner fantastischen Abenteuergeschichten.

»Kommen sie für deine Lebensmittel auf?«

Ich schüttelte den Kopf. »Das ist meine Sache, nehme ich an. Er hat nichts davon erwähnt.«

»Was ist mit deinem Stipendium?«

Darüber hatte ich mir noch keine Gedanken gemacht. Während Rader sich die letzten Dollar für sein Studium zusammenkratzen musste, war ich mit einem Scheck von über fünfhundert Dollar aus dem Sekretariat herausspaziert. »Das geht mir wahrscheinlich durch die Lappen.«

Er erkundigte sich nach der Höhe des Stipendiums. Noch nie ein Rechengenie, dauerte es eine Minute, bis er feststellte: »Du gibst also fünfzehnhundert Dollar Stipendium für vierzehnhundert Dollar Gehalt auf?«

Ich nickte.

»Immerhin lassen sie dich deinen ganzen Proviant selbst bezahlen.«

Ich nickte jetzt etwas weniger zuversichtlich. Aus dieser Sicht hatte ich die Sache noch nicht betrachtet.

»Ich frage mich, wie viel Miete sie fürs Zelt verlangen.«

»Davon hat er nichts erwähnt«, antwortete ich. »Sie können eigentlich keine Miete von mir verlangen.«

Rader lachte und packte zwei kleine Bierflaschen, die auf dem Fensterbrett kühlten. Wir ließen die Kronkorken springen, und er hob sein Bier zum Anstoßen. »Verdammter Bursche«, sagte er und schüttelte dabei den Kopf. Ich strahlte über das ganze Gesicht.

Die Biere, die wir an jenem Abend zur Feier entkorkt hatten, flossen in den nächsten zwei Wochen geradezu unaufhörlich weiter. Freunde, die von meinem Plan hörten, schmissen Partys oder luden mich ein, einen draufzumachen, um die Zivilisation ein letztes Mal so richtig zu genießen. Abschiedsfeten lösten sich ab, und egal wie triefäugig und verschlafen ich dreinblickte, stets tauchte ein frisches Gesicht auf mit einer dringenden Einladung für den nächsten Abend. Meine Einkäufe erledigte ich in den Verschnaufpausen zwischen den Festivitäten. Ich hatte keine Ahnung, was ich brauchte. Ob das ein Vorteil war oder ein Nachteil, kann ich nicht sagen.

Von Mutterns Küche war ich direkt in der College-Kantine gelandet; mehr als ein oder zwei Hotdogs hatte ich bisher in meinem Leben noch nicht zubereitet. Nun stand ich vor dem Problem, für sieben Monate Lebensmittel einkaufen zu müssen. Ratlos wanderten Rader und ich durch die Gänge des Supermarkts. Ich kaufte, wie sich herausstellte, genug Reis für mehrere Jahre und genug Bohnen für Jahrzehnte. In letzter Minute fiel mir noch ein, eine Kaffeemaschine und einige Töpfe und Pfannen zu besorgen – Dinge, die ich je weder besessen noch benutzt hatte. Schließlich besorgte ich mir noch hundert Pfund Kartoffeln, für die ich ein Vorratslager graben wollte, um sie vor dem Erfrieren zu bewahren. Eigentlich wusste ich nicht genau, wie man so etwas machte, aber das Wort *cache* tauchte immer wieder in den Trapperbüchern auf. Irgendwie hörte sich das gut an.

Wir verstauten sämtliche Lebensmittel in unserer winzigen Bude, wo sie sich zu einem beeindruckenden Haufen türmten. Dann ging es weiter. Diesmal besorgten wir die Dinge, die uns Spaß machten. Rader war überzeugt, dass ich nicht den ganzen Winter über Bohnen futtern, sondern bald ein geschickter Jäger würde, der sich seine Nahrung selbst beschaffte. Ich hatte zwar in meinem Leben noch nie ein Tier erlegt, aber der Gedanke reizte mich. Mit dem »Wildtöter« fuhren wir zu einem Geschäft für Jagdausrüstung, wo ich fast mein ganzes Geld loswurde.

Ich besorgte Kerzen, Äxte und Beile. Ich kaufte zwei Paar Schneeschuhe – ein rundes und ein langes Paar, obwohl mir der Unterschied nicht ganz klar war. Sie waren aus Eschenholz und ungegerbtem Leder hergestellt und strahlten eine robuste Schönheit aus.

Als Nächstes kamen Wollunterhosen dran; drei Paar, obwohl zwei eigentlich genügten. Aber ich wollte nicht mitten in der Wildnis plötzlich ohne Reserveunterhosen dastehen.

Dann wurde es richtig spannend: Jetzt kam der Einkauf der Trapperausrüstung; die war zweifellos die Hauptsache. Obwohl ich nicht wusste, wie man damit umging, kaufte ich Fallen – kein Trapper kam ohne Fallen aus. Rader kannte sich aus mit dem Fallenstellen. Früher in Ohio hatte er Bisamratten gefangen, und er war bereit, mir all seine Tricks zu verraten. Ab jetzt nahm Rader die Sache in die Hand. Er war wie ein Kind, das in einem Bonbonladen Amok läuft. Ein paar Tage zuvor waren wir in die Berge gefahren, um meinen Vorderlader auszuprobieren, ich mit einem Mordskater. Das Knallen und Rucken des Gewehres trieb mir die Tränen in die Augen, doch nach jedem Schuss qualmte eine dicke, blaue Wolke aus dem Lauf, und ich war begeistert. Rader war allerdings weniger beeindruckt und meinte, ich bräuchte ein ordentliches Jagdgewehr, um in der Wildnis zu überleben. Ich hielt ihm Liver-Eating Johnson entgegen, der nichts dergleichen benötigt hätte, aber in der Waffenabteilung überredete er mich zum Kauf eines 22er Repetiergewehrs. »Mit dem kannst du Kaninchen, Eichhörnchen und dergleichen schießen«, erklärte er. »Wenn du mit deinem Büffelgewehr losballerst, kannst du wochenlang die einzelnen Teile zusammensuchen.«

In unserer Bude wickelte ich beide Jagdgewehre in einen Schafspelz und ein Stück Leder ein. Daraus hatte ich mir ein weiteres Paar Mokassins und ein paar Eskimostiefel anfertigen wollen.

Der Tag meiner Abreise rückte näher, und ich fügte immer wieder Kleinigkeiten zu dem Haufen in unserer Bude hinzu – zum Beispiel ein Büffelhorn, aus dem ich mir ein Pulverhorn machen wollte, wie es in den alten Zeiten benutzt wurde. Ein paar Tage ehe mich die Wildhüter abholen sollten, fielen mir noch Streichhölzer ein, also kamen zahlreiche Schachteln zu dem Haufen hinzu. Die großen Ohio Blue Tips, die Sorte, die ich als Kind auf unseren Campingausflügen immer so gern angezündet hatte.

Schließlich legte ich noch ein paar Bücher dazu. *The Big Sky* – meine Bibel – und Handbücher wie *Foxfire* und Bradford Angiers Bücher über Überlebenstraining sowie die alte Broschüre von Herter mit Kochrezepten für die freie Wildbahn. Auch nachdem ich Rader durch den ganzen Wust von Trapperliteratur gefolgt war, konnte man mich noch immer nicht als einen begeisterten Leser bezeichnen. Für die ganzen sieben Monate Einsamkeit nahm ich nur sechs Bücher mit.

Am Wochenende vor der Ankunft der Wildhüter schleppte mich Rader in die Berge auf einen Jagdausflug. Es war der erste Tag der Großwildsaison, und er wollte unbedingt einen Wapiti erlegen.

Die Nacht davor war recht ausschweifend gewesen. Ich war einfach zu erschöpft, um vor unserer Abfahrt noch irgendwelchen Proviant zu besorgen. Dafür hatte ich meine Hawken dabei. Die Trapper hatten schließlich auch kein

Lebensmittelgeschäft zur Verfügung, wenn sie in die Wälder aufbrachen.

In der Abenddämmerung, nach zehn Meilen enttäuschender Wegstrecke ohne die Spur eines Wapiti, schlugen Rader und ich das Zelt auf. Mein Magen knurrte und zog sich zusammen, und obwohl Rader den ganzen Tag über etwas in sich hineingefuttert hatte, blieb ich standhaft, zu stolz einzugestehen, wie sehr sich der zukünftige Trapper nach einem Bissen Snickers verzehrte.

Kurz vor Einbruch der Dunkelheit konnte ich dann ein Eichhörnchen erlegen, eins von der winzigen roten Sorte aus dem Westen, nicht wie die katzengroßen Eichhörnchen zu Hause. Es war das erste Tier, das ich je getötet hatte. Rader zeigte mir, wie man es ausweidet. Ich war beeindruckt von der perfekten Anordnung der Organe, so fein und säuberlich verteilt wie beim Menschen. Ich stellte mir vor, dass Darwin genau so die Anatomie der Tiere studiert haben musste.

Rader demonstrierte das Häuten des Eichhörnchens; er zog das Fell über den Kopf des Tieres wie einen Strumpf. Das alles waren wertvolle Informationen für mich, wenn ich einmal in die Berge verbannt sein, meine Fallen aufstellen und Felle sammeln würde, um sie dann später bei der Pacific Hide and Fur, der Pelzhandelsgesellschaft, zu einem kleinen Vermögen zu machen. Den weichen, buschigen Eichhörnchenschwanz behielt ich.

Als wir in dieser Nacht am Lagerfeuer saßen und Whisky schluckweise tranken – ich hatte meine Lektion gelernt, egal, was in den Büchern stand – , verschlang Rader ein Peanutbuttersandwich nach dem anderen, während ich langsam den Stock herumdrehte, auf dem das gehäutete Eichhörnchen aufgespießt war. Jede Sekunde, die ich es länger über die Flammen hielt, wurde es schwärzer und zäher. Schließlich verspeiste ich es mit gespieltem Genuss. Meine erste Jagdbeute. Das Innere war heiß, das Äußere verbrannt, und das Fleisch war zäh wie Leder. Es schmeckte nach dem Kiefernholz von unserem Lagerfeuer.

Schließlich bot mir Rader ein Peanutbuttersandwich an, doch ich zögerte so lange, bis ich sicher war, keinen Spott zu ernten. Dann machte ich mich darüber her.

In jener Nacht, als Rader schon auf der gegenüberliegenden Seite der Feuerstelle schnarchte, lag ich wach in meinem Schlafsack und stocherte mit einem Stock im Feuer herum. Ich war hungrig, müde und durchgefroren, doch ich konnte nicht einschlafen. Ich wollte, ich hätte das Mädchen nie getroffen, das an jenem Nachmittag zu mir ans Schwimmbecken gekommen war. Ich dachte an das viele Gepäck, das unsere Bude vollkommen in Beschlag genommen hatte. Mit der einen Hälfte wusste ich nichts anzufangen, die andere hatte ich von Anfang an nicht gewollt. Wie zum Teufel kochte man Bohnen, die hart waren wie Diamanten?

Völlig gerädert von der wilden Trinkerei mit meinen Freunden, von denen ich nun auf lange Zeit Abschied nehmen musste, bekamen die sieben Monate Einsamkeit, die auf mich warteten, endlich einen Anstrich von Wirklichkeit.

Noch zwei Tage, dann sollte ich von den Wildhütern abgeholt werden – und vor mir lagen mindestens noch zehn Abschiedspartys. Meine Lage war ausweglos. Ich war gefangen. Hätten die Wildhüter angerufen und gesagt, das Projekt sei abgeblasen, hätte ich glatt nackt einen Freudentanz auf der Main Street aufgeführt. Mit geschlossenen Augen versuchte ich, ihren Anruf heraufzubeschwören. Die

Sache war aber schon zu weit gediehen, um wieder aus ihr herauszukommen.

Rader und ich fuhren am nächsten Tag zurück in die Stadt, und sofort stürzte ich mich in die Kantine. Meine letzte Abschiedsparty war für den Nachmittag angesagt. Ich schaute noch schnell in meinem Zimmer vorbei, um Rader abzuholen, bevor sich die ganze Clique in die Stadt aufmachte.

Er saß zwischen den Kartons mit Lorrie, einem Mädchen, das in meinem ersten Jahr in Montana meine Freundin gewesen war. Ein unglaublich winziges Hündchen lag in ihren Armen. Halb glich es einem Schäferhund, halb einer Ratte und machte einen völlig verhungerten Eindruck. »Es gehört dir«, erklärte Rader. »Es wäre verrückt von dir, ohne Hund dorthin zu gehen.«

Ich betrachtete das Elendsgeschöpf. »Wir haben ihn unten am Teich geholt«, erklärte Rader. »Er ist halb Husky, halb Schäferhund. Ich habe dem ganzen Wurf mit Wildhuhnfedern vor der Nase herumgewedelt, und der hier ist als Erster losgelaufen.« Rader grinste zufrieden.

Ich hatte mit dem alten Schwimmteam schon ein paar Biere geschluckt und sah abwechselnd Rader, den Hund und dann Lorrie an. Ich fragte mich, seit wann die beiden befreundet waren. Damals, als Lorrie und ich zusammen waren, konnte sie ihn nicht leiden.

»Wie soll es heißen?«, fragte Lorrie und hielt mir das Hündchen entgegen.

»Boone«, antwortete ich. Nach Boone Caudill. Was sonst.

»Es ist ein Mädchen«, bemerkte Lorrie.

»Boone«, wiederholte ich mit einem Kopfnicken.

Dann wandte ich mich an Rader und erklärte, dass wir alle in die Stadt fahren würden. Ich setzte Boone auf dem Boden ab, und sie wackelte zurück zu Lorrie. »Hast du Hundefutter besorgt?«, fragte ich, stolz auf meine Umsichtigkeit.

»Mh-mh.«

»Wie viel werden wir brauchen?«

»Ein paar hundert Pfund oder so.«

Wir brachen also zu unserem letzten Einkauf auf und fügten weitere fünfundsiebzig Pfund Hundefutter zum Lebensmittelvorrat hinzu.

Die Party wartete schon auf uns, und wir zogen los.

Nach und nach verlor sich die Clique in der Stadt aus den Augen. Erst am Montagmorgen, als es schon hell wurde, fand ich wieder nach Hause.

Die Wildhüter hatten mir gesagt, sie kämen zwischen acht und neun Uhr morgens, denn es würde eine lange Fahrt werden. Straßenkarten brächten sie auch mit, daher hatte ich mir selbst keine besorgt. Etwa fünfzehn Minuten bevor sie an meine Tür klopften, wurde mir so richtig klar, dass ich keine Ahnung hatte, wohin die Reise ging.

KAPITEL 3

Für die Wildhüter war das Ganze reine Routine, und bald hatten sie sämtliches Gepäck aus meiner Bude hinausgetragen, schneller, als es mir lieb war. Nun gab es keine Ausflüchte mehr. In der kühlen Oktobersonne standen meine Freunde neben den beiden Lastern der Fischerei- und Jagdverwaltung von Idaho und sahen mich an. Es gab nichts mehr zu tun, also schüttelte ich rundum die Hände, ein paar Mädchen gaben mir einen Kuss. Dann kletterte ich in einen der Wagen, zusammen mit meinem Boss, einem älteren, wildfremden Mann. Boone kuschelte sich auf meinen Schoß.

Beim Verlassen des Campus winkte ich noch. Vor kaum vier Stunden war meine Abschiedsparty noch in vollem Gang gewesen, so wie es die ganzen letzten Wochen gewesen war, seit meinem zwanzigsten Geburtstag, seit ich diesen Job angenommen hatte – und mir war übel. Ich bemühte mich um eine kleine Konversation mit dem Wildhüter, doch er grinste nur über meine roten Augen und bemerkte, sie sähen wie Straßenkarten aus, es sei wohl ein rauschender Abschied gewesen. Das konnte ich nur bestätigen, und obwohl er mich in eine unbekannte Gegend fuhr, um mich dort für sieben Monate allein abzusetzen, nickte ich gegen die Fensterscheibe gelehnt ein, noch ehe wir die Kette der Fastfood-Restaurants am südlichen Ende von Missoula hinter uns gelassen hatten.

In Darby, einem Ort, von dem ich nie zuvor gehört hatte, schreckte ich hoch. Während der Aufseher Benzin auffüllte, kaufte ich mir eine Cola und fragte mich, wann ich wohl die nächste trinken würde. Ich trank zwar nur selten Cola, aber plötzlich konnte ich es gar nicht fassen, dass ich keine mitgenommen hatte. Was hatte ich noch alles vergessen? Ich studierte eine alte Straßenkarte an der Wand. Wir befanden uns bereits fünfundsechzig Meilen südlich von Missoula.

Von Darby waren es ein paar Meilen nach Süden, dann verließen wir den Highway und kamen auf einen anderen asphaltierten Straßenabschnitt. Plötzlich fiel mir ein, dass ich die Abbiegung gar nicht mehr wiedererkennen würde und ich mir nicht einmal die Straßenschilder eingeprägt hatte. Das war bestimmt ein großer Fehler, auch wenn ich nicht genau wusste, warum es mir schaden sollte, denn bis zum Frühjahr würde ich sowieso nicht zurückkehren. Ich hatte keine Ahnung, wo wir waren. Wir kamen jetzt auf eine unasphaltierte, holprige Strecke, die meinem Magen ganz schön zusetzte. Ob das am Kater oder an der zermürbenden Angst lag, konnte ich nicht genau sagen.

Im Führerhaus des Lasters wurde es ganz schön heiß. Wir befanden uns wieder auf einer Asphaltstraße. Gegen meinen Willen döste ich erneut ein.

Nach dem letzten ungepflasterten Straßenabschnitt waren wir über dem Pass, und an Schlafen war nicht mehr zu denken. Ich blickte hinaus auf den schmalen, sich dahinschlängelnden Fluss, dunkle Steilwände ragten auf beiden Seiten des Ufers empor. Es war feucht und dunkel und die Vegetation dichter und üppiger, als ich es kannte. Die schwarzen Felsschluchten schienen sich fast über meinem Kopf zu berühren.

Wir erreichten schließlich eine Lichtung, auf der noch ein paar Zelte von Wapitijägern standen. Die Wildhüter hielten an. Indian Creek. Ohne viele Worte zogen sie einen Stapel Bauholz, Sperrholz sowie das Zelt von einem der Laster herunter und begannen, Pfähle zuzuschneiden. Nachdem der Sperrholzboden ausgelegt war, zogen wir die Zeltleinwand über den obersten Querbalken. Ich musste die Spannschnur festzurren, während sie mühsam das Zelt aufrecht hielten. Ich wickelte die Schnur um einen Baum, wie sie es mich angewiesen hatten, und begann sie zu einer Art Knoten zu schnüren. Der eine Wildhüter – mein Boss – knurrte: »Zwei halbe Schläge halten am besten.«

»Zwei halbe was?«

Wir tauschten die Plätze, dann band er das Zelt fest. Später nahm er mich zur Seite und zeigte mir, wie man zwei halbe Schläge knotete. »Hast du noch nie mit einem Seil zu tun gehabt?«

Ich schüttelte den Kopf. Sie tauschten Blicke aus, und ich gab mir die größte Mühe, nicht gar zu unbeleckt dreinzuschauen, auch wenn es mir nicht ganz einleuchten wollte, warum jemand freiwillig seine Zeit mit Seilen und Knoten verplempern sollte. Mir war immer noch übel von gestern Nacht – aber das hatte mir Spaß gemacht. Im Gegensatz dazu war dies hier, mit den zwei älteren, fremden Männern, alles andere als ein Vergnügen.

Als Nächstes luden wir mein Gepäck aus und stapelten es im Zeltinneren. Der Wildhüter zeigte auf den Lauf meines 22er Gewehrs, der aus dem Ende des eingerollten Schafspelzes hervorlugte. »Du darfst ohne Jagdschein nicht jagen, ist dir das klar?«

Ich nickte.

Der Aufseher stieß gegen einen der Säcke auf dem Boden, und weiße Bohnen rieselten über den Sperrholzboden. »Ich kann mir nicht vorstellen, dass du die alle im Winter verdrücken wirst«, sagte er.

Er blickte sich um und sah zu seinem Kollegen hinüber. Dann zeigte er erneut auf das Gewehr. »Wenn du das Ding da benutzt, pass auf. Wenn Old Ironsides dich auch nur beim Kaninchenschießen erwischt, nagelt er deine Haut auf einen Baum.«

»Old wer?«

Er meinte einen weiteren Wildhüter aus dem Distrikt. »Der hat sein Leben lang versucht, seine Mutter hinter Gitter zu bringen«, sagte er. Beide lachten. »Höchstwahrscheinlich wirst du ihm nie begegnen. Tu uns trotzdem den Gefallen, und mach keinen Unsinn. Sonst wird er womöglich versuchen, uns wegen Beihilfe einzubuchten.«

»Ich möchte damit ein bisschen Schießen üben«, sagte ich. Das war gelogen. »Ich habe noch nie gejagt.« Das war nicht gelogen. Anscheinend glaubte er mir. Schließlich wusste er auch, dass ich noch nie mit einem Seil zu tun gehabt hatte. Wir verließen das Zelt und fuhren zurück stromaufwärts zehn Meilen weiter zur Übernachtung nach Magruder, der Sommerstation der Ranger.

Am Morgen eröffnete mir der Wildhüter, sie würden mir den etwas lädierten Laster für den Winter überlassen. Dann stiegen beide ein und drängten mich loszufahren. Vielleicht hatten sie untereinander etwas Wichtiges zu besprechen. Bei meinem Versuch, von Magruder aus den Berghang hochzukommen, würgte ich den Motor ab, sodass es für beide nicht zu übersehen war, dass ich mit einer Gangschaltung nicht sonderlich gut umgehen konnte. Wieder ein besorgter Blickwechsel zwischen den beiden; dann erklärte mir mein Boss, wie ich die Kupplung bedienen musste. Ruckelnd und stotternd legten wir die nächsten zehn Meilen zurück, doch ich schaffte es bis zum Zelt, ohne auch nur ein einziges Mal den Motor absterben zu lassen. Ich war ziemlich stolz auf mich.

Als die beiden aber herausfanden, dass ich noch nie eine Kettensäge bedient hatte, würdigten sie mich endgültig keines Blickes mehr. Mein Boss gab mir einen Dengelstein in die Hand und meinte, ich fände schon heraus, wie man die Säge zu schleifen habe. Er bot sich nicht an, es mir zu erklären. Sie wollten ihre Bekanntschaft mit mir wahrscheinlich nicht weiter vertiefen, wie alte Soldaten, die einen jungen, unerfahrenen Rekruten mit wenig Überlebenschancen lieber links liegen lassen.

Ich kam mir vor, als wäre ich eben erst auf die Welt gekommen. Die beiden Wildhüter waren zwar hier draußen meine einzige Gesellschaft, doch ich fühlte mich unwohl in ihrer Gegenwart angesichts ihrer geballten Erfahrung. Ich sehnte ihre Abfahrt herbei, als sie mir aber eröffneten, sie würden mittags aufbrechen, wünschte ich mir, ich könnte sie irgendwie zum Bleiben bewegen. Wenigstens für einen Tag.

Zurück am Indian Creek, zeigte mir mein Boss das Telefon, das an einem Pfosten, etwa neunzig Meter von meinem Zelt, angebracht war. Es hatte seitlich eine Kurbel und sah rührend altmodisch aus. Eine einzige Leitung war zwischen den Bäumen von hier bis zur Ranger-Station von West Fork gespannt, vierzig Meilen von Montana entfernt. Er nannte das eine Überlandleitung und sagte mir, ich sollte im Notfall dieses Telefon benutzen. »Dreh die Kurbel. Zweimal lang und einmal kurz für die Ranger-Station«, sagte er und demonstrierte mir, wie es ging, aber das Telefon blieb stumm.

»Wahrscheinlich ist ein Baum auf das Kabel gefallen«, meinte er beiläufig. Dabei vermied er beharrlich, mir in die Augen zu sehen. »In Magruder gibt es noch ein Telefon. Ist aber möglich, dass die Verbindung zwischen hier und Magruder abgeschnitten ist.«

Sie hatten noch eine lange Heimfahrt nach Lewiston vor sich und wollten unbedingt aufbrechen. Ich fuhr sie nach Magruder zu ihrem Wagen, wo sie etwas Zeit erübrigten, um nachzusehen, ob das Telefon noch ging. Tatsächlich – es funktionierte. Mein Boss strahlte. »Großartig. Wenn im Winter irgendetwas sein sollte, benutz dieses hier.«

»Falls kein Baum auf die Leitung fällt«, bemerkte ich, und der Wildhüter nickte. Allerdings gab es hier nichts als Bäume. Ich überlegte erst gar nicht, wie ich mit einem abgehackten Fuß die zehn Meilen zwischen hier und meinem Zelt kriechend zurücklegen sollte. Ich kam mir ganz klein und hilflos vor, und man sah es mir wohl deutlich an.

Wir standen neben den zwei Lastern auf der hübschen Wiese vor der alten Station von Magruder. Mein Boss ging noch einmal die Gangschaltung mit mir durch, dann erklärte er mir die Sache mit dem Brennholz. Die Sonne schien warm auf uns herab, und ich wünschte mir, er würde den ganzen Tag plaudernd mit mir verbringen.

»Wir haben dir genügend Benzin dagelassen und eine Säge. Das Benzin ist schon gemischt, du musst kein Öl mehr dazutun. Aber vergiss nicht das Schmierfett. Sonst brennt dir die Säge bald durch.« Ich nickte zu allem, was er sagte, als hätte ich schon ganze Wälder niedergeholzt.

»Du brauchst wahrscheinlich sieben Klafter«, erklärte er mir. »Vergiss nicht, die müssen fertig sein, bevor du mit deinem Wagen nicht mehr durch den Schnee kommst.«

Eigentlich wollte ich nicht nachhaken, aber diese Information schien mir doch wichtig zu sein. »Was ist ein Klafter?«

Das gab ihnen den Rest. Diesmal tauschten sie nicht einmal mehr Blicke aus – mir in die Augen zu sehen, vermieden sie schon lange. Sie stiegen ein, mein Boss kurbelte das Fenster herunter. »Ein Klafter ist das Raummaß für Brennholz. Es ist ein Stapel, einen Meter breit, einen Meter hoch, zwei Meter lang. Davon brauchst du mindestens sieben. Zehn wären besser, sollte der Winter hart werden. Nichts verdirbt die Laune mehr, als Brennholz durch den Schnee zu schleppen.«

Er streckte den Arm hinaus und reichte mir den Schlüssel zur Ranger-Station und einen weiteren für die Benzinpumpe. »Wahrscheinlich wirst du einen ganzen Tank verbrauchen, wenn du das Brennholz besorgst.« Er schüttelte mir unvermittelt die Hand. »Alles Gute«, sagte er und versprach, wenigstens einmal zurückzukommen, ehe die Straße ganz zugeschneit war. Er löste die Kupplung. »Es wird schon nichts schief gehen«, sagte er, und sie brausten davon.

Dessen war ich mir nicht so sicher. Nach dreimaligem Anlauf, den Laster den Berg hochzubringen, wusste ich, er sollte nicht Recht behalten.

KAPITEL 4

Am ersten Abend hockte ich lange im Zelt auf dem Durcheinander von Säcken und Kartons. Warum war ich hier gelandet? War es denn wirklich so weit mit mir gekommen, nur weil ich rein zufällig ans Leistungsschwimmen geraten war und mein Zimmergenosse gerne Trappergeschichten las? Ich kraulte Boone weiter hinter den Ohren und erinnerte mich an meinen allerersten Tag in Montana, als sich meine Abenteuerlust in ein Gefühl der Einsamkeit und Verwirrung verwandelt hatte. Damals fand ich Zuflucht beim Schwimmen und in der täglichen Routine der Trainingsrunden. Ich starrte auf das Gepäck, das sich unter mir ausbreitete. Mattes, graues Licht schimmerte durch die Zeltplane. Mir war klar, hier gab es keine Zuflucht, kein Schwimmbecken, in das man springen konnte, keinen Trainer, der mir seine Anfeuerungsrufe zubrüllte.

Plötzlich hielt ich es keine Sekunde länger im Zelt aus. Abrupt sprang ich auf und wanderte zum Kanal, den ich beobachten sollte. Der Tag war noch warm. Die Sonne sandte ihre letzten Sonnenstrahlen zwischen den Bergen hindurch auf Kiefern und Föhren. Mit ausgestreckter Hand wollte ich das Licht berühren, das durch die Äste fiel. Ich glaubte, es zu fühlen. Nicht die Wärme, sondern das Gewicht eines jeden einzelnen der Sonnenstrahlen, die wie Seide zwischen meinen Fingern hindurchglitten. Aber das war nur Einbildung.

Nachdem die Sonne hinter den Bergen untergetaucht war, kletterte ich den abschüssigen und baumlosen Südhang des Indian Ridge hinauf, gerade so hoch, dass ich der Dunkelheit des Canyons entkommen konnte.

Ich ließ mich unter einer großen Goldkiefer nieder. Boone verkroch sich in meinem Schoß. Was war Boone doch für ein idiotischer Name für eine Hündin, dachte ich. Auf A. B. Guthrie war ich in diesem Augenblick sowieso nicht besonders gut zu sprechen, schließlich hatten das Buch *The Big Sky* und all die anderen Abenteuergeschichten mich in diese missliche Lage gebracht.

Ich beobachtete den Sonnenuntergang noch einmal vom Bergkamm aus und sah hinunter auf eine der Windungen des Flusses. Weit über mir hinterließ ein Flugzeug einen Kondensstreifen am Himmel. Was zum Teufel hatte ich hier zu suchen? Ich blickte den Fluss hinauf, dorthin, wo Magruder lag und das Telefon stand. Zehn Meilen von hier. Wieder fragte ich mich, wie es wohl wäre, mit abgehacktem Fuß zehn Meilen das dunkle, schlammige Flussbett entlangzukriechen. Keine Menschenseele hatte Hugh Glass auf seinem großen Abenteuer beobachtet. Auf einmal hielt ich ihn ebenso für ein Großmaul wie Jim Beckworth.

Auf dem Rückweg machte Boone schlapp, und so trug ich sie den Rest des Weges auf dem Arm. Diese Nacht schlief ich im Schlafsack neben meinem Gepäck; ich hatte mich nicht aufraffen können, es auszupacken. Meine Kehle war wie zugeschnürt. Ich fürchtete zu ersticken, wenn mich der Schlaf übermannte, doch der ließ lange auf sich warten. Vor lauter Erschöpfung entspannten sich die verkrampften Halsmuskeln, aber das Gefühl der Verlassenheit lastete noch immer auf mir.

Am nächsten Morgen wachte ich neben meinem unausgepackten Reisegepäck auf, doch meine Lage erschien mir jetzt schon weniger düster. Ich schürte das Feuer im Ofen. Der Geruch von Qualm und kühler Morgenluft erinnerten mich an unsere früheren Campingtrips. Ich briet zwei Spiegeleier und verspeiste sie voller Stolz. Ich hatte mir tatsächlich etwas zubereitet. Nach diesem Erfolgserlebnis spazierte ich zu meiner Arbeit, Boone auf den Fersen.

Meine einzige Aufgabe hier war der Laichkanal; es handelte sich um einen zweiundsiebzig Meter langen und etwa zwei Meter tiefen Wassergraben, der mit einem halben Meter durchlässigem Flussgestein aufgefüllt war. Anfang Oktober war der Laich von den Brutstätten aus Idaho heraufttransportiert worden und rieselte jetzt durch das Gestein.

Hier werden Lachse geboren; zumindest war das früher der Fall, ehe im Nordwesten all ihre Flüsse mit Dämmen zugebaut worden waren. Nachdem sie in den kleinen Flüssen überwintert haben, machen sich die Lachse auf eine einjährige Wanderung zum Meer auf, das bedeutet eine Reise von über tausend Meilen. Nach drei bis vier Jahren im Pazifik kehren sie zu ihrem Geburtsort zurück, um ihren Laich abzulegen und zu sterben. Wegen der vielen Dämme und des Fischfangs schaffen es natürlich die meisten nicht. Dieses Programm sollte zumindest genügend Lachsvorkommen zum Fischen sichern. So hatten es mir die Wildhüter erklärt. Ich hatte in Missoula bisher nur Grundkurse besucht, und während ich zwar mittlerweile ziemlich gut über die Doppelhelix der DNA Bescheid wusste, wusste ich von Lachsen so viel wie von halben Schlägen.

Seitdem Idaho sein Brut-Programm in die Welt gerufen hatte, waren die Resultate allerdings recht mager gewesen. Man war davon ausgegangen, der Lachs könnte sich seinen

Rückweg besser einprägen, wenn er in den Nebenflüssen seinen Laich ablegte und dort überwintern würde, anstatt jeden Frühling direkt von der Brutstätte in die kleinen Flüsse überführt zu werden. Meine Aufgabe war es, den Tieren eine faire Chance zu geben.

Im Herbst wurde ein kleines Schleusentor oberhalb des Kanals geöffnet, um so viel Strömung wie möglich zu erhalten und das Gefrieren des Wassers zu verhindern. Im Frühling wiederum musste die Strömung so gut wie gestoppt werden, da der schwere Schlamm, den die Strömung mitschwemmt, die Fische mit sich reißt, die sich zwischen den Flusssteinen versteckt halten. Zwar müssen sie im Sommer bis zum Pazifik schwimmen, doch ihre Kraft reicht hier noch nicht aus, dem Schlammtod zu entfliehen.

Mein Job war es also, jeden Morgen zum Kanal zu gehen, der ein paar hundert Meter von meinem Zelt entfernt lag, und nachzusehen, ob sich am oberen Ende des Kanals Eis gebildet hatte. Jedes Eiströpfchen musste weggehackt werden. Das Prinzip bestand darin, dass sich zwar Eis und Schnee auf der Wasseroberfläche bilden sollten, um den Kanal isoliert zu halten, dass aber zugleich das Gefrieren des darunter liegenden Wassers – und mit ihm all der winzigen Fische – verhindert werden musste.

An diesem ersten Morgen inspizierte ich den Kanal, voller Stolz über die verantwortungsvolle Aufgabe, mit der man mich betraut hatte. Mein Boss hatte schon das Schleusentor auf die richtige Höhe für den Winter eingestellt. Nirgendwo war auch nur das geringste Anzeichen von Eis zu sehen. Ich betrachtete das kristallklare Wasser. Keine Spur von meinen Fischen, die sich tief unten zwischen den Steinen versteckt hielten. Es gab nichts für mich zu tun.

Das also war mein Job. Sonst nichts. Sollte sich Eis bilden, war es eine Arbeit von fünfzehn Minuten, einschließlich des Hin- und Rückwegs. Die restliche Zeit gehörte mir. Ich musste nur dem Kanal täglich einen Besuch abstatten. Sieben weitere Monate. Mir war schleierhaft, wie ich die restlichen dreiundzwanzigeinhalb Stunden des Tages ausfüllen sollte, nachdem ich meine Fische inspiziert hatte.

Ich erklärte meine Arbeit für heute als beendet und machte mich auf den Weg zurück zum Zelt. Ich nahm den längeren Weg – Zeit hatte ich ja –, um die kleine Insel zu erforschen, die zwischen Kanal und Fluss entstanden war. Ich hüpfte über das Schleusentor, hielt aber inne, als ich Boone wimmern hörte. Sie sprang auf und ab, duckte sich zum Sprung und stellte sich dann völlig entmutigt wieder auf. Ich machte kehrt, rief ihren Namen und klatschte ermunternd mit der Hand auf den Schenkel. Endlich wagte sie den Sprung, doch er misslang. Ich hörte noch ihre Krallen an der Betonwand entlangkratzen und dann den Plumps ins Wasser.

Sie war in den Fluss gefallen und nicht in das seichte, langsam fließende Wasser des Kanals. Als ich sie entdeckt hatte, tauchte sie auf und nieder, die Beinchen paddelten abwechselnd wild in der Luft und im Wasser, wie bei einem Ertrinkenden. Ich hüpfte von Stein zu Stein, bis ich bei ihr war und sie am Nacken aus dem Wasser ziehen konnte. Mit ihrem patschnassen Fell ähnelte sie einer Katze. Sie zitterte am ganzen Leib und vergrub sich an meiner Brust. Sie war so winzig, dass sie mich kaum nass machte. Um sie aufzuwärmen, hielt ich sie mit beiden Armen fest an die Brust gepresst und schritt wieder in Richtung Zelt. Dort rubbelte ich Boone kräftig ab, bis ihr Fell trocken war, und machte

Feuer. Auf dem Handtuch neben dem Ofen schlief sie so tief und fest ein, dass es mir angst und bange wurde, ob sie je wieder aufwachen würde.

Am liebsten hätte ich nur dagesessen und sie beobachtet, aber ich fürchtete, den Verstand zu verlieren, wenn ich nur einfach tatenlos herumsaß. Während sie also tief schlummerte, beschloss ich, mich im Zelt häuslich einzurichten. Ich begann, meine Sachen auszupacken und zu entscheiden, wohin das schmale Bett mit dem Sprungfederrahmen, wohin der Sperrholztisch kam. Vor jeder Entscheidung rückte ich die Möbelstücke hin und her, denn es war wichtig, dass alles auf dem bestmöglichen Platz zu stehen kam. Allerdings dämmerte es mir, dass es mir bei all dem vor allem darauf ankam, mich zu beschäftigen.

Die alten Holztruhen aus Magruder rückte ich in die rechte Zeltecke, mein Bett und die Kienspäne kamen auf die linke Seite, der Tisch wurde zwischen beidem gegenüber der Tür aufgestellt. Der Ofen kam in die Ecke, an einer Seite stand der Tisch, an der anderen das Bett. Eine Truhe stopfte ich voll mit Kleidung, in der anderen verstaute ich meine Lebensmittel. Im kleinen Zwischenraum hinter den Truhen versteckte ich die sperrigen Sachen – Hundefutter, Bohnen und Reis. Hin und wieder warf ich einen Blick hinüber zu Boone, um mich zu vergewissern, ob sich ihre Rippen noch hoben und senkten.

Als Boone wieder auf den Beinen war, wieder frisch und munter, spazierten wir zur Wiese. Es gab nichts weiter zu tun, als auf die paar Stücke Brennholz zu starren, die ich mit den Wildhütern gesammelt hatte. Um mich zu vergewissern, ob die Kettensäge noch da war, sah ich hinten im Laster nach und kroch dann ins Führerhaus. Boone hüpfte mir sofort auf den Schoß. Die Suche nach Brennholz würde sehr viel Zeit beanspruchen.

Vor ihrer Abreise hatten die Wildhüter einen Baum geschlagen, um mir zu zeigen, wie man das machte. Damit mir etwas warm wurde, begann ich, die Äste des gefällten Baumriesen abzusägen. Dann schnitt ich ihn in Scheite von einem halben Meter Länge, sodass sie in meinen Ofen passten. Immer fest zupacken, hatten mir die Wildhüter geraten. Also nahm ich mir vor, Bäume zu fällen.

Als ersten Baum suchte ich mir einen mit einer starken Schlagseite aus, der meiner Ansicht nach einfach in eine bestimmte Richtung fallen musste. Ich schlug eine Kerbe und überprüfte zweimal, ob er auch tatsächlich in die Richtung fallen würde. Während ich den Keil in den Stamm hieb, vergewisserte ich mich ständig, ob der Baum nicht doch noch zur anderen Seite fallen würde. Noch während ich ihn mit der Säge bearbeitete, schielte ich immer wieder nach oben; bei der kleinsten Erschütterung stellte ich sofort die Säge ab und stob wie ein Hase davon. Als das große Zubodenkrachen ausblieb, beschloss ich abzuwarten und verschanzte mich hinter einem Baum als Schutzschild zwischen mir und meinem »Opfer«. Mein Baum stand zwar noch, schwankte aber schon erheblich. Ratlos blieb ich in meinem Versteck und überlegte, was ich tun könnte, als ein rettender Windstoß aufkam und den Stamm durchbrechen ließ. Der Baum fiel langsam zur Seite. Schließlich prallte er auf den Boden, und ich brach in ein wildes Kriegsgeheul aus, überrascht über mich selbst. Dann begann ich, den Baum in Blöcke zu sägen. Bald musste ich mir sämtliche Hemden vom Leib reißen. Der Herbstwind kühlte meinen Schweiß.

Als ich den Laster zum dritten Mal vollgeladen hatte, entdeckte ich einen umgeknickten Baum, der gut für Brennholz geeignet schien. Das taten zwar in meinen Augen fast alle, doch dieser lag auf dem Berghang im rechten Winkel zur Straße. Ich stellte meinen Wagen auf der Straße so hin, dass die Stämme direkt auf ihn zurollen konnten. Danach schleppte ich meine Säge hinauf und begann, den Baum zu bearbeiten. Mein Rücken schmerzte von dem dauernden Bücken, und die Sägespäne klebte an meinen verschwitzten Armen, doch es machte Spaß und lenkte mich ab.

Als ich mit dem Sägen fertig war, ließ ich den ersten Holzblock den Berg hinunterkullern. Er landete direkt vor dem Laster. Mit einem breiten Grinsen malte ich mir aus, wie lange ich wohl gebraucht hätte, wenn ich ihn den ganzen Weg hinuntergeschleift hätte. Der nächste Block rollte über die Straße auf die andere Seite. Immerhin noch besser, als sie alle einzeln hinunterzuschleppen. Ich ließ immer mehr Holzblöcke den Hang hinunterrollen, bis einer von ihnen das Rücklicht des Lasters zerschmetterte und die Ladefläche seitlich leicht eindrückte. In Windeseile war ich unten, um den Schaden zu inspizieren. Kalter Angstschweiß rann an mir herunter, der so anders war als der Schweiß bei der Arbeit. Was war ich doch für ein Esel! Fluchend stand ich neben dem Wagen. Die Freude am Brennholzschneiden war mir gründlich vergangen, und ich stellte mir die bange Frage, ob die Wildhüter wohl sämtliche Dellen und Schrammens des Lasters noch im Gedächtnis hatten.

Am Abend fiel ich ins Bett, völlig erschöpft. Ich dachte wieder an das dumpfe Hinunterpoltern der Holzblöcke über Moos und Tannennadeln, ich konnte das zersplitternde Rücklicht des Lasters regelrecht hören. Ich nahm mir fest vor, ab sofort zuerst zu überlegen, bevor ich wieder etwas so Unbedachtes unternahm, wie Holzblöcke direkt auf einen Laster rollen zu lassen. Die Wildhüter mussten mich für einen Riesenarmleuchter halten.

KAPITEL 5

Nach meiner Ankunft waren es noch drei Wochen bis zum Ende der Jagdsaison. Immer noch konnte man auf dem kleinen Straßenabschnitt inmitten der Selway-Bitterroot-Wildnis Wapitijägern begegnen. In den letzten Tagen wurden sie immer neugieriger, warum jemand am Schluss der Jagdsaison unverdrossen weiter Brennholz stapelte. Schließlich hielten sie es nicht mehr aus, und einer von ihnen kam zu mir herübergeschlendert, als ich gerade mit dem Beil hantierte, und erkundigte sich, was denn hier los sei.

Meine Geschichte machte die Runde im Jägercamp: Während der nächsten Tage – das Camp wurde langsam aufgelöst – schauten stoppelbärtige Männer in orangefarbenen Wollpullovern bei mir vorbei und boten mir die Überreste aus ihren Zelten an. So kam ich zu einer kuriosen Sammlung von Lebensmitteln und halb leeren Flaschen – meist Brandy in Geschmacksvariationen wie Aprikose, Pfirsich und Brombeere, lauter Zeug, das ich noch nie getrunken hatte. Ich glaube, das war ihre Art, mir ihr Mitgefühl auszudrücken. Aber ich merkte auch, wie sie sich innerlich eingestanden, dass sie nie den Mut aufbringen würden, das zu tun, was ich vorhatte, und ich genoss es, nachts in meinem Zelt zu hocken und in Gedanken darüber zu schwelgen.

Durch die Anwesenheit der Jäger war ich nicht gerade isoliert, und unerfahren, wie ich war, tat ich so, als hätte ich ihre Gesellschaft nicht nötig, dabei sehnte ich mich danach. Außerdem war da noch das Holzsammeln. Ich konnte mich auf diese Tätigkeit stürzen und den langen stillen Winter verdrängen, der drohend bevorstand. Jeden Tag arbeitete ich bis zum Umfallen, und nach dem Abendessen – meist Kartoffeln mit Schinken aus der Dose – fiel ich sofort ins Bett. Eines Tages konnte ich allein den Gedanken, noch einen weiteren Baumstamm heranzuschleppen, nicht mehr verkraften, also ging ich in den Wald hinter meinem Zelt und grub ein Vorratslager, indem ich genau nach den Anweisungen der Angier-Handbücher vorging. Es war ein etwas über ein Meter mal ein Meter tiefes Loch, das ich mit alten Planken und Erde bedeckte und mit Heu isolierte, das ich aus dem Camp der Jäger besorgt hatte. Wichtig war nur: immer beschäftigt bleiben, damit kein Leerlauf entstand.

Umgeben von den letzten Mitmenschen, die ich für das nächste halbe Jahr sehen würde, verhielt ich mich genau wie sie; ich nickte und winkte ihnen zu, und hie und da bekam ich eine Einladung in ein Zelt zum Essen und auf ein paar Drinks. Ich sagte immer zu, doch da ich meinte, nichts anbieten zu können, revanchierte ich mich nicht. Außerdem gefiel es mir, die kühlen Nächte in den warmen, verrauchten Zelten zu verbringen, bei Drinks, Jägergeschichten und Gelächter. Boone saß mir dabei zu Füßen und räkelte sich. Ich verscheuchte jeglichen Gedanken daran, wie es sein würde, wenn dann am Ende nur noch mein Zelt allein am Fluss stünde.

Zweimal fuhr ich noch nach Missoula, ehe die Straße versperrt war. Wieder stiegen die gleichen Abschiedspartys – diesmal die endgültigen –, und jedes Mal kehrte ich mit wachsendem Unbehagen in mein Zelt zurück.

Nach meinem letzten Ausflug begleiteten mich Rader und einige Freunde mit dem »Wildtöter«. Zwei Tage verbrachten wir damit, weitere Bäume zu fällen und sie zu meinem Stapel zu schleppen, der – so versicherte mir Rader – zehn Klaftern schon sehr nahe kam.

Das Holzhacken war Knochenarbeit für uns alle, und irgendwann hatten meine Freunde genug davon. So beschlossen wir, auf Wildhuhnjagd zu gehen, und bereiteten uns danach ein köstliches Mahl aus gegrillten Wildhühnern, gefüllt mit Dosenmais, meinem Hauptnahrungsmittel hier. Allen schmeckte es ausgezeichnet. Danach tranken wir und balgten uns wie Neunzehnjährige in den Sommerferien. Beim kleinsten Witz wieherte ich los, denn ich wusste, meine Zeit lief aus. Sofern dies meinen Freunden aufgefallen sein sollte, haben sie es sich nicht anmerken lassen. Während ihres Besuchs fing es an zu schneien. Diesmal sah es nach einem regelrechten Sturm aus, obwohl die Steilwände des Selway den Blick zum Himmel beinahe verdeckten. Also beschlossen meine Freunde, einen Tag früher aufzubrechen, um noch über den Pass zu kommen, ehe er zugeschneit war. Ich versuchte, es ihnen mit Engelszungen auszureden – jetzt ging es bei mir ums Ganze –, doch Rader war nicht umzustimmen. Als der »Wildtöter« verschwunden war, setzte ich mich auf meine Bettkante und staunte fassungslos, wie groß und leer das kleine Zelt auf einmal wirkte. Ich stürmte nach draußen und ging zum Kanal, doch wie immer gab es dort nichts zu tun, da sich noch kein Eis gebildet hatte. Statt wieder ins Zelt zurückzukehren, reparierte ich die Axtstiele, die meine Freunde auf dem Holzblock zerschmettert hatten. Das hielt mich eine Zeit lang beschäftigt, außerdem war es eine neue Arbeit für mich. Mittlerweile hatte ich schon gelernt, bloß keinen müßigen Augenblick verstreichen zu lassen, besonders nicht in bedrückter Stimmung. Und wenn mir etwas Neues gelang, dann half mir die Freude über den Erfolg die Momente der Verzagtheit zu überwinden, wenigstens für eine Weile.

Der Sturm jagte in Böen dahin. Die letzten zwei Nächte der Jagdsaison verbrachte ich in Gesellschaft der noch anwesenden Jäger, eines Bruderpaares, Farmer aus Idaho. Sie feierten mich wie einen Helden für mein Vorhaben. Dabei hätte ich alles gegeben, um mit ihnen diesen Ort zu verlassen. Wenn mir nur irgendetwas eingefallen wäre, irgendein Grund, um hier ohne Gesichtsverlust herauszukommen, ich hätte mich sofort darauf gestürzt. Aber mir fiel nichts ein. Ich war gefangen.

An ihrem letzten Tag luden sie mich auf die Jagd ein. Ich hatte sowieso vorgehabt, mir im Winter mein Essen zu erjagen, und war begierig darauf zu lernen, wie man das machte. Bis jetzt hatte ich nur Wildhühner und ein paar der winzigen Eichhörnchen erlegt, aber ein Wapiti oder Rotwild – das war schon etwas anderes.

Während ich mich am nächsten Morgen für die Jagd vorbereitete, trat plötzlich mein Boss durch den Zelteingang. Wie verabredet, machte er einen letzten Kontrollbesuch, ehe der Pass unzugänglich sein würde. Ich käme doch ganz gut recht, bemerkte er. Dann witzelte er über den Haufen Brennholz, den ich angesammelt hatte, und meinte, damit könnte ich den härtesten Winter bestens überstehen. Nun bräuchte er sich nicht zu sorgen, dass ich erfrieren würde. Wir schauten am Kanal vorbei. Er überprüfte ihn, fand alles in großartigem Zustand und meine Arbeit ausgezeichnet. Dabei hatte ich bis jetzt keinen Handgriff am Kanal getan, außer jeden Morgen nachzusehen. Ich fragte mich, was es dort überhaupt für ihn zu sehen gab.

Dann gingen wir wieder zurück zum Zelt, und er holte einen weißen Kasten von der Ladefläche seines Lasters herunter. Wir stellten ihn auf die Wiese. Es war eine Wetterstation, um die ich mich für die Forstverwaltung kümmern sollte. Sie bestand aus zwei Thermometern, eins maß die tiefste und eins maß die höchste Temperatur innerhalb eines Tages. Jeden Morgen sollte ich die Temperaturen notieren und die Thermometer neu einstellen. Oberhalb des Kastens war ein silbernes Messgerät angebracht, um den Niederschlag zu messen.

Nachdem der Wildhüter mir die Wetterstation erklärt hatte, versprach er, Mitte Dezember mit dem Schneemobil vorbeizukommen, um nach dem Rechten zu sehen und mir die Post zu bringen. Sollte ich etwas benötigen, könnte ich nach Magruder hinüberwandern und in West Fork Bescheid sagen; die würden ihm die Nachricht weitergeben. Dann sprang er auf seinen Wagen auf und verschwand. Er war keine halbe Stunde da gewesen.

Nachdem er fort war, machte ich mich zum Zelt der zwei Brüder auf. Wir gingen auf die Jagd, aber es war eigentlich nichts weiter als ein langsamer Spaziergang den Weg entlang, die Augen immer offen nach rechts und links. Wir fanden keine Fährte, aber ich erlegte auf dem Nachhauseweg ein Wildhuhn. Meine Kugel trennte dem Vogel den Kopf sauber vom Rumpf. Meine Begleiter lobten den Schuss, worüber ich mich noch viel mehr freute, als ich mir eingestehen wollte.

Auf unserem Rückweg wurde der Schneefall zunehmend dichter. Kaum waren die beiden Jäger an ihrem Zelt angekommen, verstauten sie unverzüglich ihre Gewehre und begannen hastig zu packen. Um ihnen nicht im Weg zu stehen, verzog ich mich in mein Zelt. Dort in meiner dunklen Höhle lauschte ich ihren Rufen, dem Zuknallen ihrer Wagentüren und schließlich dem Aufheulen des Motors.

Ehe sie wegfuhren, hielten sie neben meinem Zelt mit tuckerndem Motor an und überreichten mir eine volle Papiertüte mit übrig gebliebenen Lebensmitteln. Dann wurden zum Abschied die Hände geschüttelt. Alles Gute wünschten sie mir, und ich sollte doch bei ihnen vorbeischauen, wenn ich das hier hinter mir hätte, ich wäre stets willkommen. Ich nickte bloß, ängstlich bemüht, nicht zu viel zu reden. Sie kletterten ins Führerhaus, und ich vernahm das Brummen der voll aufgedrehten Heizung. Noch ein Winken, und sie fuhren ab.

Nach ihrer Abfahrt war meine Wiese vollkommen menschenleer. Ich schaute noch ein paar Minuten herum, dann schwang ich mich in meinen alten Laster und machte mich in die entgegengesetzte Richtung auf, stromabwärts, den Pass im Rücken. Am Ende der Straße lag Paradise mit einer weiteren Sommerstation für Ranger, die aber so klein war, dass sie nur als Wachstation bezeichnet wurde. In Paradise war auch das Camp eines der großen Jagdausrüster dieser Gegend. Während ich der unheimlichen Stille um mich herum gelauscht hatte, war mir aufgefallen, dass ich die Männer dort gar nicht hatte fortfahren hören. Ich gab Gas und raste durch den Schnee, in der Hoffnung, noch rechtzeitig anzukommen, um ein wenig mit ihnen zu plaudern. In Paradise waren nur noch einige Jagdführer und der Ausrüster anwesend. Sie luden gerade ihre letzten Pferde auf und zogen die letzten Zeltplanen herunter, dabei schütteten sie ununterbrochen hastige Schlucke Bier in sich hinein. Schließlich waren sie abfahrbereit, und wir gingen zusammen ins Küchenzelt auf einen letzten Schluck. Drinnen saß ein alter Mann, der die ganze Zeit schon vor sich hin getrunken hatte. Er war ein Freund von ihnen, der auf einen Tagesbesuch gekommen war.

Noch ehe sie sich erkundigten, was sie für mich tun könnten und weshalb ich nach Paradise gekommen sei, begann ich, mich fehl am Platz zu fühlen, denn es gab keinen triftigen Grund.

Ich trank noch schnell einen mit ihnen, doch der alte Mann war schon ziemlich betrunken und die Stimmung im Zelt dementsprechend ungemütlich. Schließlich wollten sie wissen, wie ich das so fände, den ganzen Winter hier zu sein. Ganz in Ordnung, sagte ich. Sie waren nicht gerade von der gesprächigen Sorte. Bald drängten sie zum Aufbruch, solange der Pass noch zugänglich war. Im Januar kämen sie wahrscheinlich wieder zurück in ihren Schneemobilen, um Pumas zu jagen. Davon hörte ich das erste Mal, aber ich sagte nur: »Gut. Dann sieht man sich ja wieder. Kommt auf einen Schluck bei mir vorbei.« Allerdings konnte ich nur jeweils ein paar Tropfen seltsam schmeckender Brandys anbieten, aber Trinken schien nun mal die einzige Form sozialen Umgangs hier draußen zu sein.

Während wir uns unterhielten, war der betrunkene Alte allein aufgebrochen. Ich fragte mich, wie er wohl in seinem Zustand am Steuer zurechtkäme. Doch schließlich befand ich mich in Gesellschaft erfahrener Männer, die genau wussten, wie man sich in einer solchen Gegend verhielt, und die sogar auf Pumajagd gingen. Ich hatte nicht einmal gewusst, dass es hier Pumas gab. Also sagte ich nichts weiter als: »Na denn, bis zum Winter«, ehe ich wieder auf meinen Laster kletterte und davonfuhr. Ich wünschte mir inständig, ich hätte die Kraft, nie mehr nach Paradise hinunterzufahren.

Nach kaum einer Viertelstunde auf der Straße stieß ich auf den Laster des Alten, der in einen Graben gekippt war. Ich sprang heraus und fand den Alten im Führerhaus, er schluchzte hysterisch und stammelte aufgeregt: »Oh mein Gott, er ist tot, ich habe ihn getötet.« Ich entdeckte einen langen Riss in seiner Jeans, und statt Haut sah ich nur noch Rot hindurchschimmern.

Offiziell war ich früher als Rettungsschwimmer angestellt gewesen, doch hatte ich alle möglichen Erste-Hilfe-Dienste geleistet, so auch bei Autounfällen. Ich kannte mich daher in solchen Situationen einigermaßen aus. Der Alte schlug wild um sich, sein Rückgrat konnte also nicht gebrochen sein. Als ich versuchte, ihn aus dem Laster zu zerren, brüllte er mich an, ich solle ihn in Ruhe lassen. »Lass mich hier. Hol den anderen.« Er hatte nicht einen einzigen Zahn mehr im Mund und war schwer zu verstehen.

Mir war gar nicht aufgefallen, dass er mit einem anderen Kerl davongefahren war, doch ich ging um den Laster herum, um nachzusehen, ob jemand darunter eingeklemmt war. Dann suchte ich weiter im umliegenden Gebüsch. Doch ich fand keinerlei Spur einer weiteren Person.

Zurück beim Laster, zog ich den Alten kurz entschlossen mit Gewalt aus dem Wagenfenster. Ich wurde etwas grob mit ihm und befahl ihm unwirsch, den Mund zu halten, denn ich müsste sein Bein untersuchen. Er brabbelte jetzt nur noch vor sich hin, ich verstand kein Wort. Als ich sein angeblich blutüberströmtes Bein untersuchte, musste ich loslachen – die rote Farbe stammte von seiner langen Unterwäsche, der gleichen, die ich trug.

Ich schleifte den Alten auf die Straße und fuhr ihn zurück zum Camp. Die Männer dort standen um meinen Laster herum und knurrten den Alten an. Ich fragte nach dem anderen Burschen, um den er sich so große Sorgen gemacht hatte. Es gebe keinen anderen, erklärten sie, so sei er immer, wenn er einen über den Durst getrunken habe.

Sie schubsten ihn in einen ihrer Laster und bedankten sich bei mir für meine Hilfe. Ich erkundigte mich, was jetzt mit dem Laster geschehen würde. Um den würden sie sich im Frühjahr kümmern, erwiderten sie.

Immer noch mit hohem Adrenalinspiegel im Blut empörte ich mich darüber, wie sie das Ganze einfach mit einem Achselzucken abtaten, als wäre es gar nicht der Rede wert. Ich war in den Straßengraben geklettert und hatte mit einem alten, verrückten Mann gestritten und gerungen, einem Mann, der beinahe zu Tode gekommen wäre. Ohne mit der Wimper zu zucken, hatten sie es zugelassen, dass er allein mit seinem LKW fortgefahren war.

Zum ersten Mal blickte ich hinter die Fassade dieser Leute, dieser von mir so bewunderten Jäger. Und zum ersten Mal begriff ich, dass es Dinge gab, von denen ich mehr verstand als sie. Wäre ihrem Freund etwas zugestoßen, hätte ich etwas unternehmen können, während sie niemals davon erfahren hätten. Sie waren also auch bloß Menschen. Wieder verabschiedete ich mich von ihnen und fuhr die schneebedeckte Straße zurück zu meinem Zelt. Statt hineinzugehen, blieb ich draußen und spaltete meine Holzscheite, um die Laster aus Paradise vorbeifahren zu sehen. Nach weniger als einer Stunde rumpelten sie an mir vorüber. Ich winkte, doch sie hielten weder an, noch fuhren sie langsamer. Sie erwiderten nur mein Winken, und der Mann im

Pferdelaster hupte. Wieder winkte ich und sah ihnen nach, wie sie zwischen den Bäumen am Ende meiner Lichtung verschwanden, im Wettlauf mit dem Sturm, der langsam den Pass zuschneite. Die Axt baumelte in meiner Hand, und ich lauschte, so lange, bis ihr Motorengeheul und das Gepolter ihrer Anhänger auf den holprigen Straßen in den Windungen des Canyons verhallten. Innerhalb einer Minute war kein Laut mehr zu hören, und genauso schnell bekam ich das Gefühl, dass ich mich schon sehr viel länger als nur drei Wochen auf dieser Wiese befand. Und der Canyon erschien mir jetzt sehr viel enger und sehr viel stiller.

Noch ehe der Tag zur Neige ging, hatte der Schnee ihre Spuren verwischt. Bald war es schwer zu glauben, dass ich nicht schon immer allein hier gewesen war. Die gelbe Färbung der Wälder war unter dem schweren Schnee verschwunden, nun herrschten allein das verwaschene Blau des Himmels und das Schwarz-Grün der unendlichen Wipfelketten von Fichten, Tannen und Kiefern vor.

An diesem Abend stapfte ich durch den Schnee zu den Lachsen. Die schweren, feuchten Flocken segelten vollkommen lautlos durch die Luft herab und hüllten die ganze Welt in Schweigen.

Boone war mittlerweile groß genug, um vor mir herzulaufen, wenn ich meiner abendlichen Pflicht am Kanal nachging, die eigentlich nur darin bestand, stumpf in ein schwarzes Wasser zu starren, in dem sich für mich unsichtbare Fische befanden. Schnee sammelte sich auf Boones Rücken und auf meinen Schultern. Das Dunkel der Nacht umfing mich, und wie eine unendliche Strecke lagen die nächsten sechs Monate vor mir und beherrschten all meine Gedanken.

KAPITEL 6

Ich wusste, dass der Schnee den Pass unzugänglich machen und schließlich die letzten Jäger vertreiben würde. Ich wusste auch, dass der Schnee den kleinen Straßenabschnitt für meinen Laster unpassierbar machen würde. Doch als auch noch einen Tag nach der Abfahrt der Männer Schnee fiel und es am Tag danach und am darauf folgenden immer noch schneite, da wurde mir endgültig klar, was dieser Schnee zu bedeuten hatte: Die Zeit des Holzsammelns war für mich vorbei.

Ich fällte noch einen Baum, aber der Schnee auf dem unbehauenen Baumstamm durchnässte mich völlig und begrub die Äste unter sich, über die ich beim Abschleppen der Holzblöcke immer wieder stolperte. Ich schleifte gerade das dicke Endstück eines Baumes den Abhang hinunter, da trat ich auf einen Ast, der bergab lag. Ruckartig rutschte mein Fuß unter mir weg, und ehe ich mich versah, lag ich flach auf dem Rücken, und der Block rammte sich mir in die Brust. Das Gefühl, keine Luft mehr zu bekommen, lähmte mich völlig. Ich kämpfte gegen die Panik an und versuchte krampfhaft, mich zu erinnern, wie oft mir als kleiner Junge beim Football der Atem aus dem Leib geboxt worden war. Endlich konnte ich wieder Luft holen und beschloss daraufhin, dass ich schon genügend Holz gesammelt hatte.

Statt die Zeit mit Holzsammeln totzuschlagen, beschäftigte ich mich nun tagsüber damit, das angesammelte Holz neben meinem Zelt klein zu hacken. Schließlich war diese

Arbeit auch erledigt. Gegen einen Holzstapel gelehnt, starrte ich auf mein vollbrachtes Werk und wusste, wenn mich der Schnee nicht zum Aufhören gezwungen hätte, hätte ich mich den ganzen Winter mit Holzhacken beschäftigt – meine Version einer stumpfsinnigen Fließbandarbeit.

Für die riesigen Holzstapel hätte ich bei den Wildhütern allerdings eine Erklärung finden müssen, zumal sie mir ja deutlich zu verstehen gegeben hatten, dass Holzfällen eine lästige Arbeit sei, die so schnell wie möglich erledigt werden müsse. Wenn ich an ihre ungläubigen Mienen dachte und daran, wie sie Blicke austauschten und es vermieden, mir in die Augen zu sehen, dann verbot es sich mir, noch weiter Holz zu hacken. Vielleicht hätte ich aber trotzdem weitergemacht. Jedenfalls hätte ich das Beweismaterial vernichten können, indem ich jede Nacht ein einsames Feuer gemacht hätte. Ich stellte mir vor, wie die Flammen und Funken zum schwarzen Himmel loderten und sprühten und wie sich ihr heller Widerschein auf den dunklen Felswänden des Canyons spiegelte. Und ich sah mich neben dem tanzenden Feuer stehen wie ein Druide, der böse Mächte anrief. In Wirklichkeit aber war ich bloß ein kleiner Junge, der sich langweilte und unbedingt die Zeit totschlagen wollte, ohne dass ihn jemand dabei erwischte.

Ich riss mich von den Holzstapeln los, zehn Reihen, alle einen Meter hoch und zwei Meter lang. Drinnen im Zelt begann ich mit der Rechnerei. Über elf Klafter. Ich lächelte zufrieden und war überzeugt, etwas geleistet zu haben. Sie hatten gesagt, schlimmstenfalls bräuchte ich zehn Klafter. Ich lag darüber.

Wieder ging ich hinaus und starrte auf das viele Holz, wobei ich mir die Frage stellte, wie ich mich jetzt beschäftigen könnte. Dann spazierte ich auf der Wiese herum. Ich hatte das Problem noch nicht richtig durchdacht. Es gab kein Holz mehr zu fällen, und ich hatte nichts mehr zu tun. Als ich mich bereit erklärt hatte herzukommen, hatte ich nur eine vage Vorstellung von Freiheit gehabt. Sie bestand hauptsächlich darin, dass ich mein eigener Herr sein und nur das tun wollte, was mir Spaß machte. Ich hatte aber die einfache Tatsache übersehen, dass ich zwar tun und lassen konnte, was ich wollte – es aber nichts zu tun gab. Wieder überkam mich das gleiche panikartige Gefühl wie eben, als mir der Holzklotz die Luft aus den Lungen gestoßen hatte. Was, wenn ich hier aus Mangel an Beschäftigung den Verstand verlöre?

Ich eilte ins Zelt und schulterte mein kleines Gewehr. Ich war entschlossen, auf die Jagd zu gehen. Verpflegung beschaffen. Viel hastiger als nötig machte ich mich zum Indian Creek auf, indem ich unter übertriebener Anstrengung mit meinen Beinen den Schnee durchpflügte. Jagen war eine ernste und wichtige Angelegenheit für mich. Nun, da es mit dem Holzsammeln zu Ende war, musste ich versuchen, mich selbst davon zu überzeugen, dass das Jagen eine vordringliche Aufgabe für mich war.

Wenn ich kein Wild antraf, übte ich mit meinem Gewehr – Rader hatte auf viel Munition, tausend Schuss, bestanden –, und so begann ich mit dem Zielschießen. Ich schoss Pinienzapfen herunter, schnipste mit meinen Kugeln die toten Ende der Zweige ab, durchschoss Astlöcher. Wenn ich genug hatte, spazierte ich zum Fluss und schleuderte Stöcke in die Stromschnellen. Dann zielte ich so rasch wie möglich auf die kreiselnden, hüpfenden und dahinwirbelnden Stöcke. Anfangs spritzte das Wasser neben den Stöcken hoch in die

Luft, aber mit zunehmender Übung hallte der krachende Schuss durch den Canyon, und gleich darauf machte der Stock durch den Aufprall einen leichten Satz im Wasser. Mein Gewehr enthielt fünf Schuss. Bald war ich enttäuscht, wenn auch nur einer danebenging.

In meiner Kindheit vergnügte ich mich stundenlang auf meinem Schulweg damit, Dinge zu schleudern – Schneebälle im Winter, Erdklumpen oder Steine im Sommer. Bäume oder Straßenschilder waren meine Zielscheiben. In meiner Fantasie traf oder verfehlte ich alles Mögliche, vom Kriegsschiff bis zum Schlagmal beim Baseball. Gewehrkugeln waren für mich jetzt eine Art High-Tech-Schneebälle.

Wenn ich tatsächlich etwas jagen wollte, versuchte ich den Schwierigkeitsgrad beim Schießen zu steigern. Das war Teil des Spiels, das ich mir ausgedacht hatte, um die Sache spannender zu machen. Ein Fehlschuss konnte mir den ganzen Tag verderben. Ein Wildhuhn, der große Preis, duckte sich meist routinemäßig, wenn ich danebenschoss, dann setzte es sich brav auf und blinzelte. So bekam ich meist eine zweite Chance. Die Treffsicherheit war daher nur halb so wichtig, wie ich mir vormachte.

Nun tauchten die ersten Anzeichen von Eis am Kanal auf. Ich begann jetzt, zweimal am Tag nachzusehen, und kratzte gewissenhaft jedes kleinste Stück Eis ab – das war wenigstens eine Aufgabe. Eines Abends auf meinem Rückweg entdeckte ich ein Wildhuhn, das ganz nahe an meinem Zelt auf einem Baum hockte. Ich war noch ziemlich weit entfernt, vielleicht siebzig Meter. Dass ich es entdeckt hatte, war purer Zufall, aber mittlerweile erkannte ich die Umrisse meiner potentiellen Beute immer besser, sie sprangen mir schneller ins Auge als andere Dinge.

Statt mich langsam von Baum zu Baum heranzupirschen, wie es richtig gewesen wäre, ging ich an Ort und Stelle in die Hocke und feuerte ab, nur um den Schuss etwas schwerer zu machen. Das Wildhuhn stürzte mit wildem Flügelschlag zu Boden, ein deutliches Zeichen für einen Kopfschuss. Im College hatte ich gelernt, dass das Gehirn die Schaltstelle für eine Menge von Funktionsabläufen ist. Statt Handlungen nur auszulösen, ist es vor allem dazu da, unwillkürliche Handlungen zu unterdrücken. Aus diesem Grund rennt ein Huhn noch mit abgehacktem Kopf herum.

Stolzerfüllt stand ich auf und konnte mich gerade noch davon abhalten, mich umzuwenden und zu jemandem, der gar nicht vorhanden war, zu sagen: »Mann, hast du das gesehen?«

Als ich bei dem Vogel ankam, flatterte er noch matt mit den Flügeln im Schnee. Er hatte keinen Kopf mehr. Die Begeisterung über meinen Treffer auf eine münzgroße Zielscheibe aus der weiten Distanz bekam einen leichten Dämpfer. Ich bückte mich und hob das Huhn auf; die zuckenden Muskeln starben allmählich ab, als die Nerven nicht mehr die nötigen Impulse erhielten.

Im frischen Schnee, etwas über der Stelle, die das Wildhuhn aufgewühlt hatte, bemerkte ich einen zarten roten Sprühregen, kein Tropfen größer als ein Nadelkopf. Dann erkannte ich, beinahe überrascht, dass er von dem plötzlichen Auseinanderplatzen des Tierkopfes stammen müsste. Es waren keine münzgroßen Zielscheiben, auf die ich schoss – es waren Lebewesen. Vorsichtig hob ich mein Gewehr auf. Ich warf hier nicht mehr Schneebälle auf Straßenschilder.

Abends las ich. Ich studierte meine Handbücher und die *Foxfire*-Bücher immer wieder von vorn, es waren die einzigen, die ich mitgenommen hatte. Ich begann mich dafür zu interessieren, wie man die Rinde von gefällten Zedern schälte oder wie man eine Schweineschwarte abbrühte, um die Borsten zu entfernen. Da es sonst nichts zu tun gab, wurde ich Experte in Dingen, die ich niemals tatsächlich ausführen würde.

Ich las auch alle möglichen Ratschläge über das Fallenstellen, und ich erinnerte mich wieder an meine Tasche mit den Fallen. Einen ganzen Tag lang verbrachte ich damit, die Fallen in kochendes Wasser zu legen, um das Öl mit seinem verräterischen Geruch zu entfernen. Dann legte ich sie erneut ins kochende Wasser, wobei ich eine Tüte mit Pulver darunter mischte – Blauholzfarbe. Zwar wusste ich nicht, wofür sie gut sein sollte, aber in den Büchern hieß es, sie sei unentbehrlich. Sie färbte den Stahl schwarz.

Und ich stellte Listen auf. Ich suchte mir Muster für Mokassins, die ich mir selber machen wollte, entwarf auf dem Papier ehrgeizige Pläne zum Fallenstellen. Ich machte Listen für die täglichen Erledigungen, die eine Seite lang waren und die ich abends durchging, um mir mein Pensum für den nächsten Tag vor Augen zu halten.

Vor dem Zubettgehen schrieb ich jeden Abend auf, was ich tagsüber gemacht hatte. Zuerst waren es äußerst knappe Notizen. Aber oft genug packte es mich, und die Macht der Wörter, die mich nach Missoula oder sogar Wisconsin versetzen konnte, verleitete mich immer mehr zum Tagebuchschreiben und ließ die Eintragungen immer länger werden.

Bei Tag, wenn ich nicht gerade mit meinem Gewehr unterwegs oder mit Holzhacken beschäftigt war, verbrachte ich die Zeit damit, mich mit meinem Zelt und den Wäldern der Umgebung vertraut zu machen. Es war kinderleicht herauszufinden, wie man sich mit Schneeschuhen fortbewegt. An einem Tag merkte ich am schmerzhaften Zerren meiner Lendenmuskeln, dass es besser war, einen Schneeschuh direkt vor den anderen zu setzen, anstatt breitbeinig daherzuwatscheln. Die kurzen, gerundeten Schneeschuhe waren besser geeignet fürs Unterholz, die längeren hingegen trugen mein Gewicht besser und ließen mich auf freiem Gelände dahinfliegen, dass der Schnee nur so aufwirbelte.

Mit der Zeit lernte ich auch das Kochen, halbwegs zumindest. Ich improvisierte mit einem alten Grill, den ich gefunden hatte, und verwendete ihn als Platte für meinen Holzofen. Ich ließ das Holz verkohlen und stellte die Ofenklappen so ein, dass ich backen konnte. Bis die Backhitze richtig eingestellt war, musste ich eine Weile herumexperimentieren. Meine ersten Versuche wurden meist zu Asche.

Kleine Misserfolge wie diese konnten ein Stimmungstief in mir auslösen, und das Gefühl der Einsamkeit raubte mir dann schier den Atem. Kleine Erfolge, wie mein erster goldbraun gebackener Brotlaib, den ich aus dem Ofen zog, ließen mich dagegen in verrückte Freudentänze über die Wiese ausbrechen. Dann lachte ich und jubilierte, als hätte ich einen Sechser im Lotto.

Jeder dieser Erfolge, so klein sie auch waren, nahm mir ein Stück von der Einsamkeit, die stets in der Nähe lauerte – zwischen den dunklen Bäumen, im schwarzen Wasser, das nicht zufrieren sollte, ja sogar in der Art und Weise, wie der Fluss nachts vor sich hin murmelte, mit Stimmen, die ich bei Tag nie vernahm. Erst nach und nach wandelten sich die Wälder für mich zu einer Nische der Geborgenheit.

Thanksgiving rückte näher. Ich nahm mir vor, den Tag ohne viel Aufhebens verstreichen zu lassen. Feiertage hatten mir nie viel bedeutet. Aber als der Tag sich dahinschleppte, fing ich an, mir vorzustellen, wie es daheim wohl wäre. Alle wären sie versammelt, außer meiner Schwester, die in Deutschland als medizinisch-technische Assistentin arbeitete. Und mir, der ich in einem Zelt lebte und mich bemühte, die Zeit totzuschlagen.

Die beiden Großmütter würden abgeholt und zu uns nach Hause gebracht; die Tische wären mit köstlichen Speisen gedeckt. Jeder würde Geschichten erzählen, sie würden sich gegenseitig ins Wort fallen und dann wieder zuhören. Die Heizung wäre den alten Damen zuliebe voll aufgedreht. Ich aber saß alleine in meinem Zelt in meiner üblichen langen Unterwäsche, den Wollhosen und zwei Wollhemden und nähte Eskimostiefel aus einem Stück Schafspelz.

Plötzlich dachte ich, ich sollte die Tradition pflegen, und wäre es nur für mich allein. Ich schleuderte die Stiefel in die Ecke und hastete in den Wald. Diesmal war es für mich ganz wichtig, ein Wildhuhn aufzustöbern, seine geröstete Brust sollte der Höhepunkt meines Festessens werden.

Ich stapfte das südliche Ufer des Indian Creek hinauf, wo Bäume und Büsche dicht beieinander wuchsen, das ideale Versteck für die Wildhühner. Ich wanderte ein langes Stück, ohne fündig zu werden. In einer Verschnaufpause wandte ich mich um und sah weit unten mein Zelt eng angeschmiegt am Zusammenfluss von Selway und Indian Creek stehen, das säuberlich aufgestapelte Holz erhob sich seitlich davon wie eine Festungsmauer, ein winziger Rauchkringel stieg noch aus dem Ofenrohr empor. Im großen Fluss blitzten die Lichtreflexe der Sonne auf. Knapp über meinem Kopf rasten die Wolken dahin, die von den Gipfeln und Bergketten auseinander gerissen wurden. »Das ist mein Zuhause«, sagte ich zu Boone. Es sah so vollkommen aus, ich konnte es kaum fassen und wünschte, meine in Milwaukee versammelte Familie könnte mich jetzt hier sehen.

Erst auf meinem Rückweg, als ich schon ziemlich verzweifelt nach einem Wildhuhn Ausschau hielt, stieß ich auf eine Spur – makellose Abdrücke von Vogelkrallen im weichen Schnee. Gerade rechtzeitig hob ich den Blick, um am Ende der Spur das Wildhuhn zu erblicken, gerade als es den Kopf nach mir umdrehte und sich hinter einem Baum verstecken wollte. Ich legte das Gewehr an, zögerte aber ein wenig wegen des Geästs zwischen uns. Plötzlich flatterte das Wildhuhn auf und flog im wilden Sturzflug durch die Äste den Berg hinunter. Ich konnte es immer wieder kurz zwischen den Bäumen auftauchen sehen.

Ich fluchte wütend, weil ich vor Aufregung im falschen Augenblick abgefeuert hatte. Unglaublich, dass ich alles vermasselt hatte, nachdem mir endlich ein Vogel über den Weg gelaufen war. Es war nicht zu fassen. Fast eine Stunde lang suchte ich nach ihm, bis ich ihn endlich wieder entdeckte, wie er vorsichtig auf einem Ast entlangtrippelte. Auch dieses Wildhuhn erlegte ich mit einem Kopfschuss. Im Gehen schon begann ich, den Vogel auszunehmen und zu rupfen. Allerdings musste ich dabei erkennen, dass mich dieser arme Vogel kaum nach Milwaukee versetzen konnte.

Ich bereitete den Vogel zu, so gut es ging, mit Zutaten wie Karotten, Zwiebeln und Kartoffeln, aber leider war die Hitze zu stark, und der Vogel kam ziemlich vertrocknet aus dem Ofen heraus. Außerdem war ich nicht darauf vorbereitet gewesen, ein Festmahl zu kochen, und hatte keine Zeit gehabt, Brot, Mokkakuchen oder Reispudding vorzubereiten – neu entdeckte Rezepte, die ich schon als Leckerbissen zu besonderen Anlässen schätzen gelernt hatte.

Wieder kreisen meine Gedanken um meine Familie und all die anderen Familien, die jetzt zusammen feierten. Es endete damit, dass ich mein vertrocknetes kleines Abendessen stehen und liegen ließ und zwischen den stillen Bäumen spazieren ging bis lange noch nach Einbruch der Dunkelheit. Danach war es tröstlich, ins Zelt zurückzukehren und eine Lampe anzuzünden, einfach nur, um wieder etwas zu sehen.

KAPITEL 7

Um mich von der Katerstimmung nach meinem verpatzten Feiertag zu erholen, beschäftigte ich mich jetzt intensiv mit dem Fallenstellen. Ich packte meine sämtlichen Fallen, und ohne lange zu überlegen, stellte ich sie in der Gegend auf. Auf einmal glaubte ich, überall die Fährten von Mardern zu entdecken, und stellte Fallen für sie auf. Bald aber fand ich heraus, dass die Marderfallen eigentlich Eichhörnchenfallen waren, und nach ein paar Tagen hatte ich auch tatsächlich ein Eichhörnchen in die Falle bekommen. Als ich es fand, war es steifgefroren. Dieses Erlebnis hinterließ einen bitteren Nachgeschmack, und ich beschloss, alle weiteren Marderfallen zu entfernen. Ich nahm mir vor, die Marderfallen erst dann wieder aufzustellen, wenn ich ihre Aufenthaltsorte genau kannte. Wäre man jedoch in mich gedrungen, ich hätte zugeben müssen, dass mir diese Tötungsart widerstrebte, besonders wenn es nur darum ging, damit Geld zu machen.

In einer der anderen Fallen, die ich aufgestellt hatte, fing ich einen Schneehasen, der allerdings nicht steifgefroren war. Im Gegenteil, er war noch äußerst lebendig und wimmert laut vor Todesangst, als ich mich ihm näherte. Ich hatte nicht gewusst, dass Hasen Laute von sich geben können, schon gar nicht so schaurige.

Ich wollte ihn so schnell wie möglich erlösen und tötete ihn auf der Stelle. Später verspeiste ich ihn zum Abendessen. Er schmeckte köstlich und war eine willkommene

Abwechslung auf meinem eintönigen Speiseplan, der sich meist aus Reis und Kartoffeln mit dem gelegentlichen Eichhörnchen oder Wildhuhn zusammensetzte. Doch die Begeisterung für das Fallenstellen wollte sich nie so recht einstellen.

Trotzdem ließ ich die meisten Fallen stehen, ich brachte es einfach nicht über mich, auf diese neue Beschäftigungsmöglichkeit zu verzichten. Unter anderem ließ ich die Koyotenfallen stehen, die nichts anrichteten – dafür sind Koyoten viel zu gewitzt. Kein Einziger von ihnen ging mir in die Falle. Hin und wieder entdeckte ich ihre Fährte in der Nähe meiner Köder; sie hatten die Falle vorsichtig umkreist und waren danach wieder verschwunden. Vielleicht hatte ich doch nicht den ganzen Geruch von den Fallen entfernt.

Auch um den Kanal herum stellte ich Fallen auf. An den Spuren konnte ich ablesen, dass ein unbekanntes Tier nachts an den Kanal kam und meine Lachse verschlang. Mein Boss hatte mich strikt angewiesen, alles zu vertreiben, was die Fische gefährdete, und seien es die Wasseramseln, die auf dem Grunde des Flusses herumspazierten und alles aufpickten, was sie erwischen konnten. Es machte mir Spaß, die kleinen schiefergrauen Vögel zu beobachten, die nahe am Ufer unruhig auf- und niedertauchten; ihre Augen blitzten jedes Mal weiß auf, ehe sie wieder unter Wasser verschwanden. Manchmal sah ich sie unten am Flussboden entlangtrippeln, als wäre es die größte Selbstverständlichkeit der Welt. Ich habe kein einziges Mal versucht, sie mit dem Gewehr zu vertreiben.

Unsichtbare Tiere, die nachts auftauchten, waren natürlich etwas anderes als wimmernde Hasen oder tauchende Vögel. Ich konnte sie nicht beobachten, ich bekam sie nicht einmal zu Gesicht. Ohne den Schnee hätte ich nie etwas von ihrer Existenz erfahren. Es spielte auch sehr viel Neugierde mit, als ich die Fallen für sie aufstellte. Was war draußen am Kanal, was würde ich vorfinden? Ich wachte jetzt jeden Morgen voller Erwartung auf, wie ein kleiner Junge vor dem Weihnachtsmorgen. Vielleicht saß jetzt etwas in der Falle, vielleicht erfuhr ich heute, was da draußen unsichtbar lauerte und hier am Fluss meine Gesellschaft teilte.

Am ersten Dezember ging ich – wie jeden Morgen – zum Eishacken an den Kanal und zu den Fallen. Nachdem ich das Eis entfernt hatte, sprang ich über das Schleusentor. Boone folgte mir jetzt anstandslos. Ich untersuchte die Fallen auf der Insel, auf der es, den vielen Spuren zufolge, nachts wie auf einem Rummelplatz zugegangen sein musste.

Die erste Falle war, wie immer, leer. Als ich aber ein Stück weiter bei der nächsten nachsah, zerrte ein Waschbär am Ende der Kette, der rechte Hinterlauf klemmte in der Falle. Als er mich sah, legte er sich auf den Boden – die Kette blieb weiterhin bis zum Zerreißen straffgezogen. Er lag in einem Kreis – im Radius so groß, wie die Kette lang war –, der bis auf die nackte Erde vom Schnee leergefegt war. Der Waschbär gab kein Wimmern von sich wie der Hase, und er kapitulierte nicht. Durch das lange Fell sah ich die Anspannung jedes einzelnen Muskels bei seinem verzweifelten letzten Versuch, sich von der Kette zu befreien. Ich bewegte mich auf ihn zu, da blickte er hoch, als wollte er fragen, was nun geschehen würde. Seine Augen leuchteten in seinem dunklen, schwarz gestreiften Gesicht.

Auch ich fragte mich, was nun. Wieder betrachtete ich den kleinen kreisrunden Erdwall mit den Tannennadeln, beredter Zeuge für das Treiben des Waschbären in den vergangenen Stunden. Es sollte so schnell wie möglich vorüber sein. Passagen aus meinen Handbüchern schossen mir durch den Kopf, Ratschläge alter, abgebrühter Trapper über den Wert des Pelzes, über das Präparieren von Tieren und über ihr Verhalten. Pelztiere wurden nur im Notfall durch die Kugel getötet. Erschlagen war eine blutige Angelegenheit. Die bevorzugte Form der Tötung war, falls durchführbar, sich auf den Körper des Tieres zu stellen, und von unten nach oben zu treten, sodass der Brustkorb zusammengequetscht und Lunge und Herz zwischen Brustbein und Wirbelsäule zerdrückt wurden. Diesen Paragrafen hatte ich zweimal durchlesen müssen, fasziniert von dem simplen mechanischen Ablauf und der Kaltblütigkeit, mit der er beschrieben wurde.

Der Waschbär zog an seiner Kette und starrte mich unentwegt an, und ich war weit entfernt von jeder Kaltblütigkeit. Doch dann überwand ich mich und sprang auf ihn. Mein schwerer Schneestiefel presste den Waschbären zu Boden, und ich begann, mein Gewicht nach vorne zu verlagern. Sogar durch die Gummisohle und das Filzfutter meiner Stiefel fühlte ich die Rippen in sich zusammenfallen, wie bei einer Ziehharmonika, die man zusammendrückt. Die Augen des Waschbären quollen leicht hervor, als sei er verwundert. Ich wandte meinen Blick von ihm ab und betrachtete eindringlich die Astgabelung einer kleinen, gekrümmten Pappel in seiner Nähe. Auch nachdem sich unter meinen Füßen nichts mehr rührte, blieb ich auf dem Tier stehen. Jeden Morgen hatte ich Spekulationen angestellt, was mir wohl heute in die Falle gegangen sein würde, aber ich war dabei nie so weit gegangen, mir die Frage zu stellen, was es bedeutete, wenn ich einmal tatsächlich Erfolg hätte.

Endlich trat ich von dem Waschbären herunter, um nachzusehen, ob noch eine Bewegung, ein Atemhauch zu entdecken war – aber da war nichts mehr, überhaupt nichts.

Boone näherte sich und begann, an dem Tier zu schnuppern. Auf einmal fielen mir die Zehen des Waschbären auf; sie wurden von der Falle nur noch am letzten Gelenk festgehalten. Beinahe wäre er entkommen.

Ich trat auf die Feder, öffnete die Fallenbügel und befreite den Hinterlauf. Ich zog meinen Handschuh aus und betastete die Knochen. Es war nichts gebrochen. Dann setzte ich mich auf die Erde und zog den Waschbären auf meinen Schoß, er war überraschend schwer. Ich fuhr über seinen Pelz und glättete meine Stiefeltritte.

Dies war mein erster wirklicher Erfolg beim Fallenstellen. Ich hatte ein Pelztier gefangen. Eigentlich hätte ich mich stolz und glücklich wie ein richtiger Trapper fühlen können, doch stattdessen strich ich über die gefrorene Erde und stellte mir vor, wie der Waschbär hier unablässig immer im Kreis rundherum gelaufen sein musste.

Er hat die Fischbestände dezimiert, sagte ich mir. Trotzdem, ich hatte noch keinen einzigen Lachs gesehen, außerdem gab es zweieinhalb Millionen davon. Mit Verlusten war zu rechnen. Aber diesen Waschbären konnte ich sehen, ihn berühren und mir vorstellen, was mit ihm geschehen war. Seine Tatzen waren ähnlich geformt wie meine Hände.

Nach diesem Erlebnis entfernte ich später fast alle Fallen. Den Rest des Tages machte ich mich daran, den Waschbären vorsichtig zu häuten; in meinen *Foxfire*-Büchern studierte ich die Rezepte zur Zubereitung von Waschbärenfleisch und las nach, wie man das Fell gerbte. In den folgenden Tagen bearbeitete ich das Fell, ich kratzte das Fleisch und das Fett ab und legte es dann in eine Alaunlösung. Ich hatte vor, mir eine Pelzmütze zu machen.

Doch das Fell musste nur tagelang im Wasser liegen, das war nicht gerade viel Arbeit. Ich ging hinaus und setzte mich auf einen Baumstumpf, kraulte Boones Ohren und überlegte mir, wie ich mich den ganzen Winter über beschäftigen sollte. In letzter Zeit hatte es nicht viel Schnee gegeben. Vielleicht konnte ich noch nach Magruder zur Sommerstation fahren.

Schließlich kroch ich in das Fahrerhaus meines Lasters. Die Aufseher hatten mir geraten, die Batterie im Winter zu entfernen, wenn der Schnee sehr hoch lag. Er reichte zwar jetzt schon bis an den unteren Rand des Fahrgestells, aber ich wollte einen letzten Ausflug unternehmen. Ich war mit dem Laster schon einige Zeit nicht gefahren, und ich wollte es sozusagen ihm überlassen, ob ich fahren könnte oder nicht. Ich trat aufs Gaspedal und drehte den Zündschlüssel – die Maschine sprang an und tuckerte vor sich hin. Ich war auf dem Weg nach Magruder.

Die alte Ranger-Station hatte Holzwände sowie einen Propangasherd, einen Propangaswassererhitzer und eine Badewanne. Auf diesem Ofen würde ich mir eine Riesenportion gebackene Bohnen zubereiten können, etwas, was auf meinem Holzofen nicht möglich war, der eigentlich weniger zum Kochen als zum Heizen gedacht war. Gebackene Bohnen war mein einziges Kochrezept für Bohnen. Und ich hatte einen Fünfzig-Pfund-Sack davon.

Während der Motor sich warmlief, hastete ich durchs Zelt und packte alles ein, was ich brauchte – Bohnen, Zwiebeln und sonstiges. Ich war völlig aus dem Häuschen, wieder ein Projekt vor mir zu haben.

Bei der Abfahrt schien alles in Ordnung. Nur wenn ich gelegentlich in den Rückspiegel blickte, sah ich, wie der Auspuff oder etwas Ähnliches eine Rinne im Schnee hinterließ, aber ich fuhr ja sowieso langsam, und Zeit hatte ich mehr als genug. Auch brauchte ich mir keine Sorgen darüber zu machen, dass mir jemand entgegenkommen könnte.

Je weiter ich fuhr, umso tiefer wurde der Schnee. Fünf oder sechs Meilen von meinem Zelt entfernt, pflügte ich mit der Stoßstange durch den Schnee. Ich ruckelte im ersten Gang dahin, aber trotzdem schlitterte der Laster alle Augenblicke zum Straßenrand hin. Ich stieg vom Gaspedal, denn ich hatte vergessen, die Kupplung zu treten, um den LKW in den Leerlauf zu bringen. Mit schweißtriefender Stirn hockte ich am Steuer. Ich stellte mir vor, was die Wildhüter wohl davon halten würden, wenn sie mit der ersten Post in ihren Schneemobilen an einem Laster vorbeiführen, der halb vom Schnee verschüttet war.

Hätte ich den Straßenrand erkennen können, wäre ich umgekehrt, aber überall lag hoher Schnee, und ich konnte den Verlauf der Straße nicht genau erkennen. Es war noch denkbar, dass sich die Wildhüter in ihrem Schneemobil an den Straßenrand quetschen würden, um an einem verschütteten Laster vorbeizukommen, aber ich wollte mir auf keinen Fall ausmalen, wie sie womöglich am Straßenrand neben ihrem Schneemobil stehend hinunter auf den Fluss starrten, wo ihr alter grüner Laster lag, umspült vom schwarzen Wasser des Selway.

Also fuhr ich weiter, niemals schneller als zehn oder fünfzehn Stundenkilometer. Ich wünschte die ganze Zeit, ich wäre nie zu dieser Fahrt aufgebrochen, und hoffte, der Schnee würde zurückgehen und mir die Rückfahrt nicht unmöglich machen. Gleichzeitig hoffte ich aber auch, es würden Unmengen von Schnee fallen, damit meine dämlichen Schlingerspuren nicht mehr zu sehen wären. Boone saß still neben mir. Sie war jetzt groß genug, um aus dem Autofenster auf den Schnee und in den Fluss zu gucken.

Als ich endlich Magruder erreicht hatte, erinnerte ich mich wieder an den Berghang. Den würde ich nicht schaffen, garantiert nicht. So parkte ich den Laster oberhalb der Ranger-Station und rutschte auf dem Hosenboden den Abhang hinunter, froh, wieder Boden unter den Füßen zu haben. Ich schloss die Tür auf, drehte die Wasserleitung auf, alles Handgriffe, die der Aufseher mit mir durchgegangen war. Ich schürte den Holzofen und begann, mir eine vierfache Portion gebackene Bohnen zuzubereiten.

Nachdem das Propangas das Wasser im Behälter aufgeheizt hatte, ließ ich mir ein Bad ein. In der kalten gusseisernen Wanne hockend, ließ ich das Wasser langsam so heiß einlaufen, dass ich es gerade noch aushalten konnte.

Dann legte ich mich mit genüsslich geschlossenen Augen in der Badewanne zurück. Mein erstes Bad seit Wochen und das letzte, das ich wohl in Monaten haben würde.

Ich entspannte mich, so gut es ging, doch den Gedanken an die Rückfahrt konnte ich nicht ganz verscheuchen. Beinahe hätte ich in Magruder übernachtet, aber dann kroch ich doch aus der Wanne heraus, leerte alle Wasserleitungen, ließ das Feuer im Ofen verglimmen und stapfte, nachdem alle Bohnen verdrückt waren und ich das Propangas abgedreht hatte, durch den Schnee zurück zu meinem Wagen. Ich konnte nicht das Risiko eingehen, dass ein Nachtsturm die Straße endgültig unpassierbar machte. Ich musste hier raus.

Der Kochtopf versank im Schnee auf der Ladefläche des Lasters. Boone hüpfte ins Fahrerhaus und schüttelte den Schnee von ihrem Fell in alle Richtungen. Als ich den Motor gestartet hatte, schlitterten wir davon. Wann würde ich Magruder wohl wiedersehen?

Die Heimfahrt stellte sich schließlich als viel einfacher heraus, da der Laster jetzt in seinen eigenen Spuren fahren konnte. Kaum hatte ich das Zelt am Indian Creek erreicht, begann der Schnee wieder in dicken, schweren Flocken zu fallen. Gott sei Dank war ich rechtzeitig zurückgekehrt.

Ich nahm die Batterie heraus und stellte sie in eine Ecke des Zeltes. Von diesem Zeitpunkt an erledigte ich alles zu Fuß.

An jenem Abend in meinem trüb erhellten Zimmer kreisten meine Gedanken immer wieder um meinen Ausflug. Es war noch einmal gut ausgegangen, aber es war ein Fehler gewesen, für ein Bohnengericht und ein Bad dieses Risiko auf sich zu nehmen. Nur eine einzige unglückliche Wendung, und der Laster hätte den ganzen Winter über im Schnee gesteckt – wie der Laster des alten Mannes in Paradise –, als mahnende Erinnerung an einen schwachen Moment, als mich fast die Angst vor dem Nichtstun übermannt hatte und ich für einen Topf voll Bohnen beinahe mit meinem Laster in den Selway gestürzt wäre.

Doch ich sah auch die Vorteile meiner Einsamkeit. Der Schnee war mein Verbündeter, er verwischte alle meine Spuren. Ich selbst hatte durchaus ein Nachsehen für meine unüberlegten Schritte. Aber der Gedanke, dass andere Leute meine Handlungen beurteilen könnten, war mir unerträglich – Leute, die nur für einen einmaligen Besuch herkamen und sich nicht vorstellen konnten, was es bedeutete, wenn man hier allein lebte.

Ich machte die Lampe aus und stieg im Dunkeln in mein wackeliges Bett. Die vielen Decken und Schlafsäcke lagen wie ein tröstliches Gewicht auf mir, und ich dachte über meine Einsamkeit nach, während ich dem gurgelnden Fluss lauschte und manchmal ganze Wörter zu vernehmen glaubte. Schließlich schlummerte ich ein.

In dieser Nacht fiel nicht so viel Schnee wie erwartet und bei weitem nicht genug, um meine Spuren zu bedecken. Am nächsten Tag kamen der Ausrüster aus Paradise und einer seiner Jagdführer, Brian, auf ihren Schneemobilen zu meinem Zelt gefahren. Es waren die ersten Schneemobile, die ich in Aktion sah, und ich war von ihrem Höllenlärm völlig betäubt.

Beide stellten ihre Maschinen ab – sie wurden Maschinen genannt und nicht Schneemobile, wie ich bald erfuhr –, und der Ausrüster, ein raubeiniger, wortkarger Mittfünfziger, wollte wissen, ob ich kürzlich nach Magruder gefahren sei. Die Wagenspuren führten schnurgerade auf meinen Laster zu – wer sonst sollte also in dieser Gegend herumkutschiert sein? Ich lachte kleinlaut, das Blut schoss mir in die Wangen. »Ja«, antwortete ich.

»Tolle Fahrt, was?«, brummte er.

Dem musste ich wohl oder übel zustimmen. »Mit der Fahrerei ist ja jetzt wohl Schluss, oder?«, fragte er.

Ich bejahte. »Gut. Deine Reifenspuren haben nämlich die Straße ruiniert. Es ist verdammt schwer, nicht dauernd mit den Maschinen hineinzurutschen.«

Jetzt wurde ich über und über rot. Sie erklärten mir, sie mussten irgendetwas aus Paradise holen, das sie vergessen hatten, doch ich hörte ihnen kaum zu. Ich hatte nicht bedacht, dass ich die Straße unbefahrbar machen könnte. Im

Januar kämen sie zurück für die Pumajagd, sagten sie noch, dann fuhren sie ratternd davon.

Zum ersten Mal seit meiner Ankunft wünschte ich mir, dass nie mehr auch nur eine einzige Menschenseele wieder in meine Nähe käme. Ich würde mir jetzt wohl immer über die Schulter schauen vor lauter Angst, es könnte wieder einmal jemand über den Pass kommen und mich Greenhorn bei einer Dummheit ertappen.

Die beiden hielten noch einmal kurz an. Der Ausrüster wollte mir ein Wapitigeweih, einen Sechsender, abkaufen, das ich gefunden und zu mir hergeschleppt hatte. Das Geweih war noch am Schädel befestigt. Er könnte es gebrauchen, meinte er. Ich wusste nichts damit anzufangen, es hatte mir nur ganz einfach gefallen. Fünfzig Dollar wollte er mir dafür geben. Ich willigte ein, in der Hoffnung, ich könnte damit den Schaden, den ich auf der Straße angestellt hatte, wieder gutmachen.

Wortkarg wie immer standen beide da, während der Ausrüster umständlich sein Scheckbuch hervorkramte. Dass er auf dieser Fahrt Geld brauchen würde, hätte er nicht erwartet, brummte er. Er reichte seinem Begleiter das Scheckbuch und ließ ihn den Scheck für sich ausfüllen. Dann unterzeichnete er.

Erst als sie, das Geweih auf dem Anhänger, mit ihren Schneemaschinen wieder donnernd davongefahren waren, fiel mir auf, dass der Ausrüster nicht hatte schreiben können.

KAPITEL 8

Die Männer waren nun endgültig fort und erst wieder im Januar zu erwarten, ich hatte also viel Zeit für mich. Die Wildhüter mit meiner Post waren für den dreizehnten Dezember angekündigt. In diesen zehn Tagen ging ich weiter auf die Jagd; allerdings war es mit dem Fallenstellen vorbei. Fast zwei Wochen lang hatte ich mich damit beschäftigt behalten.

Das Jagen bedeutete jetzt für mich mehr, als nur zum Zeitvertreib mit einem Gewehr über die Berge zu wandern. Ich schoss Wildhühner und Schneehasen; meine Hauptbeute aber blieben die kleinen roten Eichhörnchen. Von denen benötigte ich drei, mindestens zwei, um eine anständige Mahlzeit zu erhalten. Beim Essen brauchte es seine Zeit, das Fleisch von den zarten Knochen abzuknabbern – wie bei einem Hähnchen, nur dass die Knochen der Eichhörnchen um ein Achtel kleiner waren –, aber sie schmeckten ausgezeichnet. Genügend Zeit zum Abknabbern hatte ich ja.

Der Schnee wurde immer höher, und die Eichhörnchen buddelten sich tunnelartig von ihren Nestern zu den Verstecken aus Pinienzapfen durch, um der bitteren Kälte, aber auch den lauernden Blicken der Habichte, Koyoten und Marder wie auch den meinen aus dem Weg zu gehen. Obwohl ich schon zwei Jahre Studium auf dem Buckel hatte, war ich als Wildbiologe mit meiner Wildhühnerpopulation nicht gerade fachmännisch umgegangen und sah mich nun gezwungen, immer längere Strecken zu wandern, wenn ich eines von ihnen aufstöbern wollte.

Entscheidend aber für mich war, dass ich mich jetzt als einen Mann der Berge und nicht als Eichhörnchenesser sah. Das hieß, dass ich immer öfter meine kleine 22er liegen ließ und stattdessen meine 54er Hawken durch die Gegend schleppte. In meiner Fantasie sah ich mich schon als Großwildjäger, doch in Wirklichkeit war ich nichts als ein glückloser Anfänger. Ich entdeckte zwar oft die Fährten von Tieren, einmal trieb ich sogar eines aus dem Uferdickicht in die Flucht, doch zu sehen bekam ich es nicht.

Der Schnee, der die Eichhörnchen in den Untergrund getrieben hatte, vertrieb auch das Wild aus den Wäldern, in die es sich vor den Jägern geflüchtet hatte. Eines Morgens öffnete ich den Eingang meines Zeltes und sah mich unvermittelt einem Rudel von etwa sechzig Wapitis gegenüber, die mit dampfendem Atem auf der Wiese herumstanden. Sie erblickten mich immer, noch bevor ich sie sah, und obwohl ich den ganzen Tag jagdbereit mit meinem Gewehr herumlief, musste ich zuletzt vor der Reaktionsschnelle dieser Tiere kapitulieren. Eine weitere Blamage für mich.

So trug ich mein schweres Jagdgewehr herum und verspeiste dann doch nur Haferflocken zum Frühstück, Brot zu Mittag und Reis zum Abendessen. Jede Mahlzeit gemahnte mich an mein mangelndes Jagdtalent. Und der Ankunftstermin des Wildhüters rückte näher. Eigentlich hätte ich Vorsorge treffen müssen, sie nichts von meinen Jagdunternehmungen merken zu lassen – unser stillschweigendes Abkommen –, doch ich machte mich weiter auf die Jagd, als wäre das Schießen und Ausweiden eines vier- bis fünfhundert Pfund schweren Wapitihirsches nicht etwas aufwändiger, als ein Wildhuhn aufzuheben und nach Hause zu tragen.

Der Anblick der Wapitis auf meiner Wiese hatte bei mir das Jagdfieber ausgelöst. Jeden Morgen fand ich Spuren von Wapitis, Beweise, dass sie praktisch vor meiner Nase, keine siebzig Meter von mir entfernt, übernachtet hatten. Diese Tatsache half mir nicht gerade, einen kühlen Kopf zu bewahren.

Eines Abends, der Wildhüter war in drei Tagen fällig, saß ich in meinem Zelt bei meinen üblichen Abendbeschäftigungen – Tee trinken, die *Foxfire*-Bücher zum x-ten Mal durchlesen und an meinem Transistorradio herumdrehen, um einen Sender hereinzukriegen. Die Nacht war klar und wolkenlos. In solchen Nächten wurden die Radiowellen nicht in meinen Canyon hinuntergeleitet, in stark bewölkten Nächten mit dichtem Schneefall dagegen konnte ich etliche Radiosender aus Idaho sowie einige Hochfrequenz-Sender aus Kalifornien, einen aus L.A. und einen weiteren aus San Francisco, empfanden. Aber in dieser Nacht herrschte Funkstille.

Schließlich musste ich von dem vielen Tee zum Pinkeln gehen. Ich bückte mich durch den Eingang und trat in eine helle, silberne Landschaft hinaus. Der Vollmond stand hoch über den Felsmauern und schien auf meine schneeweiße Welt herab. Die flachen Schneefelder mit unberührtem Schnee warfen das Licht zurück, die Bäume ließen den Mondschein von allen Seiten durchscheinen, bis beinahe kein Schatten mehr da war. Voller Ehrfrucht hielt ich einen Augenblick in diesem geisterhaften Licht inne, ehe ich mit bedächtigen Schritten in meinen alten Fußstapfen auf die Wiese zuging.

Beinahe hätte ich lachen müssen, so unwirklich erschien mir meine Umgebung. »Sieh dir das an, Boone«, flüsterte ich. Dann ertönte ein explosionsartiger Lärm auf der Wiese.

Ein kurzes, seltsames Bellen hallte durch die Luft, doch hauptsächlich waren es Geräusche von Bewegung; dröhnendes Getrappel großer Tiere, die plötzlich schwer atmend losstürmten, sie wirbelten Schnee in die Luft, flüchteten krachend durchs Gehölz. Ich duckte mich rechtzeitig, um die davonjagenden Gestalten der Wapitis hinter den Bäumen am dunklen Horizont verschwinden zu sehen. Nun stand ich im quecksilbrigen Licht und fluchte wütend. Völlig unerwartet war ich auf ein Wapitirudel gestoßen, obwohl ich den ganzen Tag vergeblich vom Bergkamm aus nach ihnen Ausschau gehalten hatte. Und jetzt, da sie vor meinen Augen gestanden hatten und ich gesehen hatte, was ich nach Einbruch der Nacht niemals für möglich gehalten hätte, war es wieder geschehen – das Wild hatte sich auf und davon gemacht.

Ich hielt meinen Finger an meinem ausgestreckten Arm hoch und nahm meinen Fingernagel in Augenschein. Er war gut zu sehen. Dann überlegte ich mir, ob es nicht mit den braunen Visiereinrichtungen meines Gewehres genauso gut gehen würde. Schnell verschwand ich in meinem Zelt und kehrte mit meiner Hawken zurück. Mitten auf der Wiese konnte man gut die Beute anvisieren, zwischen den Bäumen war es allerdings schwieriger. Wenn ich im Mondlicht stand, könnte es klappen. Ich zielte auf die schwarzen Baumstümpfe, die von der Seite einem Wapiti ähnelten, und beschloss, dass die Sache durchführbar war.

Ich verfolgte die Fährte der Wapitis durchs Holz. Es war etwas unter siebzehn Grad minus, und der Pulverschnee verschluckte jegliches Geräusch, sogar das Geschlurfe meiner Schneeschuhe. Geräuschlos pirschte ich mich heran, mit angehaltenem Atem rutschte ich von einem Baum zum anderen. Schließlich ließ die prickelnde Erregung nach. Ich hörte auf, hinter jedem Baum einen Wapiti zu vermuten. Außerdem war es zwischen den dichten Bäumen wirklich ein Ding der Unmöglichkeit, etwas anzupeilen. So blieb ich im offenen Gelände, allerdings würden die Wapitis kaum das Gleiche tun. Schließlich legte ich mein Gewehr über die Schulter und sah um mich herum. Staunend bewunderte ich eine mondbeschienene, einsame Fichte, die in einen hohen, silbernen Pfeiler verwandelt war.

Bis ein Uhr nachts war ich unterwegs; davon hatte ich vielleicht eine halbe Stunde gejagt, die restliche Zeit hatte ich mir nur einfach staunend die Gegend betrachtet. Der Mond war auf die andere Seite des Flusstals gewandert, noch ehe ich in mein dunkles Zelt zurückgekehrt und zwischen die schweren Decken geschlüpft war.

Am nächsten Morgen stand ich spät auf. Seit Monaten war ich nicht mehr nach zehn Uhr abends ins Bett gegangen. Ich rieb mir den Schlaf aus den Augen und trat vor mein Zelt – wieder hatte ich meine Hauswapitis verscheucht. Den ganzen Tag jagte ich ihnen nach, vergeblich. Endlich fasste ich einen Plan.

In jener Nacht – der Mond stieg schon auf – durchforstete ich die Wiese gründlich nach Wapitis. Sie hatten sich noch nicht blicken lassen, also schob ich die Pferderampe, die für das Ein- und Ausladen der Pferde in die Anhänger diente, in die Nähe meines Zeltes. Sie war die einzige erhöhte Stelle auf der Lichtung. Ich wischte eine Fläche in der Größe eines Menschenkörpers vom Schnee frei, dann holte ich Decken und Jagdgewehr. Ich baute mir auf der Rampe ein Bett und legte zur Tarnung ein weißes Bettlaken darüber. Mein Gewehr schob ich etwas über die Rampe. Und ich wartete.

Bis dahin hatte ich keinen Gedanken daran verschwendet, was der Abschuss eines Wapitis vor meinem Zelt bedeuten könnte oder welchen Anblick die Wiese danach bieten würde. In zwei Tagen waren die Wildhüter fällig, aber ich hatte nur eines im Kopf, endlich in Steaks hineinzubeißen, Steaks, die ich mir durch meine Gewitztheit, meinen Mut und meine Schusssicherheit selbst beschafft hatte.

Draußen war es kalt, zweiundzwanzig Grad minus, doch ich blieb standhaft, wenn auch am ganzen Leibe bibbernd. Der Mond war über den Grat gestiegen, und jedes Detail auf der Wiese erschien auf einmal überdeutlich klar. Ich betrachtete die gesamte Länge der Wiese durch mein Visier, von meiner Position aus hatte ich alles in Schussweite. Nichts könnte mir entkommen. Und ich wartete und wartete.

Als ich aus meinem Schlummer erwachte, war der Mond auf der anderen Seite der Bergkette verschwunden. Draußen war alles pechschwarz. Ich spürte die Schneeflocken auf meinen Wangen schmelzen. Mit steifgefrorenen Gliedern setzte ich mich auf, die Schultern vor Kälte hochgezogen. Kein Stern stand am Himmel, der Selway war in der Dunkelheit verschwunden. Wie ein Blinder tappte ich zu meinem Zelt, stieß endlich an eine Zeltschnur und hangelte mich an ihr entlang bis zum Eingang. Ich entfachte ein großes Feuer im Ofen und schleppte die Decken herein. Durch meine Körperwärme war der meiste Schnee, der auf mich gefallen war, geschmolzen, aber Schneereste klebten noch in winzigen Eissplittern an den Decken. Ich breitete sie zum Trocknen auf dem Boden aus und schnauzte Boone an, die es sich auf einer von ihnen gemütlich machen wollte. Dann schlüpfte ich aus den nassen Kleidern und zog mir warme über. Kurz bevor ich ins Bett ging, steckte ich den Gewehrlauf aus dem Zelt und zog den Abzug. Der Hammer fiel, und das Zündhütchen platzte, ein unangenehm leises Geräusch im Vergleich zu dem üblichen lauten Knall. Wie erwartet, feuerte das Gewehr nicht, die Feuchtigkeit hatte das Pulver durchnässt.

Nachdem ich die Lampe ausgemacht hatte, kroch ich unter die zwei Schlafsäcke, die noch am wenigsten nass waren, und lauschte dem Knistern und Knacken im Ofen. Was für ein Fiasko, keine zwanzig Meter von meinem Bett entfernt während eines Schneesturms auf einer Pferderampe einzunicken und mich und mein Gewehr vollkommen durchnässen zu lassen. Die Wapitis hätten mich nach Herzenslust zu Tode trampeln können. Ich schloss die Augen und überlegte mir noch, wie sehr mir der Reis wohl nach einem halben Jahr zum Hals heraushängen würde.

Am nächsten Morgen wurde mir endlich klar, dass die Wildhüter jeden Augenblick zu erwarten waren. Ich ließ den ganzen Tag das Feuer prasseln und blieb im Zelt zum Deckentrocknen. Damals, beim Zeltaufbau, hatte einer der Wildhüter in Magruder ein Stück Teppich gefunden. Der lag nun auf meinem Zeltboden, Erdkrumen und Holzsplitter hatten sich auf ihm festgetreten. Ich fegte so lange, bis ich schließlich die Splitter einzeln herauspickte.

Den Waschbärenpelz, der mittlerweile gegerbt war, versteckte ich. Während meiner Jagd auf die Wapitis hatte ich einfach keine Zeit gefunden, eine Mütze daraus zu machen. Auch die Schwanzfedern meiner Wildhühner sowie die

Hasenpfoten legte ich in eine Dose und vergrub sie in meinem Vorratslager.

Als das alles erledigt war, machte ich mich daran, meine Korrespondenz zu erledigen, die die Wildhüter mitnehmen sollten. Neben der Suche nach Radiosendern und der Lektüre der *Foxfire*-Bücher hatte ich die meisten Abende damit verbracht, Briefe an meine Freunde und an meine Familie zu schreiben, Briefe von zehn bis fünfzehn Seiten. Jetzt, da ich sie tatsächlich abschicken konnte, steckte ich sie endlich in Kuverts. In keinem der Briefe hatte ich allerdings meine Nacht auf der Pferderampe mit nur einem Wort erwähnt.

Es waren noch zwölf Tage bis Weihnachten. Das Debakel meines Thanksgivingdays war mir noch lebhaft in Erinnerung, und um eine Wiederholung zu vermeiden, kümmerte ich mich schon seit einiger Zeit um Geschenke für meine Eltern und meine Geschwister. Ich verpackte meine schönsten Wildhühnerfedern, eine Hasenpfote als Glücksbringer sowie einen Teppich aus Eichhörnchenfell mit Pfoten und allem Drum und Dran als Nachahmung eines Bärenfellteppichs. Meinen Brüdern schickte ich Wildhühnerkrallen, bei denen die zwei äußeren Krallen zusammengerollt waren und die mittlere steif geradeaus zeigte – Liebesgrüße eines Vogels. Viele Möglichkeiten hatte ich ja nicht.

Aber so schmal das Weihnachtspaket auch wurde, wenigstens konnte ich mir jetzt den Weihnachtsmorgen vorstellen, wie das Paket geöffnet und die Geschenke an alle Familienmitglieder verteilt wurden. Es waren sichtbare Beweise, dass ich sie nicht vergessen hatte, und – noch wichtiger –, meine Geschenke an sie ließen mich sicher sein, dass sie sich an mich erinnern würden.

Ich wickelte das Paket so gut wie möglich ein und klebte die Faltstellen mit Klebestreifen zu, um meine Schmuggelware vor den neugierigen Blicken irgendwelcher Wildhüter zu schützen. Dann schrieb ich aufs Paket: »Erst zu Weihnachten öffnen«, stellte es in die Ecke und legte die fertigen Briefe darauf.

Die Wildhüter tauchten nicht auf. Den nächsten Tag verbrachte ich im Zelt und fing an, Brot zu backen, was ich jeden Tag tat. Gerade als ich das Brot aus dem Ofen zog, vernahm ich das entfernte Geknatter der Schneemobile. Das Geräusch verringerte sich in jeder Kurve des Canyons, um dann noch lauter und näher zu ertönen. Ich stand wartend vor dem Zelt und ermahnte mich, Schneemaschinen und nicht Schneemobile zu sagen.

Mein Boss und der Wildbiologe des Distrikts ratterten über die Wiese und wirbelten beim Bremsen eine riesige Wolke Pulverschnee auf. Sie grinsten. Der Wildhüter sprang ab und schüttelte mir die Hand. Dann trat er ins Zelt, als wäre es seins, kommentierte mein Backen und sagte wieder einmal, dass ich wohl gut zurechtkäme. Der Biologe war neu in diesem Distrikt und trottete stumm hinter ihm her.

Gemeinsam gingen wir zum Kanal, und ich berichtete ihm, dass die Temperatur in den letzten Nächten auf minus zwanzig Grad gesunken und tagsüber nur auf zehn Grad minus geklettert war. Der Kanal war zugefroren und mit einer Schneeschicht bedeckt. Der Wildhüter zeigte sich beeindruckt von der Strömung unterhalb der Eisdecke. Er meinte, es sähe doch alles ganz prima aus, und dann stapften wir zurück zum Zelt.

Wir standen neben ihren Schneemaschinen, und ich erkundigte mich, wie ihre Fahrt hierher gewesen sei. Kalt sei es gewesen, meinten sie, und dann zog der Biologe ein paar Pakete aus seiner Tasche und deponierte sie auf meinem Bett. Ich las die Absender aus Wisconsin. Der Biologe wollte von mir wissen, womit ich mich den ganzen Tag beschäftigte. Ich zuckte die Achseln. »Mit nichts Besonderem. Herumstrolchen meistens. Und Briefe schreiben.« Ich überreichte ihm meine Briefe und mein Paket.

Dann trat der Wildhüter ins Zelt und legte mir ein Briefbündel in die Hand, das mit einem Gummiband zusammengehalten war. Ich schleuderte es aufs Bett, um es nicht sofort aufzureißen und zu lesen. Wir unterhielten uns noch ein paar Minuten über das Wild, das ich gesehen hatte. »In der Gegend wimmelt es nur so von Wapitis«, bemerkte ich.

Der Biologe meinte, er und seine Frau würden gerne einmal ein paar Tage hier verbringen. Er erkundigte sich, ob es mir was ausmachen würde, für ein langes Wochenende mit ihnen zu tauschen.

Das war wie ein Geschenk des Himmels. Ich bemühte mich, nicht zu begeistert oder gar überschwänglich zu klingen, als ich ihm erwiderte, ich fände das gar keine schlechte Idee. Er müsste die Sache noch mit seiner Frau besprechen, fügte er hinzu, aber bei seinem nächsten Besuch gebe er mir Bescheid. Mein Boss warf ein, das sei etwa Mitte Januar, wenn alles gut gehe.

Während des Gesprächs stapften sie unverdrossen zu ihren Maschinen zurück, stiegen auf, riefen: »Bis nächsten Monat« und fuhren mit dröhnendem Motor davon. Sie waren etwa eine halbe Stunde da gewesen. Ich fragte mich, warum mein Boss überhaupt Wildhüter geworden war, wenn er nichts Eiligeres zu tun hatte, als jedes Mal so schnell wie möglich wieder aus den Bergen zu verschwinden.

Seit Wochen waren sie die ersten Menschen gewesen, die ich wieder zu Gesicht bekommen hatte, doch ich war keineswegs traurig über ihre Abfahrt. Schon während unseres ganzen Gesprächs hatte ich mich kaum beherrschen können, die Pakete und das Briefbündel auf meinem Bett nicht sofort aufzureißen. Die Wildhüter mit ihren lärmenden Vehikeln waren kaum außer Sichtweite, da stürzte ich mich auf meine Post.

Jedes Familienmitglied und die meisten meiner Freunde hatten mich bedacht. In welcher Reihenfolge sollte ich das alles lesen? Meine Hände zitterten ein wenig, als ich die ersten Seiten in der Hand hielt. Es war wie ein Fest. Über manche Briefe musste ich Tränen lachen. In anderen Briefen wurde mir bewusst, wie leicht es bei so viel moralischer Unterstützung doch war, meinen Aufenthalt hier draußen durchzustehen. Von meinen Eltern und meiner älteren Schwester Ellen hatte ich Bücher bekommen. Sie schrieben mir, sie könnten sich gar nicht vorstellen, so zu leben, wie ich es tat, ohne ununterbrochen zu lesen. Jedes einzelne Buch nahm ich wie einen kostbaren Schatz in die Hand und las die Umschläge. Es waren Romane, Biografien und Kurzgeschichten. Mein Vater hatte mir den gesammelten Sherlock Holmes und das Dschungelbuch geschickt. Als Kind hatte ich es so gerne gemocht, wenn er uns daraus vorlas.

Unter die Bücher hatte Ellen sogar Teigmischungen für Kuchen hineingelegt. Darüber musste ich lachen. Hatte sie überhaupt eine Vorstellung davon, wo ich mich hier befand? Aber die Kuchen schmeckten mir köstlich, sofern ich sie beim Backen nicht anbrennen ließ.

Schließlich hielt ich es im Zelt nicht länger aus. Ich rannte hinaus und lief in Kreisen am Flussufer herum, dabei stieß ich den Schnee mit den Füßen in die Luft. Ich hielt nur so lange inne, wie ich brauchte, um mir die Pfeife anzuzünden, die mir meine Freunde aus dem College geschickt hatten – schließlich rauchten alle Trapper Pfeife. Ich hatte noch nie geraucht, aber es machte mir Spaß, auch wenn die Pfeife dauernd ausging. Immer wieder brach ich in Freudengelächter aus und blies dabei den Rauch in das dunkelblaue Abendlicht. Mit meinen selbst gemachten Eskimostiefeln aus Schafspelz schwebte ich leicht wie eine Schneeflocke dahin.

In dieser Nacht aber, nachdem ich die Post wieder und wieder durchgelesen hatte, ließ die erste Freude schon wieder nach, und ich spürte, wie sehr ich diese Menschen vermisste. Es wurde ein melancholischer Abend. Doch die verzweifelte Einsamkeit, die mir in den ersten Wochen noch fast die Kehle zugeschnürt hatte, hatte sich in den zwei Monaten meines Aufenthalts hier schon zu einem erträglichen, ja angenehm besinnlichen Zustand gemildert.

Der Himmel war in dieser Nacht bewölkt, sodass ich mit meinem Radio ein paar Radiosender aus Idaho empfangen konnte. Auf Radio Nostalgie konnte ich fast eine ganze Groucho-Marx-Sendung hören. Das brachte mich wieder zum Lachen, und ehe der Sender das Programm beendete, war ich wieder rechtschaffen müde.

Am Morgen begann ich, meine Post erneut durchzulesen, aber es war zwecklos – jedes einzelne Wort war mir im Gedächtnis haften geblieben, nichts hatte sich geändert. So machte ich mich daran, die Briefe zu beantworten – eine Form des Dialogs, die mir auf einmal sehr frustrierend vorkam. Also gab ich auf, noch bevor ich so recht damit angefangen hatte, schnappte mein Gewehr und ging hinaus.

Nicht nur auf einen Spaziergang, sagte ich mir, sondern auf einen Jagdausflug.

Ich entdeckte kein einziges Tier und konnte mich auch nicht so recht darauf konzentrieren. Am späten Nachmittag war ich wieder im Zelt, zurück bei meiner Post. Mittlerweile hatten die Wörter in den Briefen gänzlich ihre Magie verloren. Doch sie waren alles, was ich hatte.

KAPITEL 9

Aus meinem Stapel Post fischte ich immer wieder den Brief meines Vaters heraus. Er schrieb mir, er und mein Zwillingsbruder Paul machten gerade ein Skitraining. Wanderkarten hatten sie schon bestellt, und nur noch ein paar Kleinigkeiten fehlten für ihre Ausrüstung. Sie hatten vor, einen Tag nach den Weihnachtsfestlichkeiten in Milwaukee nach Darby zu fahren, und von dort aus wollten sie mit Skiern den Nez-Perce-Pass besteigen und dann hinunter zum Selway und zu mir fahren. Das waren vierzig Meilen. Vielleicht bräuchten sie drei Tage dazu, aber sie hofften, es in zwei Tagen zu schaffen, zumal es nach dem Aufstieg zum Gipfel ja nur noch bergab ging.

Jedes Mal, wenn ich den Brief gelesen hatte, sah ich mich in meinem dunklen, kleinen Zelt um. Das Zelt ließ sich leicht auf Vordermann bringen, aber wichtiger erschien mir die Frage, wie ich meinen Besuch verköstigen sollte. Zwei Leute, die vierzig Meilen auf Skiern zurückgelegt hatten, um mich zu sehen – und dann nur Haferflocken, Brot und Reis. Ein paar Erbsen aus der Dose als Garnitur auf meinem Reis waren bisher das höchste der Gefühle gewesen, wenn ich mir etwas Besonderes gönnen wollte.

Ich sah sie vor mir, wie sie auf ihren Skiern ganze Wildrudel aufstöberten und hinter jeder Kurve Wapitis aufscheuchten. Und ich saß hier mit meinen Haferflocken, meinem Brot, meinem Reis. Ich lud meine Hawken und ging auf die Piste mit dem festen Entschluss, erst dann zurückzukehren, wenn ich, der Trapper, gestählt im zähen Überlebenskampf, genügend Wildfleisch erlegt hätte, von dem sich mein Vater und mein Bruder satt essen könnten.

Zusammen mit seinem Brief hatte mir mein Vater auch ein Buch über Scotts Südpol-Expedition geschickt, das ich jetzt als Erstes las. Ich hatte alle möglichen romantischen Flausen über diese Art von heroischem Überlebenskampf im Kopf, wobei ich ohne weiteres die Tatsache ignorierte, dass letztendlich alle Männer bei dieser Expedition zugrunde gegangen waren. Es gefiel mir, mir vorzustellen, wie ich Paul und meinem Vater als Retter in der Not zu Hilfe käme, wenn sie völlig entkräftet hier ankämen. Das wäre die Sorte Heldentum, die auch Scott und seinen Männern das Leben gerettet hätte – nur leider war ich nicht dort gewesen.

Auch nach einer Woche mühsamer Jagd hatte ich nichts vor meine Flinte bekommen, und obwohl ich jetzt mehr Zeit als genug hatte, war ich ungeduldig wie ein kleines Kind. Bald entschloss ich mich, wieder im Abendlicht umherzustreifen, ich schmauchte dabei meine Pfeife, die mittlerweile nicht mehr dauernd ausging. Meine Hawken trug ich stets bei mir, doch immer kehrte ich unverrichteter Dinge wieder nach Hause zurück.

Am kürzesten Tag des Jahres, der Wintersonnenwende, bekam ich etwa vier Stunden direktes Sonnenlicht, als die Sonne von zehn Uhr vormittags bis zwei Uhr nachmittags zwischen den Felswänden des Selway auftauchte. Den Rest des Tages erhielt ich nur indirektes Licht, es sei denn, ich wanderte hoch auf den Bergkamm hinauf. Ich konnte es kaum erwarten, dass die Tage wieder langsam länger wurden, dem ersehnten Frühling entgegen. Zur Feier des Tages tat ich nichts, ich lag nur im Bett und las und legte Holz nach. Ab jetzt würde jeder Tag länger und heller werden und das Ende meines Aufenthalts in der Wildnis näher bringen.

Abends beschloss ich, den Weg stromaufwärts zu spazieren, blies dabei meine ersten gelungenen Rauchkringel in die Abendluft und verabschiedete mich vom kürzesten Tag des Jahres. Mein Gewehr hatte ich aus reiner Gewohnheit mitgenommen. Ich hatte es über die Schulter gelegt und hielt es am Lauf fest. Plötzlich krachte etwas zwischen den Weiden, Rosen und Schneebeeren. Gerade rechtzeitig sah ich ein riesiges schwarzes Tier, das sich an einer der wenigen noch nicht vereisten Stellen des Selway ins Wasser stürzte und hastig den Fluss überquerte. Als es am anderen Ufer auf seinen lächerlichen Stelzenbeinen aus dem Wasser stakste, wandte es kurz seinen Kopf mit seiner großen, fleischigen Nase zu mir, ehe es donnernd das gegenüberliegende Steilufer hochpreschte und zwischen den Bäumen verschwand.

Noch ehe ich mein Gewehr in Anschlag bringen konnte, hatte es sich aus dem Staub gemacht. Ein Wapiti, dachte ich. Das Wort Elch begann sich erst langsam in meinem Kopf zu formen, als ich das Tier das Steilufer hocheilen sah. Endlich ein Tier, das größer war als ein Wildhuhn und tatsächlich in Schussweite war. Ich visierte es mit meinem Gewehr an, wie ich es schon tausend Mal auf andere Zielscheiben getan hatte. Dann feuerte ich.

In meinem Bewusstsein war es kein lebendiges Wesen, auf das ich schoss – ich sah es nur als Zielscheibe. Nach dem Schuss sprengte es davon. In hastiger Eile lud ich mein Gewehr nach und verschüttete dabei schwarzes Schießpulver aus meinem Pulverhorn. Ich rannte an meiner Uferseite entlang, parallel zum Fluchtweg des Elches, bis ich ihn wieder entdeckte. Auf Knien feuerte ich erneut. Aber ich hätte wohl genauso gut in die Luft schießen können, was die Wirkung meiner Schüsse betraf.

Ich schnellte hoch, verschüttete noch mehr Pulver und lud nach. Der Elch galoppierte davon. Plötzlich hielt er inne, sah mich an und legte sich zu Boden. Den Kopf in normaler Stellung erhoben, fiel sein Blick unverwandt auf mich. Die ganze Sache schien ihn ungerührt zu lassen.

Mittlerweile war die Dämmerung hereingebrochen, und es war beinahe schon dunkle Nacht. Ich musste die Visiereinrichtungen dem Schnee anpassen, dann zielte ich auf die schwarze, viereckige Gestalt des ruhenden Elchs. Zum dritten Mal feuerte ich ab. Der Elch erhob sich und trottete auf eine Baumgruppe zu.

Jetzt war es endgültig zu dunkel, um noch einen Schuss abzugeben. Meine »Zielscheibe« hatte sich in Nichts aufgelöst. Ich blickte vom Felsen hinunter auf das grüne Eis des Flusses. Endlich begann ich zu überlegen. Ich fragte mich, wie ich den Fluss überqueren und den Elch in der Dunkelheit verfolgen könnte.

Ich eilte zurück zum Zelt, um Schneeschuhe anzuziehen und Seile zu holen. Boone sperrte ich in den Laster ein, der seit einer Woche fast völlig zugeschneit war. Ich wollte nicht, dass Boone sich dem Elch an die Fersen hängte, sollte er tatsächlich verwundet sein. Ich war zwar mittlerweile ein recht guter Schütze, doch ich war mir nicht einmal sicher, ob ich das gewaltige Tier überhaupt getroffen hatte. Wenn ich ein Eichhörnchen oder ein Wildhuhn erlegte, verendeten sie entweder sofort, oder sie flüchteten. Dieses Tier schien weder das eine noch das andere zu tun.

Zurück am Fluss, rutschte ich das Ufer hinunter und begutachtete die grüne, verdächtig matschig aussehende

Eisdecke. Keine Stelle sah besonders hart gefroren aus. Mit angehaltenem Atem begann ich, den Fluss auf Schneeschuhen zu überqueren. Grünlicher Schneematsch sickerte durch das Netzwerk meiner Schneeschuhe und fror auf den Lederriemen fest. Ich sah mich schon durch die Eisdecke brechen und meine Wollsachen mit Wasser vollgesogen, den Atem von der Kälte erstickt, unter der Eisdecke stromabwärts treiben. Ich konnte gar nicht fassen, dass die Eisdecke hielt, und zerbrach mir angestrengt den Kopf nach einem Plan für den Fall, dass ich plötzlich doch durchbrechen sollte.

Doch das Eis hielt. Nun kroch ich das gegenüberliegende Ufer hinauf in der Meinung, ich befände mich unterhalb der Stelle, an der ich den Elch zum letzten Mal erblickt hatte, und könnte seine Spur bald aufnehmen. So war es auch. Er hatte sich ins dichte Gehölz verzogen. Ich knipste meine Taschenlampe an, die ich vorher beinahe im Zelt liegen gelassen hätte. Dichte, schwere Flocken segelten herab und leuchteten im Lichtstrahl der Taschenlampe weiß auf. Der Elch hatte im knietiefen Schnee riesige Abdrücke hinterlassen. Sie waren in keiner Weise auffällig, nichts wies darauf hin, dass drei Schüsse hintereinander auf das Tier abgefeuert worden waren. Ich schlich weiter, beinahe völlig geräuschlos, trotz meiner Schneeschuhe. Der Schnee dämpfte fast jeden Laut.

Dann fiel der Lichtstrahl auf einen langen dunkelroten Streifen im Schnee – eigentlich waren es zwei –, jeweils einer auf jeder Seite der Spur, sieben bis zehn Zentimeter breit und einen halben Meter lang. Ich musste schlucken und spannte den Hahn. Wie unvernünftig war es wohl, hier draußen im Dunkeln mit einem verwundeten Elch allein zu sein?

Die Trittspuren führten weiter, als gäbe es die Blutstreifen nicht. Ich stieß auf eine Mulde, eine flach gedrückte Stelle, etwa zwei Meter lang. Der Boden war angefüllt mit hellrotem Matsch – so viel Blut hatte ich noch nie gesehen. Die frisch gefallenen Flocken schmolzen sofort, wenn sie auf die rote Masse fielen. Meine Taschenlampe tastete zwischen den Bäumen alles ab, doch nur Baumstämme traten zum Vorschein. Ihr Licht ließ das schwarze Dunkel dahinter noch undurchdringlicher erscheinen.

Ratlos ging ich den Spuren weiter nach, dabei stocherte ich mit dem Gewehr vor mir her. Wo könnte sich der Elch aufhalten? Ich hielt den Blick nach vorne gerichtet, um ja nicht von einem entgegensprengenden Elch überrascht zu werden. Als ich wieder zu Boden sah, stellte ich verblüfft fest, dass die Spuren auf einmal zu Ende waren. Nach den letzten Trittspuren führte plötzlich eine lange Schleifspur den Abhang hinunter. Ich verfolgte sie mit der Taschenlampe, und etwa zehn Meter weiter lag der ausgestreckte Elch, dessen Sturz von dem großen, braunroten Stumpf einer Goldkiefer abgefangen worden war.

Einen Moment lang hielt ich inne und betrachtete ihn. Sein Körper war noch größer, als ich es mir vorgestellt hatte. Ich trat mit zögernden Schritten etwas näher heran. Schließlich hockte ich mich vor ihn hin und überlegte, was zu tun sei.

Dann erhob ich mich wieder und warf einen Schneeball auf das Tier, stets bereit, sofort loszurennen. Der Schneeball prallte mit einem dumpfen Schlag auf seine Rippen, ohne ein Lebenszeichen hervorzurufen. Ich trat einen weiteren Schritt näher auf den Kopf zu. Wieder warf ich einen Schneeball, diesmal mit größerer Wucht. Noch nie in meinem Leben hatte ich einen so großen Kadaver gesehen. War der Elch tatsächlich verendet? Ich knickte einen Weidenast ab und näherte mich mit kleinen, schlurfenden Schritten. In einem meiner alten Bücher hatte ich gelesen, es sei das sicherste Zeichen für den Tod eines Lebewesens, wenn seine Augenlider bei einer Berührung nicht mehr zuckten. Das wollte ich jetzt ausprobieren, und mit weit ausgestrecktem Arm berührte ich mit dem Weidenast das starre, kreisrunde schwarze Auge. Es blinzelte nicht. Ich atmete aus, trat einen weiteren Schritt näher und tippte mit dem Ast erneut auf sein Auge.

Schließlich trat ich ganz nahe heran und legte meine Hand auf seinen riesigen Leib. Nichts bewegte sich. Nun war ich sicher, dass ich ihn getötet hatte.

Ich erinnerte mich, wie ich den Schneehasen ausgeweidet hatte: die gleichmäßigen Darmwindungen, die massigen Wulste der verschiedenen Bauchorgane und die blasebalgartigen Lungenflügel, die das winzige Herz wie ein Juwel zwischen sich einbetteten. Der Hase war das größte Tier, das ich je ausgeweidet hatte. Diese Anordnung in hundertfacher Vergrößerung – das überstieg mein Vorstellungsvermögen!

Ich betrachtete den Elch noch einmal genau, bevor ich versuchte, ihn zur Seite zu rollen, doch er lag wie festgenagelt an dem Baumstumpf und ließ sich nicht bewegen. Ich packte einen Hinterlauf und zerrte schwitzend und fluchend daran. Schließlich nahm ich ein Seil und band das Bein an einen weiteren Baum. Ich war heilfroh, dass mich niemand dabei beobachtete.

Als das erledigt war, holte ich tief Luft und hockte mich zwischen die gespreizten Läufe. Mutig begann ich, mit meinem Messer den Elch aufzuschlitzen. Während der

Arbeit zog ich meine Jacke und sämtliche Hemden aus, bis ich nur mehr im Unterhemd dastand. Das verschwitzte Haar fiel mir in die Stirn. Ich war bis zu den Ellbogen mit Blut verschmiert, der Schnee fiel in immer dichter werdenden Flocken. Kein Wunder, wenn man bei so etwas von einem Gemetzel sprach.

Endlich lagen die Eingeweide aufgehäuft neben dem ausgenommenen Kadaver. Ich trennte das Herz und die Leber ab. Die Leber hatte die Größe eines fünfzehn Zentimeter dicken Cafeteria-Tabletts, das Herz war so groß wie mein Kopf.

Ich häutete den Elch. Mit angehaltenem Atem fuhr ich vorsichtig unter der Haut entlang – sicherlich würde ich ein Loch hineinschneiden und die große warme Decke ruinieren, unter deren behaglicher Wärme ich mich schon auf meinem Bett schlafen sah. Während ich die Haut abzog, fand ich zwischen den Rippen den Weg der zwei Kugeln, die ich abgegeben hatte. Eine Kugel hatte die Aorta durchtrennt, nur einen Zentimeter über dem Herzen. Die zweite Kugel fand ich zusammengedrückt unter der gegenüberliegenden Schulter. Ich steckte sie mir in die Tasche. Als ich den Elch abgezogen hatte und die feuchte, schwarzbehaarte Haut über meine Schulter legte, konnte ich kaum fassen, wie schwer sie war. Jetzt war ich vollkommen erschöpft.

Ich legte die Haut um die Schultern wie ein riesiges Handtuch, mit einem Arm presste ich das Herz und die Leber an meinen Körper, mit dem anderen trug ich mein Gewehr. Im schwächer werdenden Licht meiner Taschenlampe machte ich mich auf den mühseligen Marsch zurück zum Fluss. Kaum war ich dort angekommen, fielen mir die Koyoten ein. Das war der reinste Festschmaus für sie! Also trottete ich wieder zum Kadaver hin und pinkelte in einem Kreis um ihn herum, in der Hoffnung, die Koyoten dadurch fern zu halten.

Ich hatte die dünne Eisdecke nicht vergessen und setzte mit meiner Last in zwei Etappen über den Fluss, jedes Mal mit wachsender Angst. An meiner Uferseite angekommen, taumelte ich zum Zelt. Boone sprang mit einem Satz aus dem Laster, sie war zum letzten Mal als kleines Hündchen eingesperrt gewesen. Misstrauisch schnupperte sie an der Elchhaut und hielt sich dann in gebührendem Abstand.

Zum Abendessen schnitt ich ihr ein großes Stück aus der Leber heraus, doch trotz meines riesigen Fleischvorrats war ich jetzt einfach zu müde, etwas zu essen.

Am nächsten Tag, nachdem ich die dicker werdende Eisschicht am Ende des Kanals weggeschlagen hatte, schlurfte ich zu meiner Beute. Es war ununterbrochen Schnee gefallen, und meine Pinkellöcher waren zugeschneit. Aber der Elch hob sich in grellem Rot und Weiß von der Schneedecke ab. Er hatte noch so viel Körperwärme, dass der Schnee nicht auf ihm liegen blieb.

Ich ging genau nach den Anweisungen vor, die ich noch schnell beim Morgenkaffee überflogen hatte, und stückelte mit einer Axt und einer Tischlersäge den Elch in vier Teile. Mit den sperrigen Brocken stolperte ich nur jeweils kurze Strecken von etwa fünfzehn Metern zum Fluss. Da ich es nicht wagte, mich mit den ganzen Fleischmassen auf das Eis zu begeben, überquerte ich zuerst den Fluss, ehe ich, sicher am anderen Ufer angelangt, jedes Stück einzeln mit einem Seil zu mir herüberzog. Bei dieser Transportmethode musste ich acht Mal die ächzende Eisdecke überqueren, jedes Mal mit angehaltenem Atem.

Nachdem alle vier Teile über den Fluss gebracht waren, musste ich feststellen, dass ich nicht gleichzeitig die Stücke schleppen und das steile, verschneite Ufer hinaufklettern konnte. Also band ich sie an einem Seil fest und zog sie nacheinander hoch. Das letzte Stück verhedderte sich an einem Weidenstrauch. Statt wieder den Abhang hinunterzurutschen, um es zu befreien, wickelte ich mit dem Seil eine Extraschlaufe um meine Hand und zerrte daran wie ein Verrückter. Das Stück rumpelte durch das Gesträuch, und das Seil – zum Zerreißen gespannt – presste wie ein Schraubstock meine Hand in den Fausthandschuhen zusammen. Trotz zehn Grad Kälte triefte mir der Schweiß über Augenbrauen und Nase herunter. Ich stieß fürchterliche Flüche aus und hieb mit der freien Hand auf das stramm gezogene Seil, das einen sirrenden Ton von sich gab.

Erst als ich alle Stücke oben am Uferrand hochgezogen hatte, sah ich endlich ein, dass nackte Gewalt nicht die Lösung war. Ich nahm mir eine Stunde Zeit, um einen Schlitten zu zimmern, und zog damit jedes Viertel einzeln etwa eine halbe Meile den Weg hinab, von dem ich wusste, dass er an einer Felsmauer in einer Sackgasse endete. Der Schweiß rann mir immer noch das Gesicht herunter, obwohl ich fast nackt war. Mit dem Schlitten schien mein Plan durchführbar. Wieder kam mir Scott in den Sinn, wie er mühselig durch die Antarktis marschiert war und mit seinen Leuten das ganze Gepäck per Hand hinter sich her zog.

An der Felswand angelangt, brachte ich zwischen zwei Bäumen eine Stange an. Der einzige Zugang zu dieser Sackgasse führte über den Indian Creek. Dichte Weidensträucher und junge Pyramidenpappeln schirmten die Stelle von dieser Seite her ab, während der Felsen den Einblick von allen anderen Seiten aus verhinderte. Diese Stelle hatte ich mir schon vor langer Zeit ausgesucht, eingedenk des Ratschlags des Wildhüters, jegliche Jagdbeute gut zu verstecken.

Erst als ich versuchte, das Fleisch hochzuheben, bekam ich sein ganzes Gewicht richtig zu spüren. Nachdem ich die Schlaufe des Seils gelöst hatte, begann ich, heftig daran zu ziehen, und schwebte auf einmal über dem Boden. Während ich so in der Luft schwebte, bewegte sich das Fleisch keinen Fußbreit vom Boden. Mit meinen ganzen Wollsachen auf dem Körper wog ich etwa zweihundert Pfund, doch das Fleisch rührte sich auch dann nicht, als ich am Seil baumelte.

In meinen Büchern wurde immer wieder darauf hingewiesen, das Fleisch in möglichst großen Portionen einzufrieren, um einen Gefrierbrand zu vermeiden. Also plagte ich mich weiter mit den vier Portionen ab. Ich startete einen neuen Versuch und rannte mit dem Seil in der Hand los, um den Brocken endlich vom Boden hochzuhieven, mit dem einzigen Ergebnis, dass ich mir wie ein Hund vorkam, der vergeblich an seiner Leine zerrt. Nun stand ich vor den vier Stücken, und mir war klar, dass ich sie achteln musste, damit sie weniger Gewicht hatten als ich und ich sie hochziehen konnte. Im Augenblick hatte ich aber nicht die rechten Nerven dazu.

Wieder pinkelte ich einen Kreis um das Fleisch herum. Dann schlurfte ich zurück und fiel ins Bett, mein Magen war wie zugeschnürt, ich hätte mich um nichts auf der Welt wieder aufrichten können. Dies war nun schon mein zweiter Tag ohne Abendessen. Mein geplantes Festmahl musste einfach noch warten.

Am nächsten Tag hingen die acht Stück Fleisch endlich an der Stange. Meine Arbeit war beendet. Mittlerweile war das

Fleisch gefroren, und ich betrachtete die acht baumelnden Stücke, bevor ich die erste Portion für mein Festessen herunterschnitt. Ich sägte ein Stück in der Größe eines Schachtdeckels aus, das auch ebenso hart war. Dann klemmte ich es unter den Arm, versetzte einem der Stücke einen Klaps, dass es hin und her schwang, und lachte laut auf.

Das Fleischstück war so groß wie ein Brontosaurus-Steak bei Familie Feuerstein. Mein Vater und mein Bruder würden nicht schlecht staunen. Ich strich über die Lendenstücke, die ich für unseren ersten gemeinsamen Schmaus nach ihrer Skitour aufbewahren wollte. Ich sah uns schon stundenlang schlemmen.

Im Zelt legte ich das Steak neben den Ofen zum Auftauen, und ich begann mit den Essensvorbereitungen. An diesem Tag machte ich Reispudding und schob zwei Laib Brot in den Ofen. Morgen war Heiligabend. Diesmal würde ich den Festtag nicht so verstreichen lassen wie den Thanksgivingday. Dieser Tag musste gefeiert werden, wenn auch notgedrungen allein. Obendrein war ich so erschöpft, dass ich nichts anderes zu tun imstande war, als für den nächsten Tag zu kochen.

Wie eine Trophäe lehnte das Riesensteak gegen ein Tischbein. Am Abend ging ich rauchend ins Freie, und nach kurzer Zeit war ich wieder bei der Fleischstange angelangt. Unentwegt starrte ich auf die baumelnden Fleischbrocken und konnte mir ein Grinsen nicht verkneifen. Die Jagd war zwar lächerlich ungeplant und zufällig verlaufen, aber jetzt war ich vielleicht doch ein richtiger Trapper geworden. Endlich hatte ich mir meine eigene Nahrung verschafft. Zwei Monate hatte ich dazu gebraucht, doch auf einmal klappte alles wie am Schnürchen.

KAPITEL 10

Während ich den Elch erlegt und in mein Versteck gebracht hatte, war fortwährend dichter Schnee gefallen, der am Vorweihnachtstag in Regen überging. In meinem Zelt war es jetzt beinahe so feucht wie draußen, warum also drinnen bleiben? Ich trug das Elchfell an eine offene Stelle am Fluss, wo ich es so weit wie möglich auseinander zog. Es war länger als ich, über einen Meter achtzig. Ich schnitt vier Latten aus Kiefernholz zurecht und zimmerte sie zu einem Rahmen. Die Zeit war knapp, aber wenn irgend möglich, sollte die große Decke für mein Bett fertig sein, bevor mein Bruder und mein Vater auf ihren Skiern bei mir ankamen.

Ich legte das Fell über den Rahmen und hockte mich mit einem dicken Garnknäuel davor. Mit meinem Green-River-Trappermesser begann ich, Löcher am Saum des Fells entlang zu bohren. Mit einem Stück Holz hämmerte ich auf das Messer, um besser durchstoßen zu können, gleichzeitig nähte ich das Fell am Rahmen fest.

Bevor ich zur Hälfte fertig war, hatte sich die Messerspitze abgestumpft, und so griff ich nach meinem Jagdmesser. Auch dieses Messer wurde bald stumpf, aber ich wollte die Arbeit schnell hinter mich bringen. Schließlich musste ich mit einem weiteren Stück Holz auf das Jagdmesser hämmern, um es durch die zähe Haut zu treiben. Jetzt war ich beinahe fertig und wollte keine Pause mehr einlegen, nur um das Messer zu wetzen. Ich hatte ohnehin wegen der Vorbereitung von Brot und Mokkakuchen für das Weihnachtsessen meine Arbeit ständig unterbrechen müssen, und nun war es beinahe schon dunkel.

Schließlich versagte das Jagdmesser vollends seine Dienste. Ich war das ganze Unternehmen mit dem ewigen Nachzurren der Fäden ziemlich leid, aber die Haut sollte straff gespannt sein wie bei einer Trommel. So zog ich mein Schweizer Militärmesser aus der Tasche, seine scharfe Spitze sank regelrecht durch das Fell. Das hätte ich von Anfang an benutzen sollen statt der großen abgerundeten Messerklingen.

Aber auch seine Spitze wurde bald stumpf, und da nur noch ein paar Löcher zu bohren waren, drückte ich auf Knien mit meinem ganzen Gewicht auf das kleine Messer, um besser durchzukommen. Da verlor ich das Gleichgewicht, und die Klinge schnappte zurück – direkt auf meinen Mittelfinger.

Vor Schmerz und Schreck sprang ich in die Höhe, das Messer immer noch in der geschlossenen Hand. Ich öffnete sie vorsichtig, doch das Messer blieb am Finger stecken. Als ich es wegzog, fuhr die Klinge einen Moment lang am Knochen entlang, und ein schmerzhafter Schauder lief durch meinen Körper.

Ich stampfte zurück ins Zelt, mehr vor Wut denn vor Schmerz, aufgebracht über meine Unachtsamkeit und Dummheit. Die Wunde blutete bedenklich. Ich wickelte den Finger ein und hielt ihn eine Weile hoch. Das schien zu helfen, und ich ging wieder hinaus, um meine Arbeit zu beenden. Sobald ich jedoch meine Hand sinken ließ, begann die Wunde wieder zu bluten.

Vier Stunden später blutete der Finger immer noch. Ich wickelte den Finger wieder aus und sah das klaffende, geschwollene Wundfleisch. Eigentlich hätte der Finger genäht werden müssen, das war mir klar. Ich war nicht gerade von dem Gedanken begeistert, mir selbst mit ein paar Nähten die Wunde zu schließen. Ich war mir nicht einmal sicher, ob ich es im Notfall hätte tun können. Ehe ich auf diese allerletzte Maßnahme zurückgriff, wickelte ich einen so festen Verband um den Finger, dass er pochte.

Nachdem sich der Schneeregen in schwere, dicht fallende Flocken verwandelt hatte, ging mein Radio wieder. Ich dreht am Knopf hin und her, die verwundete Hand hielt ich hoch, um den Finger zu schonen. Nach einer Weile beschloss ich einfach, dass die Blutung aufgehört hatte, und schob erleichtert den Gedanken beiseite, sie selbst zu vernähen.

Bald bekam ich ein Radioprogramm herein; Lionel Barrymore las aus Dickens' Weihnachtsgeschichte. Ich hätte nie gedacht, dass ich dieser schon so viele Male gehörten Geschichte noch einmal so gebannt zuhören würde. Heiligabend stand vor der Tür.

Später in der Nacht, als ich das Radio längst ausgeschaltet hatte, klarte der Himmel auf. Draußen waren es siebzehn Grad minus, als ich erwachte. Ich lag noch im Bett, und mein Atem bildete kleine Dunstwolken. »Fröhliche Weihnachten«, flüsterte ich.

In der Kälte tat mein Finger noch mehr weh, doch es kam noch schlimmer, als ich auf meinem Rundgang draußen entdeckte, dass das Fell hart gefroren war wie ein Brett. Ich starrte auf das Fell. Eine ganze Tagesarbeit umsonst. Es war wohl zwecklos, des Elchfell unter dem Gefrierpunkt gerben zu wollen. Jetzt musste ich es aus dem Rahmen herausholen, auftauen lassen, es mit Salz bestreuen, zusammenrollen, und in meinem Vorratslager verstauen. Auf meine große

Decke müsste ich nun bis zum Frühjahr verzichten, dann allerdings bräuchte ich sie nicht mehr.

Schnell machte ich mich daran, das Fell aus dem Rahmen zu nehmen, wütend auf meine Fausthandschuhe, die mich bei der Arbeit behinderten, wütend, dass ich das Fell überhaupt aufgespannt hatte, wütend auf alles. Als ich das Fell zu meinem Zelt hinaufschleppen wollte, rutschte es mir dauernd aus den Händen, bis ich vor lauter Ungeduld die Fausthandschuhe herunterriss und mit bloßen Händen zupackte.

Als ich das Fell durch den Zelteingang hereingezogen hatte, war der Schmerz in meinen Fingern in Taubheit übergegangen. Ich stellte mich neben den Ofen und barg meine Hände in den Achselhöhlen. Ein kurzer Blick genügte, um zu sehen, dass das Blut auch durch den frischen Verband durchgesickert war.

Nachdem ich mich eine Weile wippend und tänzelnd neben dem Ofen aufgehalten hatte, sah ich, dass die Fingerspitzen meiner rechten Hand weiß waren wie Papier. Das blieben sie auch noch für eine längere Zeit. Im Erste-Hilfe-Buch schlug ich unter »Erfrierungen« nach. Ich fragte mich, welchen Unsinn ich wohl in den nächsten Stunden noch verbrechen würde, oder war sogar mein Talent, immer das Falsche zu tun, ausgeschöpft? Es versprach ein recht scheußliches Weihnachten zu werden.

Am Nachmittag, nachdem meine Finger und das Fell aufgetaut waren und ich Letzteres erneut mit Salz bestreut und verstaut hatte, bestieg ich den Grat des Indian Ridge. Tausend Meter über meinem Zelt erblicke ich endlich wieder die Sonne. Tief sog ich die Luft ein paarmal ein, um mich nach den Strapazen der Elchjagd und der Dummheit mit der Felldecke zu entspannen und das Ganze zu vergessen.

Ich saß in einer Schneewehe und betrachtete den Sonnenuntergang, der die wenigen Wolken und die verschneiten, endlos sich dahinziehenden Gipfel und Bergketten rot verfärbte. Ich stellte mir meine Familie vor, wie sie in der warmen Stube saß, die liebevoll verpackten Geschenke öffnete, und ich sah ihre Mienen vor mir, wie sie meine Geschenke herumreichten. Hoffentlich begriffen sie, dass sie nicht ganz ernst gemeint waren, sie sollten nur zeigen, dass ich sie nicht vergessen hatte.

Es war herrlich, wieder im Freien zu sein. Ich blieb bis zur Dämmerung oben und versuchte, an nichts zu denken. Meinen Finger wickelte ich aus dem Verband aus, die Wunde hatte sich zu guter Letzt geschlossen. Vielleicht ging doch alles wieder aufwärts. Ich blieb in der Schneewehe sitzen und bemühte mich, meinen Finger wieder ordentlich zu verbinden. Ehe es vollkommen dunkel wurde, eilte ich nach Hause.

Mein Weihnachtsessen bestand aus Kartoffelpüree, Dosenmais und einem Elchsteak, das die ganze Pfanne ausfüllte. Nach der Mahlzeit lehnte ich mich mit voll geschlagenem Bauch zurück, ganz wie zu Hause. Behaglich grinsend, dachte ich an meine Familie in Milwaukee, wo alle wohl jetzt dasselbe taten. Morgen würden Paul und Dad mit ihrem Kombi nach Montana fahren. Die Fahrt würde zwei Tage dauern; spätestens am achtundzwanzigsten müßten sie mit ihrer Skitour beginnen.

Die nächsten zwei Tage waren eine einzige Hektik mit Saubermachen und Kochen. Ich hörte überhaupt nicht mehr auf, zu kochen und zu backen, bis sich mein kleiner Tisch unter der Last von knusprigem Schwarzbrot, Mokkakuchen, Reispudding und sonstigen Leckerbissen bog. Ich füllte die

Wasserbehälter und musste dafür eine neu gebildete Eisschicht über meiner Wasserstelle am Indian Creek durchhacken. Sogar Limonade, die ich sorgfältig hütete, mixte ich in einem Krug. Es war das Einzige, was ich außer reinem Wasser zu trinken hatte, und mein Vorrat war viel zu knapp bemessen. Ein Getränk für besondere Anlässe. Ich machte ganze drei Liter davon.

Diesen Abend setzte ich meinen größten Topf mit Wasser auf und schürte das Feuer, bis der Ofen glühte. Draußen war es kalt um den Gefrierpunkt, während drinnen im Zelt die Temperatur auf dreißig Grad kletterte, als der Wassertopf kochte und zu dampfen begann. Zum ersten Mal seit meiner unglückseligen Fahrt nach Magruder vor einem Monat entledigte ich mich sämtlicher Kleider.

Ich stieg in eine Zinkwanne und goss mir heißes Wasser über den Kopf. Hastig wusch ich mir die Haare und nutzte das abtropfende Wasser auf meinem Körper, um mich, so gut es ging, zu säubern. Ich hatte nur ein paar Liter heißes Wasser zur Verfügung und musste zum Schluss kaltes Wasser hinzufügen, damit es reichte, um mich abzuspülen. Ich brachte das Bad schnell hinter mich, in der engen Wanne war das Ganze kein Vergnügen. Nach dem Abtrocknen, nackt und sauber und endlich befreit von den zahlreichen Schichten meiner Wollkleidung, kicherte ich vor Behagen. Trotz des prasselnden Feuers im Ofen klebte immer noch Eis am Zelteingang, und immer wieder wehte ein Luftzug durchs Zelt. Ich zögerte das Anziehen so lange wie möglich hinaus, doch schließlich schlüpfte ich in eine saubere Garnitur langer Unterwäsche und kroch zwischen die Decken.

Am achtundzwanzigsten, als es nichts mehr für meinen Besuch vorzubereiten gab, beschloss ich, nach Magruder zu gehen, denn ich wusste, ich würde es nicht aushalten, einfach im Zelt zu sitzen und zu warten. Der Kanal war jetzt vollkommen zugefroren, die Schneedecke isolierte das fließende Wasser darunter. Nachdem ich alle auch nur geringsten Anzeichen von Eis am Kanalablauf entfernt hatte, war ich überzeugt, dass ich ihn eine Nacht unbeaufsichtigt lassen konnte. Ich schnappte meinen Rucksack mit der üblichen notdürftigen Erste-Hilfe-Ausrüstung sowie mit Kleidungsstücken, Lebensmitteln und meinem Schlafsack. Dann brach ich zum Oberlauf des Selway auf.

Am Raven Creek, zwei Meilen von meinem Zelt, dort, wo ich stets bei meinen nächtlichen Spaziergängen Umkehr machte, musste ich mir die Schneeschuhe überziehen, die ich an meinen Rucksack geschnallt hatte. Hier war meine festgestampfte Spur zu Ende, und es ging weiter in über einem Meter tiefen Schnee. Ohne die Schneeschuhe war an ein Weiterkommen nicht zu denken.

Auf halbem Weg nach Magruder scheuchte ich ein Wildhuhn aus dem Ufergestrüpp auf, und es flüchtete auf die andere Seite des Selway, wo es sich im Dickicht der Bäume niederließ. Es war erst eine Woche her, dass ich den Elch geschossen hatte. Nun war der Fluss vollkommen zugefroren, sogar ein halber Meter Schnee lag darüber. Ohne groß zu überlegen, ob ich durchbrechen könnte, überquerte ich ihn, dem Wildhuhn hinterher. Kaum zu glauben, wie ängstlich ich mich vorher hier hinübergetastet hatte.

Das Wildhuhn spielte fast eine Stunde lang mit mir Verstecken, doch schließlich entdeckte ich es, gerade als es auf einem Ast entlangtrippelte, und ich feuerte. Boone apportierte es vorbildlich und ließ es zu meinen Füßen fallen. Ich grinste von Ohr zu Ohr. Diesmal war alles so gut gelaufen, dass ich mich fast dazu verleitet fühlte, das ganze Debakel mit dem Elch zu vergessen. Ohne den blutdurchtränkten Verband, der immer noch um meinen Finger gewickelt war, hätte ich die ganze Sache glatt verdrängt.

Ich hob das Wildhuhn vom Boden auf, band es an meinen Rucksack und wünschte mir, ich hätte es auf meinem Rückweg aufgestöbert, mit Paul und Dad als Augenzeugen. Hoffentlich begegneten wir einem weiteren Wildhuhn auf unserem Weg zurück, damit ich endlich meine Jagdabenteuer mit jemandem teilen könnte.

Schätzungsweise befanden sich die beiden gerade irgendwo in der Nähe des Passes, wahrscheinlich hatten sie ihn schon überquert und flitzten gerade die langen Hänge in Richtung Selway hinunter. Sie hätten sich keinen schöneren Tag aussuchen können. Es war um fünf Grad minus, sonnig, alles glitzerte ringsum, dass die Augen schmerzten. Am Vorabend hatte ich beim Hinundherdrehen zwischen den Radiostationen – einem ziemlich hoffnungslosen Unterfangen bei klarem Wetter – ein Stück vom Wetterbericht aus Boise erwischt. Es hieß, dass für die kommende Nacht Temperaturen um die zweiundzwanzig Grad minus zu erwarten seien. Inzwischen hatte ich die Erfahrung gemacht, dass es hier meist zehn bis fünfzehn Grad kälter war als in Boise. Falls dies tatsächlich zutreffen sollte, konnte ich nur hoffen, dass Paul und Dad davon erfahren hatten und sich beeilten, solange das Wetter hielt.

Ich schritt wieder über das dicke Eis und die Schneedecke den Selway hinüber und folgte meinem Weg, entschlossen, die erste Nacht mit ihnen in dem stabilen, wohnlichen Holzhaus in Magruder zu verbringen. Ich würde ihnen echte Waidmannskost, ein Wildhuhn, zum Abendessen servieren, während sie von ihren Abenteuern auf ihrer Skitour berichteten.

Ich würde Magruder nicht vor Einbruch der Dunkelheit erreichen. Zum zweiten Mal innerhalb von nur wenigen Tagen hatte ich meine eiserne Regel durchbrochen, stets noch bei Licht mein Ziel zu erreichen. Auf dem Wegweiser zur Station nach Magruder hinterließ ich eine Nachricht für Dad und Paul, die ich mit der Spitze einer meiner 22er Kugeln in den Schnee schrieb, und gab ihnen Bescheid, dass ich auf der Ranger-Station sei. Das würde ihren Weg um zehn Meilen verkürzen, und ich war voller Zuversicht, sie schon am nächsten Tag zu treffen.

Ich beeilte mich, die letzte halbe Meile nach Magruder zu schaffen, und im Dunkeln musste ich entdecken, dass jemand – es mussten wohl die Wildhüter gewesen sein – den Schlüssel zur Station verlegt hatte. Ich tauchte in meinem Rucksack nach meiner Taschenlampe und stöberte bei den Außengebäuden herum, bis ich eine Bolzenschere fand und mir gewaltsam Eingang verschaffte.

Ich machte Feuer und drehte das Propangas auf. Da ich nicht genau wusste, wie lange wir hier rasten würden, ließ ich die Wasserleitung unberührt. Ein geplatztes Wasserrohr war das Letzte, was ich gebrauchen konnte. Als das Feuer im Herd loderte und das Haus langsam warm wurde, drehte ich die Kurbel am alten Telefon. Zweimal kurz, einmal lang – die Verbindung zur West-Fork-Ranger-Station über den Pass nach Montana.

Der Ranger berichtete mir, dass Dad und Paul am Morgen bei ihnen Halt gemacht hätten und auf dem Weg zu mir seien. Er sagte auch, dass in dieser Nacht Temperaturen unter achtundzwanzig Grad zu erwarten seien. Dann erkundigte er sich, ob sie gute Skifahrer seien und ob sie mit solchen Touren Erfahrung hätten. Obwohl ich bezweifelte, dass sie überhaupt irgendwelche Erfahrung hatten, erklärte ich ihm, es ginge schon alles in Ordnung. Bis vor wenigen Monaten hatte ich auch von nichts eine Ahnung gehabt und war trotzdem ziemlich gut zurechtgekommen.

Kaum hatte ich aufgelegt, holte ich meine Karte hervor und studierte zum x-ten Mal ihre Route. Laut Aussage des Rangers war die Straße weiter geräumt, als ich erwartet hatte. Sie hatten nur fünfundzwanzig Meilen zu bewältigen: zehn bis zum Pass und fünfzehn bis hier herunter. Ich trat auf die Veranda, und es kam mir gar nicht einmal so kalt vor.

Zurück in meiner behaglich warmen Hütte, machte ich mir ein schnelles Abendessen, Eintopf aus der Dose. Das Wildhuhn hob ich für den nächsten Abend auf, wenn beide da wären. Als ich im Bett lag, lauschte ich den Mäusen, die in der plötzlichen Wärme munter geworden waren, und dachte dabei an Paul und Dad in ihrem Zelt irgendwo in den schwarzen Wäldern von Montana. Morgen wäre ich auf dem Weg zu ihnen. Vielleicht könnte ich sogar noch ein oder zwei Wildhühner jagen, für ein üppiges Empfangsessen.

Während ich mir das alles in der dunklen Hütte ausmalte, lächelte ich zufrieden vor mich hin.

Kapitel 11

Am nächsten Morgen schlief ich etwas länger, aber bei dem Gedanken, mein Vater und Paul könnten mich in dieser feinen Hütte bei einem Nickerchen antreffen, sprang ich mit einem Satz aus dem Bett. Mein Anblick hätte nicht gerade das Bild eines echten Trappers geboten. Ich schlang das Frühstück herunter – eine Tasse Kaffee und ein Stück Brot – und machte mich auf den Weg ihnen entgegen.

In meiner Hast merkte ich nicht gleich, wie kalt es geworden war. Mitten auf der Bergwiese vor der Hütte hielt ich inne und warf einen kurzen Blick nach oben auf den blassen, eisblauen Himmel. Als ich den Kopf hob, spürte ich die Kälte am Hals und verkroch mich sofort tiefer in meinen Mantel. In flottem Tempo wanderte ich am Deep Creek entlang hinauf zur Hauptstraße in Richtung Pass, und bis ich sie erreicht hatte, war mir schon etwas wärmer geworden.

Keinerlei Skispuren waren auf dem unberührten Schnee zu sehen, außer den alten, zugeschneiten Vertiefungen der letzten Schneemaschinenspur, in die ich hineinstapfte, um nicht zu tief in den pudrigen Schnee ringsum einzusinken. Kaum war ich eine halbe Stunde unterwegs, reckte ich bei jeder Biegung erwartungsvoll den Hals, um beide ja rechtzeitig zu sehen. Ich strahlte vor lauter Vorfreude. Sie würden ihren Augen nicht trauen, wenn ich plötzlich um die Ecke bog.

Bei meinem Abmarsch hatte ich meinen Rucksack voll gepackt mit Sachen, die ich eigentlich gar nicht wirklich brauchte, es sei denn, es passierte ein Unfall. Je länger ich weitermarschierte und jeden Augenblick damit rechnete, sie zu sehen, desto sinnloser kam mir mein schweres Gepäck vor, und ich hielt kurz an, um es am Straßenrand zu deponieren. Meinen dicken Daunenmantel legte ich dazu. Bergauf würde mir auch ohne Mantel warm genug werden.

Ich wanderte zielstrebig weiter, nach jeder Biegung strahlte ich noch mehr, wenn ich an ihre überraschten Gesichter dachte. Doch nach jeder Kurve erblickte ich wieder nur einen schneebedeckten Straßenabschnitt, ein weiteres Stück vom schneebedeckten Fluss und noch mehr schneebedeckte Bäume. Jedes Mal wurde mein Lächeln eine Spur schwächer, ohne ganz zu verschwinden. Vielleicht begegnete ich ihnen doch noch nach der nächsten Kurve.

Ich hatte schon eine erhebliche Strecke zurückgelegt, ehe ich die Kälte zu spüren begann. Darauf beschleunigte ich meine Schritte, in der Hoffnung, dass es mir wieder wärmer würde und dass endlich die beiden Skifahrer aus der weißen Welt um mich herum auftauchten. Ich beschleunigte meine Schritte ein weiteres Mal, die Kälte war gerade noch zu ertragen.

Doch drei Meilen später musste ich umkehren. Mir war noch nie so kalt gewesen. Rucksack und Mantel lagen ein paar Meilen hinter mir, und auf einmal jagte mir diese Entfernung Angst ein. Ich blieb gerade so lange stehen, um Paul und Dad durch ein Zeichen aus Stecken im Schnee zu verstehen zu geben, dass ich mich in Magruder aufhielt. Ich verharrte noch einen kurzen Augenblick, die Arme um den Leib geschlungen, und starrte die Straße hinauf, ob es mir doch noch durch schiere Willenskraft gelänge, sie um die Ecke biegen zu lassen, ehe ich umkehren musste.

Doch sie bogen nicht um die Ecke, und so schnell es meine klobigen Schneeschuhe zuließen, machte ich mich wieder auf nach Magruder. Trotz meiner Eile wurde mir nicht warm.

Ich schlurfte durch den Pulverschnee und stellte mir dabei die bange Frage, ob ich es denn bis zu meinem Mantel schaffen würde. Ich fror jetzt auch auf der Brust, nicht nur an Händen, Füßen und Gesicht. Die schneidende Kälte durchdrang meine sämtlichen Hemden bis auf die lange Unterwäsche. Es war ein Fehler gewesen, meinen Mantel zurückzulassen. Ich stolperte meine Spur entlang und eilte, so schnell mich meine Beine trugen, den Weg zurück. Anstatt nach meinem Vater und meinem Bruder hielt ich diesmal nach jeder Straßenkurve Ausschau nach meinem Rucksack und meinem Mantel. Ich erinnerte mich nicht mehr genau an die Stelle, wo ich meine Sachen zurückgelassen hatte.

Plötzlich rannte ich panikartig los, und nach der nächsten Kurve entdeckte ich mein Gepäck. Schnell wand ich mich in meinen eisigkalten Daunenmantel hinein. Dann hetzte ich weiter, bis ich in dem schweren Daunenmantel etwas Wärme verspürte. Völlig erschöpft kam ich auf der Ranger-Station an. Ich war genau sechs Meilen gelaufen.

Ich heizte den Ofen an, und nachdem ich wieder ganz warm geworden war und sich mein Atem beruhigt hatte, fand ich, dass es weitaus spannender war, hier zu sitzen und ihre Ankunft einfach abzuwarten, anstatt ihnen irgendwo draußen im Schnee entgegenzukommen. Doch bei dem Gedanken an die Kälte draußen schauderte ich. Auf Schneeschuhen rutschte ich zur Wetterstation auf der Wiese und las die Temperaturen ab: Die Höchsttemperatur war gestern zwanzig Grad minus und die Tiefsttemperatur gestern Nacht fünfunddreißig Grad minus gewesen.

Statt glücklicher Wiedersehensszenen ging mir jetzt durch den Kopf, wie mein Vater und mein Bruder irgendwo da draußen auf dem Pass in der Kälte waren, die ihre Finger, ihre Beine, ja sogar ihre Gedanken taub machte, so wie es mir ergangen war. Da oben war es womöglich noch kälter als hier. Ich fragte mich, wie es ihnen wohl erging.

Ich hockte in der Ranger-Station und schaute aus dem Fenster, dann heizte ich wieder den Ofen, es sollte mollig warm bei ihrer Ankunft sein. Aber sie tauchten weder am Tag noch am Abend auf. Nach Einbruch der Dunkelheit drehte ich die Kurbel am Telefon nach West Fork. Ein Ranger, den ich bei seinem Abendessen unterbrach, meinte, das Wetter habe sie wahrscheinlich auf halbem Weg überrascht. Bei ihrem Aufbruch sei die Temperatur so um die achtzehn Grad minus gewesen. Er nahm an, dass sie in Blondies alter Trapperhütte Unterschlupf gesucht hatten und dort abwarteten, bis sich das Wetter bessern würde.

Blondies Hütte war ein fünfzig Jahre alter baufälliger Schuppen. Blondie selbst war in einem Blizzard erfroren, als er am Thanksgivingday ins Bitterroot Valley wandern wollte. Wieder sah ich auf meiner Karte nach und entdeckte, dass die Hütte nur ein paar Meilen vom Pass entfernt lag, etwa zwölf oder dreizehn Meilen von Magruder. Wenn sie jetzt dort waren, dann waren sie nicht sehr weit gekommen. Ich war überzeugt, dass sie nicht Halt machen oder sich irgendwo verkriechen würden. Sie würden bestimmt weitermarschieren. Um gegen die Kälte anzukämpfen, war Bewegung das einzige Richtige, Stillsitzen zog die quälende Kälte nur länger hinaus.

Nachdem ich den Hörer eingehängt hatte, ging ich schnurstracks ins Bett. Am nächsten Tag würde ich nicht eher Halt machen, bis ich sie gefunden hatte.

Als ich erwachte, war es in der Ranger-Station immer noch pechschwarze Nacht, und ich trat an die Tür, um nach dem Wetter zu sehen. Der Himmel schien unmittelbar über mir zu sein und leuchtete hell und klar, die Sterne waren zum Greifen nah. Sie wirkten kalt wie Eis, als könnten sie allem Lebendigen den letzten Hauch Wärme entziehen.

Ich hatte die Veranda noch nicht verlassen, da waren in der Kälte meine Nasenlöcher schon wie zugeklebt, und die Haut auf meinem Gesicht spannte. Wie kalt musste es erst da oben auf dem Pass sein, der neunhundert Meter höher lag.

Schnell begab ich mich wieder in die Hütte und legte so viel Holz wie möglich nach. Die letzten Holzstücke musste ich mit dem Fuß hineinstoßen, bis die Ofentür zuging. Zum Frühstück machte ich mir Pfannkuchen, die ich zuerst an Boone verfütterte, bis sie das Interesse an ihnen verlor. Mir selbst bereitete ich zwanzig Stück als Proviant und stopfte sie in die vorderen Taschen meines Daunenmantels. Meine Schneeschuhe schnallte ich mir im Wohnzimmer an statt draußen, wo mir die Finger erfroren wären, noch ehe ich die Riemenschnallen hätte festziehen können.

Ich schnallte mir den Rucksack um mit der Erste-Hilfe-Ausrüstung und schloss die Tür hinter mir zu. Der platt getretene Schnee auf der Veranda quietschte ohrenbetäubend durch die Eisesluft. Als ich auf der Hauptstraße angelangt war, wurde das Licht am Himmel langsam fahl, und ich stieg der Morgendämmerung entgegen.

Unter meinen Schneeschuhen knirschte und quietschte der Schnee, jedes Knarren des Leders an meinen Stiefeln und an den Riemen meiner Schneeschuhe war deutlich vernehmbar. Ich kam mit meinen Schneeschuhen gut voran, die ersten drei Meilen benutzte ich die Spuren von gestern, und danach ging ich den alten Vertiefungen der Schneemobile entlang, in denen sich nur fünfundzwanzig Zentimeter Neuschnee angesammelt hatten. Während ich ununterbrochen auf meine Füße starrte, scheuchte ich vier Elche am Flussbett auf. Sie stürmten krachend durch die Weidensträucher und ließen mich hochschrecken.

Es wurde taghell, während ich weiter meinen Weg durch den Schnee bahnte. Der Himmel hatte die blassblaue, verwaschene Farbe des Winters angenommen. Ich passierte die Wegmarken, die ich von meinen ersten verzweifelten Wochen her sehr gut kannte – meist handelte es sich um Flüsse: Cache Creek, Cactus, Gabe und Scimitar.

Bis jetzt war der Aufstieg nicht schwer gewesen, doch hinter der Telefon-Station bei Hell's Half Acre begann die eigentliche Passbesteigung. Es war schon spät, beinahe Mittag. Ich hatte mir fest vorgenommen, sie nicht wieder hinter jeder Kurve zu erwarten, aber jetzt konnte ich einfach nicht mehr anders. Es waren noch vier oder fünf Meilen bis zu Blondies Hütte. Sie mussten schon eine ganze Zeit unterwegs sein, die fünf Meilen bergabwärts auf Skiern mussten ein Leichtes sein gegen die acht Meilen, die ich mit Schneeschuhen hinaufgewandert war. Wieder spähte ich mit angehaltenem Atem erwartungsvoll hinter jede Kurve, doch jedes Mal blieb alles menschenleer.

Als ich Magruder verlassen hatte, waren es sechsunddreißig Grad unter Null gewesen, und ich konnte mir einfach nicht denken, wo die beiden sich jetzt aufhielten oder was ihnen zugestoßen sein mochte. Ich versuchte vergeblich, mir auszumalen, wie sie die vorige Nacht entweder in einem ungeheizten Zwei-Mann-Zelt oder in einer baufälligen Hütte verbracht hatten. Mit meinem Daunenmantel schien mir die Kälte lange nicht so eisig wie gestern. Mein Bart sowie meine Mütze und das Tuch um meinen Kopf waren zwar mit Eis bepackt, aber durch die körperliche Anstrengung fror ich nicht so sehr. Ich hatte keine Ahnung, was sie für Kleidung trugen, aber ich wusste, dass sie noch nie einer derartigen Kälte ausgesetzt gewesen waren. Ich übrigens auch nicht.

Ich passierte Halfway Creek sowie Pete Creek. Der Schnee blendete in der reflektierenden Sonne. Es war eine stille, glitzernde Welt. Gelegentliche Windstöße ließen silbrige Schneekaskaden von den Ästen rieseln, doch die meiste Zeit blieb alles lautlos, ich verursachte das einzige Geräusch. Hier oben gab es nicht einmal Tierfährten.

Gegen ein Uhr mittags war es an der Zeit umzukehren, um rechtzeitig vor Einbruch der Dunkelheit in Magruder zu sein. Ich hatte immer noch keine Spuren von ihnen entdeckt. Ich sah die unberührte Schneedecke hinauf, dann warf ich einen Blick auf meine Schneespuren, in denen ich jetzt zurückwandern wollte. Ich stopfte ein paar Pfannkuchen in den Mantel, bis sie halbwegs aufgetaut waren, und verzehrte sie. Sie waren alles andere als schmackhaft. Auch Boone warf ich wieder welche zu. Sie biss sie auseinander und schlang die gefrorenen Stücke hinunter.

Ich konnte mir einfach nicht vorstellen, dass sie es nicht einmal bis hierher geschafft hatten, es sei denn, es war ihnen irgendetwas zugestoßen. Ich beschloss, doch noch ein Stückchen weiterzugehen, bis ich irgendein Lebenszeichen von ihnen entdeckte.

Hinter der nächsten Kurve, keine zweihundert Meter von meinem Rastplatz, fand ich Skispuren. Laut rufend, eilte ich den Berg hinauf, sie mussten in unmittelbarer Nähe sein. Doch die Spuren führten nicht weiter, sondern sie machten kehrt und zogen sich wieder den Hang hinauf. Eigentlich hätte ich direkt vor ihnen stehen müssen.

Dass sie an dieser Stelle umgekehrt waren, beunruhigte mich etwas. Es machte keinen Sinn. Ich erinnerte mich an ein paar Schuppen in Slow Gulch, etwa eine halbe Meile die Straße hinauf. Vielleicht waren sie dort untergekommen. Aber warum waren sie eine halbe Meile heruntergefahren und dann umgekehrt? Ich dachte an Frostbeulen, verstauchte Knöchel, an den berüchtigt schlechten Rücken meines dreiundfünfzigjährigen Vaters, der vielleicht wieder Mätzchen machte. Oder an Paul, bei dem ein einfacher Schritt die Treppe hinunter mit einer Beinfraktur enden konnte.

Und ich dachte an Hypothermie, die so genannte Unterkühlung. Die war die größte Gefahr. Warum waren sie hergekommen und haben dann – nach zwei Tagen – kehrtgemacht? Das war unlogisch. So verhielten sich Menschen, die kurz vor dem Erfrieren standen, wenn die Kälte ihr Gehirn schon halb erfroren hatte. Ich beeilte mich, so schnell wie möglich zu den Hütten zu gelangen, der Schnee stob von meinen Schneeschuhen und vergrub ihre Skispuren unter sich. Der Rhythmus meines Atems war eins mit dem regelmäßigen Vorwärtsstampfen meiner Beine.

Als die zwei Schuppen von Slow Gulch in Sichtweite waren, bogen die Skispuren von der Straße ab und versanken zwischen den schneebedeckten Weidensträuchern in Richtung der kleinen Gebäude. Vor lauter Freude, sie nun endlich zu sehen, lief ich laut rufend auf die Schuppen zu.

Doch meine Rufe blieben unerwidert. Plötzlich sackte ich über einem schneebedeckten Weidenstrauch ein und musste mich aus einem Loch herausstrampeln, ein Bein draußen, das andere bis zur Hüfte im Schnee vergraben. Ich rief erneut, doch wieder keine Antwort. Ich wühlte mich aus dem Schnee und hatte dabei immer die beiden Gebäude vor Augen. Angsterfüllt fragte ich mich, was mich wohl dort erwarten würde. Endlich wieder auf den Beinen, rannte ich sofort los.

Hastig stieß ich die Tür des ersten Schuppens auf, er war leer. Ich starrte in den schwarzen Innenraum, meine Augen blinzelten noch von dem unglaublich grellen Schneeglitzern draußen. Ich bemühte mich, meinen keuchenden Atem zu kontrollieren, und trat wieder aus dem Schuppen hinaus. Skispuren führten kreuz und quer durchs Gelände, doch keine davon fuhr zu diesem Schuppen. Völlig überflüssig hineinzugehen, hätte ich nur einen kurzen Augenblick überlegt. Ich ging zum nächsten Schuppen, aber am liebsten wollte ich gar nicht wissen, was mich dort drinnen erwartete. Alle Skispuren führten dorthin.

Ich verdrängte die Bilder von erfrorenen Körpern bei der Schlacht von Wounded Knee und bei Scotts Expedition in die Antarktis. Ich stieß die Tür auf. Der halbe Schuppen war mit Stroh gefüllt, Gott sei Dank war das alles, was ich zu sehen bekam. Ein paar Zeichen der Anwesenheit konnte ich ausmachen, aber keine Spur eines Feuers.

Nach und nach entdeckte ich in der Gegend des Schuppens Lebenszeichen von ihnen. Ich fand die Stelle, die sie als Latrine benutzt hatten. Ich entdeckte alles, was sie gemacht hatten, nur kein Feuer. Sie hatten tatsächlich kein Feuer gemacht, trotz vierzig Grad minus. Ich verfolgte jede einzelne ihrer Spuren, ich konnte es einfach nicht fassen. Sie müssen vor Kälte halb von Sinnen gewesen sein.

Ich drehte noch eine Runde durch das Camp und kehrte dann wieder auf die Straße zurück, den frischesten Skispuren nach. Sie führten den Pass hinauf. Ich stapfte in ihrer Fährte und rief immer wieder nach ihnen, aber ich ging nicht mehr davon aus, dass ich in ihrer Nähe war oder dass sie sich einfach nur verspätet hatten. Vielleicht hatten sie in der größeren Hütte von Blondie Schutz gesucht. Unser Rendezvous glich mittlerweile eher einer Rettungsaktion.

Bei Kerlee Creek stellte ich fest, dass sie auf den Wegweiser zugefahren waren und dabei den Schnee darauf heruntergestoßen hatten. Mir schwindelte bei der Vorstellung, wie sie herumirrten und nicht wussten, wo sie waren oder welche Strecke sie noch vor sich hatten und wie lange diese höllische Kälte noch anhalten würde. Wieder stieß ich Rufe aus, doch es kam nur mein eigenes Echo zurück.

Gleich hinter Kerlee Creek waren mit Skistöcken Zeichen in den Schnee gestanzt – neun Uhr dreißig, entzifferte ich. Ich war also fünf Stunden hinter ihnen. Jetzt rief ich nicht mehr und wanderte weiter zu Blondies Hütte.

Warum hatten sie die Uhrzeit in den Schnee gestampft? Doch nur, weil sie annahmen, dass noch jemand hier oben war. Weil sie davon ausgingen, dass jemand nach ihnen suchte. Und wenn sie mit Leuten rechneten, die nach ihnen suchten, dann waren sie in Not geraten.

Weder auf dem Hin- noch auf dem Rückweg hatten sie bei Blondies Hütte Halt gemacht. Sie hatten die Straße nicht verlassen. Ich marschierte weiter, obschon es klar war, dass sie auf die andere Passseite zusteuerten. Ich zögerte. Es war unmöglich, Magruder noch vor Einbruch der Dunkelheit zu erreichen. Da sie in die andere Richtung gingen, hatten sie fünf Stunden Vorsprung, und ich war schon zwölf Meilen unterwegs. Meine Chancen, sie einzuholen, waren mehr als gering. Falls sie in Not waren, wäre es das Beste, ihnen von der gegenüberliegenden Seite entgegenzukommen. Ich dachte an die Telefon-Station bei Hell's Half. Es war an die gleiche Leitung wie das Telefon in Magruder angeschlossen, es müsste also funktionieren. Ich wollte sie um mehr als alles in der Welt sehen, doch für sie wäre es das Sicherste, wenn ich zurück zum Telefon wanderte und ihnen ein paar Leute von der Forstverwaltung entgegenschickte.

Ein paar Meilen vor dem Gipfel hielt ich auf der verschneiten Straße inne, um mich zu sammeln, bevor ich weiterging. Ich spürte den Aufstieg in den Beinmuskeln, und langsam begann ich zu frieren. Eine Suppe hätte jetzt gut getan, doch die Zeit war zu knapp, um ein Feuer zu machen. Schwerer als der Aufstieg war dieser Abstieg den ganzen Weg wieder allein zurück, denn nun stand es fest, dass niemand um die nächste Ecke käme und dass es kein Wiedersehen geben würde. Meine gefrorenen Pfannkuchen waren alles andere als ein Trost.

Ich kramte meinen Kocher hervor, goss Spiritus drauf und zündete ihn an, doch vergeblich. Also verstaute ich ihn und den Suppenbeutel wieder in meinem Rucksack und marschierte nach Hell's Half. Auf dem Weg verzehrte ich noch mehr Pfannkuchen, die ich in meinen Achselhöhlen aufwärmte.

Zum zweiten Mal an ihren Spuren vorbeizukommen, war beinahe schlimmer als beim ersten Mal, da nun die Entfernung zwischen mir und ihnen größer statt kleiner wurde. Nie hatte ich etwas Traurigeres gesehen als den Wegweiser mit dem heruntergefallenen Schnee und die in den Schnee gestampfte Zeitangabe. Ich wanderte direkt an Slow Gulch vorbei und konnte immer noch nicht fassen, dass sie sich kein Feuer gemacht hatten. Die Nächte ohne Feuer mussten ihnen wie eine Ewigkeit erschienen sein. Um diese Jahreszeit war es von fünf Uhr nachmittags bis acht Uhr morgens dunkel. Fünfzehn Stunden schweigende Nacht im Kampf gegen die Kälte. Ich zwang meine müden Beine immer weiter in Richtung Telefon-Station.

Ich kam dort eine Stunde vor Einbruch der Nacht an. Der Ranger, mit dem ich sprach, sagte mir, dass sie nicht von ihnen gehört hätten, er führe aber hinauf, um nachzusehen, ob ihr Wagen noch dort stand. Wieder erkundigte er sich nach meinem Aufenthaltsort und gab mir den Tipp, mich so schnell wie möglich nach Magruder zu begeben. Es sei bitter kalt draußen, meinte er noch. Ich bedankte mich und sagte ihm, ich würde von Magruder aus wieder anrufen.

Magruder war jetzt acht Meilen entfernt. Enttäuschung und Angst, gepaart mit Erschöpfung und Kälte, zehrten an mir. Ich schlurfte unentwegt weiter, nur einmal, als ich Durst hatte, wich ich vom Weg ab und stapfte mit knirschenden Schritten zum Deep Creek. In der Eisdecke befand sich ein etwa ein Meter großes Loch. Gerade als ich meinen Becher ins Wasser tauchte, gab das Eis nach. Es war nur ein winziger Bach, aber einer meiner Schneeschuhe war schon im Wasser versunken, bevor ich mich wieder ans Ufer retten konnte. Das Netzwerk aus Leder war auf der Stelle mit einer Eisschicht überzogen. Als mir klar wurde, dass ich hätte ins Wasser fallen können, sank ich erleichtert zurück in den Schnee und wartete, bis sich mein Herzschlag beruhigt hatte. Dann trank ich und humpelte zurück auf die Straße.

Das Eis auf dem einen Schneeschuh wurde bleischwer. Ich hatte nichts zur Hand, um es zu entfernen, also zog ich beide Schneeschuhe aus und testete vorsichtig die Straße. Die hart gepresste Spur der Schneemaschinen schien mein Gewicht recht gut zu tragen, und so band ich meine Schneeschuhe an den Rucksack und machte mich weiter auf den Weg. Nur hie und da brach ich durch die Schneekruste, jeder Aufprall schien mir mein Bein in die Hüfte zu rammen.

Im letzten Dämmerlicht kam ich zu dem Zeichen aus Skistöcken, das ich am Vortag im Schnee hinterlassen hatte. Ich warf noch einen kurzen Blick darauf, dann stieß ich es mit den Füßen um, es würde sowieso niemandem mehr nutzen.

Noch drei Meilen lagen vor mir, und ich schleppte mich mühsam durch die Dunkelheit. Die dicht zusammenstehenden Bäume verdeckten das Sternenlicht, und oft trat ich neben die Spuren der Schneemaschinen und versank bis zu den Hüften im Schnee. Ich blieb kurz stehen, um meine Taschenlampe aus dem Rucksack zu holen und um die Brust zu binden. Das Metall war zu kalt, um die Lampe am Kopf zu befestigen.

Um achtzehn Uhr dreißig war ich endlich am Selway und raffte mich auf für den Endspurt: eine halbe Meile nach Magruder. Die Hütte hob sich dunkel gegen das sternenerleuchtete Schneefeld ab. Ich fühlte mich allein wie in meinen ersten Tagen hier. Ich stieß die Tür auf und zündete eine der Propangaslampen an. An Mütze und Mantel klebte eine zentimeterdicke Frostschicht, die splitternd zu Boden fiel, als ich beides auszog.

Ich warf einen Blick auf das Telefon und ging in den Keller, um genügend Brennholz zu holen. Nachdem ich

Feuer gemacht und den Wasserkessel aufgesetzt hatte, trat ich ans Telefon und kurbelte. Zweimal kurz, einmal lang.

Der Ranger war sofort am Apparat und sagte mir, dass mein Dad und mein Bruder vor einer knappen halben Stunde da gewesen seien, kurz vor meiner Ankunft in Magruder. Er würde dafür sorgen, dass sie mich um zehn Uhr am nächsten Morgen anriefen. Ich sagte danke und hängte ein.

Meine Erschöpfung war wie verflogen. Fast wäre ich in der halbdunklen Hütte auf meinen entkräfteten Beinen in einen Freudentanz ausgebrochen. Zur Feier des Tages leistete ich mir den Luxus, auch noch die restlichen Lampen anzuzünden und noch ein weiteres Eintopfgericht aus der Dose aufzumachen. Zum Nachtisch gönnte ich mir eine heiße Schokolade und eine Dose Obstsalat.

Erst als ich im Bett lag, dachte ich wieder an meine verpfuschten Weihnachtspläne. In meinem Zelt standen lauter hart gefrorene Speisen – Brot, Mokkakuchen und Reispudding, die ich für das Festmahl mit meinen Gästen vorbereitet hatte. All das sowie die fünfzig Meilen, die ich zurückgelegt hatte, waren umsonst gewesen. Von meiner Familie würde ich nichts weiter zu sehen bekommen als die paar Meilen fünf Stunden alter Skispuren. In dieser Nacht schlief ich nicht gleich vor Erschöpfung ein. Es dauerte lange, bis mich der Schlaf übermannte.

Am nächsten Morgen machte ich die Hütte sauber, drehte das Propangas ab und schloss alles hinter mir zu. Auf der Skala der Tiefsttemperaturen zeigte der Gradmesser vierzig Grad minus. Punkt zehn Uhr kurbelte ich am Telefon nach West Fork, und der Ranger stellte mich an meinen Dad und meinen Bruder durch. Mir wurde schwarz vor Augen, und meine Stimme zitterte, als ich tatsächlich ihre Stimmen hörte und mit ihnen sprach, nach all den schrecklichen Bildern, die mir bei den Schuppen in Slow Gulch durch den Kopf geschossen waren.

Als Allerersten wollte ich wissen, ob sie wohlauf waren. Mein Vater sagte, abgesehen von ein paar Frostbeulen an seinen Fingern gehe es ihnen ausgezeichnet.

Die erste Nacht hatten sie auf dem Pass verbracht, nach einer Strecke von nur neun Meilen. Ich konnte nicht verstehen, dass sie dort übernachtet hatten, da oben waren die Temperaturen auf unter vierzig Grad und noch tiefer gesunken. Doch als sie einmal oben waren, hatten sie das Gefühl, ein Ziel erreicht zu haben, und so hatten sie beschlossen, dort Rast zu machen.

In dieser Nacht war der Kälteeinbruch gekommen, und jeder ihrer Handgriffe erforderte nun viel mehr Zeit als sonst. Erst um zehn Uhr dreißig waren sie wieder startbereit gewesen. Die Spuren der Schneemobile hatten sie halb wahnsinnig gemacht, ständig waren ihnen die Skier seitlich weggerutscht und hatten ihnen die Knöchel verdreht. Sie hatten gehofft, dass es bergab in einem Rutsch gehen würde, kaum leichter als der Aufstieg. Mein Vater meinte, der Schnee wie Sand gewesen, so etwas habe er in Wisconsin noch nie erlebt.

Beim Anblick der Schuppen in Slow Gulch hatten sie nicht widerstehen können. Sie waren zwar zuerst noch ein Stück weitergefahren, doch dann waren sie zum Schuppen zurückgekehrt, um erst am nächsten Morgen wieder aufzubrechen. Am zweiten Tag schafften sie nur vier Meilen.

Sie hatten keine Ahnung gehabt, dass ich in Magruder war. Bei der Kälte hatten sie ihren Proviant schneller verzehrt als geplant, und sie waren sich nicht sicher gewesen, wie viele Lebensmittel ich für sie entbehren könnte. Es wäre ihnen unangenehm gewesen, mich in eine Klemme zu bringen, wenn sie von den Lebensmitteln gegessen hätten, die ich in den nächsten Monaten noch benötigen würde. Und ich saß da mit meinem ganzen Elch.

Schließlich musste ich mich einfach nach dem Feuer erkundigen. Warum hatten sie kein Feuer gemacht? Darauf erklärten sie mir, dass sie Angst gehabt hätten, das Feuer würde den Schnee an ihren Kleidern schmelzen und sie würden vollkommen nass werden.

Am dritten Tag waren die Finger meines Vaters erfroren. Es war so weit gekommen, dass Paul ihm den Reißverschluss seiner Kleidung aufmachen musste. Nun war der Zeitpunkt gekommen, dass sie aufgeben mussten. Vater war vor Paul abfahrbereit, und in der Kälte konnte er nicht still stehen. Also brach er vor Paul auf und stampfte immer wieder die Uhrzeit in den Schnee, damit Paul seinen Abstand einschätzen konnte. An diesem Tag schafften sie ganze dreizehn Meilen bis zurück. Nach Magruder wären es elf gewesen.

Wir unterhielten uns nicht lange, aber die Bruchstücke von ihrer Reise bedrückten mich noch mehr als der Anblick des Wegweisers bei Kerlee Creek, von dem der Schnee mit meiner Nachricht zu Boden gefallen war. Mein Vater erzählte weiter, er sei fast in Tränen ausgebrochen, als Paul mit seinen riesigen Fausthandschuhen die Pfanne mit Schmalz auf ihrem kleinen Kocher umgestoßen und alles im Schnee verschüttet hatte. Sie hatten eine Unmenge von Kalorien verbrannt, und er hatte Brot in Schmalz ausbraten wollen.

Er hatte so fest mit dem brutzelnden Schmalz gerechnet. Bei Dunkelheit waren sie am Wagen angekommen, aber der sprang nicht an. Dad hatte hinter dem Steuer gesessen, drauf und dran aufzugeben.

Paul stellte den Kocher unter die Ölpumpe, bis der Wagen wieder ansprang. In West Fork hatten sie dann Halt gemacht und erfahren, dass ich ganz in ihrer Nähe gewesen war. Paul sagte, sie hätten ein schlechtes Gewissen gehabt, mich einfach so sitzen zu lassen. Ich stellte mir vor, wie Paul unserem Vater mit dem Reißverschluss in die Kleidung geholfen hatte und ihm nachher über die unbekannten, verschneiten Berge hinterhergejagt war.

Wir wünschten uns gegenseitig viel Glück und legten auf. Die zehn Meilen zurück zum Indian Creek zogen sich an diesem Tag besonders lang für mich hin. Am Kanal war alles in Ordnung, trotz der eisigen Temperatur. Ich schnippte ein wenig Eis weg und kehrte zu meinem Zelt zurück.

Drei Tage dauerte es, bis mein Zwanzig-Liter-Wasserbehälter aus Plastik aufgetaut war. Beinahe wäre er mir vor dem Ofen seitlich durchgeschmolzen, doch kam ich gerade rechtzeitig dazu, als das Plastik schon Bläschen zu werfen begann. Der Kälteeinbruch hielt noch etwas länger. Doch noch länger dauerte es, ehe ich ohne Kloß im Hals daran denken konnte, welch verzweifelte Anstrengung mein Dad und mein Bruder auf sich genommen hatten, um mich zu besuchen. Ich wusste genau, wie meinem Vater zumute gewesen sein musste, als er sah, wie das heiße Schmalz mit einem Zischen im Schnee versank, während er schon seinen Geschmack auf der Zunge spürte.

Ich konnte es ihm sehr gut nachempfinden.

KAPITEL 12

Auf dem langen Marsch zurück nach Magruder fürchtete ich, nach diesem missglückten Besuch in eine depressive Stimmung zu verfallen, aber so kam es nicht. In der Zeit, in der mein Zelt auftaute, vergingen die Tage nur langsam, ausgefüllt mit kleinen Alltagsverrichtungen wie Feuermachen, Lesen und Kochen. Ich war erschöpft und empfand den gemächlichen Tagesrhythmus als Erholung.

Am zweiten Nachmittag nach meiner Rückkehr ging ich zu meinem Vorratslager, um ein paar Kartoffeln zu holen. Auf meiner Wiese wimmelte es immer von Wapitispuren, aber es überraschte mich doch, sie im Gehölz so nah bei meinem Zelt zu entdecken. Je mehr ich mich meinem Vorratslager näherte, umso stärker war der Schneeboden niedergetrampelt. Verstreute Heubüschel tauchten im Schnee auf. Sie stammten von dem Heu, das mir die Jäger als Abdeckung für mein Vorratslager vermacht hatten. Das Vorratslager war ein einziges Durcheinander. Möglicherweise von den Temperaturen aus den Wäldern hier heruntergetrieben oder durch meine Abwesenheit ermuntert, hatten die Wapitis mein ganzes Heu aufgefressen. Zudem hatten sie einige der alten Holzplanken, die das Lager abdeckten, durchbrochen und andere mit ihren Hufen beiseite geschoben.

So hatte mein Vorratslager bei Temperaturen unter fünfunddreißig Grad minus offen gelegen. Ich kniete mich hin, um nach den Kartoffeln zu fischen, und fand aufgesprun-

Alles lag unter einer tiefen Schneedecke.

Meine Wiese war ein Lieblingsplatz der Wapitis.

Oben: Der Selway im Januar. *Unten:* Der Selway bei Paradise. Vollkommen zugefroren, wurde er zu einer breiten Straße für Mensch und Tier.

Oben: Auf dem Indian Ridge.
Unten: Blick ins Innere meines Zuhauses für diesen Winter.

Boone auf einer unserer Wanderungen vor einer
beeindruckenden Bergkulisse.

Eisdämme im tauenden Selway.

Die wiederbelebte Natur. Das nackte Erdreich ist vom Schnee befreit.

Adieu, Boone.

gene Mais- und Erbsendosen vor. Die Karotten waren nur noch eisüberzogene Stiele. Die Kartoffeln sahen allerdings noch wie Kartoffeln aus, und ich schleppte einen vollen Sack in mein Zelt. Am nächsten Morgen waren sie aufgetaut und hatten sich in einen schwarzen, übel riechenden Matsch verwandelt.

Ich warf sie weg und rettete alle intakten Dosen, die ich in mein Zelt trug. Dann brachte ich das Vorratslager wieder in Ordnung, und unbekümmert warf ich auch Kartoffeln und halb geöffnete Dosen mit den Essensresten der letzten Tage weg. In dem Buch *The Big Sky* hieß es, ein Mann könne allein mit Fleisch überleben. Ich glaubte, mich wie ein echter Trapper zu verhalten, und der Verlust der Lebensmittel bekümmerte mich weniger, als klug gewesen wäre.

Am nächsten Tag lag ich faulenzend im Bett, während einer der Kuchen, die meine Schwester Ellen mir geschickt hatte, im Ofen backte. Auf einmal vernahm ich den Krach von Schneemaschinen. Ich trat aus dem Zelt und begrüßte die Pumajäger aus Paradise. Sie luden mich ein, jederzeit bei ihnen vorbeizukommen, dann verschwanden sie wieder mit lautem Geknatter. In den nächsten Tagen hörte ich ihre Maschinen zweimal am Tag auf ihrem Weg zum Fluss vorbeidröhnen, wo sie auf der Suche nach Pumafährten herumfuhren, doch nur selten machten sie sich die Mühe, bei meinem Zelt vorbeizuschauen.

Das Zelt war nun aufgetaut, und so entschloss ich mich, eine Wanderung auf den Indian Ridge zu unternehmen, um wieder einmal an die Sonne zu kommen. Die Luft war klar und kalt. Oben holte ich die Elchsteaks hervor, die ich als Mittagsration mitgenommen hatte, allerdings waren sie gefroren. Während ich mich bei zehn Grad Kälte in der

Sonne räkelte, schnippelte ich kleine gefrorene Scheibchen herunter und behielt sie so lange im Mund, bis ich sie kauen konnte. Nachdem ich so das meiste Fleisch verzehrt hatte, warf ich Boone die Knochen zu, die in der Sonne lag und geräuschvoll daran kaute. Ich blieb wie immer so lange wie möglich in der Sonne, ehe ich wieder hinab in das dunkle Flusstal stieg, das mein Zuhause war.

Auf meinem Weg traf ich auf eine mir völlig unbekannte Tierfährte. Ich ging ihr nach, bis sie über ein Stück schneeverharschtes Treibeis führte. Im harten Schnee sah ich mehr als nur eine flüchtige Spur im Pulverschnee – ich konnte deutlich die Abdrücke von Pranken erkennen. Verdattert starrte ich auf meine erste Pumafährte. Die Pranken waren größer als vermutet, etwas zwölf Zentimeter groß, und rund wie die einer gewöhnlichen Hauskatze. Als die Jäger wieder einmal an meinem Zelt Halt machten, verriet ich nichts von dem Puma oben auf dem Berg.

Die Kälte dauerte an. Nachts hielt sich die Temperatur um fünfundzwanzig bis dreißig Grad unter Null, um tagsüber nur einige Grade hinaufzuklettern. Jede Nacht schlief ich mit einer Strickmütze auf dem Kopf. Morgens klebten Eispartikel, die sich durch meinen Atem gebildet hatten, an den Rändern meiner Decken und wanden sich wie frostige Finger um meinen Hals.

Mein Holzofen war ein altes, billiges Modell, dessen Seiten zu dünn und dessen Ofenklappen zu primitiv gebaut waren, um die Wärme lange zu halten. Ich hätte alle paar Stunden aufstehen müssen, um nachzuheizen, doch wenn ich seine rot glühenden Seiten betrachtete, schien mir der Gedanke, bei brennendem Ofen einzuschlafen, nicht gerade beruhigend, also beschloss ich, die Kälte auszuhalten. In der

Morgendämmerung würden es unter siebzehn Grad minus in meinem Zelt sein, und mir war klar, dass meine Schneestiefel mit den Gummisohlen dann steifgefroren wären und ich auf ihnen herumtrampeln müsste, ehe sie weich genug waren, um meine Füße hineinzustecken. So zögerte ich das Aufstehen jeden Morgen so lange hinaus, bis der Tee vom Vorabend mich zwang, das Zelt zu verlassen und mir in großer Hast die Kleider aufzuknöpfen.

Danach machte ich Feuer, setzte den Kaffee auf und ging in meinen eiskalten Stiefeln zum Lachskanal. Jeden Morgen hackte ich das Eis weg, sogar der Wasserfall war jetzt über Nacht gefroren. Bis ich wieder im Zelt war, hatte mein Atem auf Gesicht und Brust eine dünne Eisschicht gebildet. Ich zog meinen Mantel aus, streifte die Stiefel ab und ließ mich durchwärmen. Bis ich aufgetaut war, war der Kaffee fertig. Ich schlürfte meinen Kaffee und wartete, bis die Haferflocken kochten, während ich in den Büchern schmökerte, die mein Vater und meine Schwester mir geschickt hatten.

Die Wildhüter waren um die Monatsmitte zu erwarten, aber ich wollte das genaue Datum ihrer Ankunft erfahren und beschloss, nach Paradise zu wandern und anzurufen, falls das Telefon funktionierte. Jeden Morgen, während ich auf meinen steifgefrorenen Stiefeln herumstampfte, erinnerte ich mich an das Angebot des Biologen, für ein langes Wochenende mit ihm zu tauschen. Ich dachte daran, wie es wohl wäre, eine Heizung zu haben, warm aufzuwachen, meine ganzen Freunde wiederzusehen. Ich nahm mir vor, die Leute von der Forstverwaltung zu fragen, ob sie irgendetwas von dem Biologen gehört hätten.

Am neunten Januar ließ die Kälte nach. Es war nur null Grad, also wanderte ich zu meiner Fleischstange statt zum

Indian Creek. Obwohl ich jetzt jeden Abend riesige Elchsteaks verschlang und mir auch mittags große Sandwiches mit Elchfleisch machte, hingen noch drei unberührte Viertel an der Fleischstange, und vom vierten Stück war kaum mehr als die Hälfte weg. Wenn das warme Wetter weiter anhielt, würde das Fleisch verderben. Ich versetze einem steinharten Viertel einen Schubs, dass es hin und her schaukelte, und überlegte, was ich mit dem Fleisch anfangen könnte.

Langsam ging ich wieder zurück zu meinem Zelt und verbrachte den Rest des Tages damit, in meinen Handbüchern über die verschiedenen Methoden des Räucherns und Pökelns nachzulesen. Ich hatte weder Räucherkammer noch Salzfässer zur Verfügung. Im Angier wurde empfohlen, das Fleisch in größtmögliche Stücke zu schneiden und sie dann mit Salz und Gewürzen einzureiben. Gleichgültig, welche Methode man anwandte, es war jedenfalls erforderlich, das Fleisch ins Zelt zu bringen und es tagelang zu bearbeiten. Das war unmöglich, da der Besuch der Wildhüter bevorstand. Ich fragte mich, ob ich imstande wäre, das Fleisch zu vergraben und verrotten zu lassen. Irgendwie hatte ich vergessen, dass es erst Januar war.

Am nächsten Morgen war es im Zelt dunkler als gewöhnlich. Als ich zum Pinkeln ins Freie hinauseilte, stand ich plötzlich in einem Blizzard. Es war nicht besonders kalt, aber immer noch um die vier Grad minus, sodass ich mir jetzt noch keine Sorgen um das Elchfleisch machen musste. Auf meinem Weg nach Paradise wirbelte heftiger Schnee.

An einer ungeschützten Stelle des Flusses, wo der Wind den ganzen Neuschnee vom Eis weggefegt hatte, sah ich die Fährte eines Wapitis. Er war vom Berg hinunter über den Fluss geeilt. An seinen Spuren war noch zu erkennen, wie er ans Ufer auf eine vermeintlich sichere Stelle im Schnee springen wollte. Aber er war auf der Eisdecke gelandet, wo ihn das Unglück ereilte: Seine Vorderläufe waren seitlich nach links abgerutscht, seine Hinterläufe hatten sich in einer Art Spagat auseinander gespreizt. Er war mit voller Wucht über die Eisfläche geschlittert und muss lange auf dem Eisboden herumgerudert haben, bevor er wieder auf die Beine kam. Seine Läufe hatten wilde, kreisförmige Muster auf der Eisfläche hinterlassen. Bei dem Gedanken an dieses Schauspiel musste ich lachen, und ich wünschte mir, ich wäre nur einige Minuten eher gekommen, um zu erleben, wie das große, majestätische Tier auf den Hintern fiel.

Ich ging weiter und begann darüber nachzudenken, wie doch alles hier nur von einem dünnen Faden zusammengehalten wurde. Wenn der Wapiti sich etwas gebrochen oder eine Hüfte ausgerenkt hätte, wäre das sein Ende gewesen. Dann wäre von ihm nichts weiter übrig geblieben als ein kleiner Wall von schmutzigem Schnee mit einem Häufchen wiedergekäutem Gras in der Mitte, umgeben von unzähligen Koyotenspuren.

Seitdem der Fluss zugefroren war, stieß ich immer wieder auf Koyotenbeute. Die Koyoten, die in Gruppen von sechs oder sieben Tieren auftauchten, verjagten das Wild aus dem Wald auf das flache Flussbett. Haarbüschel wiesen auf Stellen hin, wo sie ein Tier angefallen hatten.

Hie und da leuchteten winzige rote Blutstropfen auf der Fährte. Stets erwartete ich eine allmähliche Steigerung – mehr Haare, mehr Blut und schließlich die Beute selbst. Das war aber nie der Fall. Es gab immer nur ein wenig Tierhaare zu sehen, manchmal nicht einmal Blut, bis dann plötzlich ein großer niedergetrampelter Kreis im Schnee auftauchte, mit ein paar Schmutzflecken und Gras als letzten Überresten der Beute. Nur einmal kam ich an eine Stelle, wo sich das Wild wieder auf die Beine hochgerappelt hatte und weitergelaufen war. Der Kreis im Schnee, wo es schließlich verendet war, lag keine paar Meter weiter.

Ich dachte an meine Eltern, wie sie mich vor Monaten gefragt hatten, was ich denn täte, wenn ich mir meinen Fuß mit der Axt abhacken würde. Heute könnte ich ihnen von den Koyoten erzählen, wie sie in diesen Todeskreisen ihren geschwächten Opfern ein Ende bereiten.

Von Paradise aus rief ich in West Fork an. Da das Telefon am Indian Creek nie funktioniert hatte, war ich mir ziemlich sicher, dass ein Baum die Leitung zwischen Paradise und Magruder niedergerissen hatte. Umso überraschter war ich, als tatsächlich ein Ranger in Montana das Telefon abnahm. Er sagte mir, der Wildhüter käme am fünfzehnten Januar. Von dem Biologen und seinen Plänen, ein paar Tage meinen Platz zu übernehmen, hätten sie allerdings nichts gehört.

In Paradise gab es nichts für mich zu tun, und so kehrte ich um. Sie hatten nur nichts vom Plan des Biologen gehört, was nicht heißen sollte, dass er nicht vielleicht doch daran festhielt. Ich beschloss, mich einfach darauf einzustellen und zu packen, nur für den Fall, dass er doch kommen sollte.

Schon nach ein paar hundert Metern kam mir Brian, der Pumajäger aus Paradise, auf seiner wackligen, alten Schneemaschine am Fluss entgegengepoltert. Er erzählte, er habe einem Rotluchs nachgestellt und dabei seinen Jagdhund verloren. Das war schon eine Woche her, doch er bat mich, trotzdem die Augen offen zu halten.

Ich dachte an die endlosen Bergketten und Gipfel um uns herum und an die dichten Wälder, die jedes kleine Tal wie eine Mauer einschlossen, und fragte mich, wie hier wohl ein Jagdhund allein mehr als ein oder zwei Tage überleben könnte. Andererseits überlegte ich mir, wie es wäre, wenn Boone plötzlich verschwände, und ich versprach ihm, mich umzusehen.

Brian war ausgesprochen mundfaul, und so starrten wir auf den zugefrorenen Fluss, bis ich schließlich irgendetwas über einen Aufbruch vor Dunkelheit murmelte. Überraschenderweise lud er mich daraufhin ein, in Paradise zu übernachten. So kletterte ich hinten auf seine kleine Maschine, und wir knatterten los, Boone in wilder Jagd hinterdrein.

Wir blieben im Zelt des Ausrüsters. Es war dasselbe wie damals, als ich am Ende der Jagdsaison mit den Jägern zusammen getrunken hatte und der alte Mann davongefahren und im Graben gelandet war. Im Zelt war es feucht und kalt, doch Brian hatte schnell ein Feuer gemacht, während ich mich hinsetzte und mich umsah. An den Wänden standen Regale und Schränkchen, vollgestellt mit allen möglichen Flaschen sowie Gewürzen und Kochgeräten. Herd und Licht waren mit Propangas befeuert, ein fast unvorstellbarer Luxus. Ich dachte an mein ärmliches Zelt, in dem es nur Kleidung, Hundefutter und Mäuse gab. Hier drinnen kam ich mir vor wie in einem richtigen Haus.

Brian zog sich den Mantel aus und legte seinen Halfter mit dem 45er Revolver ab. Seit dem Herbst hatte ich begonnen, mich für Waffen zu interessieren, und so besah ich mir Brians Exemplar. Die Waffe hatte ein erhebliches Gewicht und erinnerte an die Feuerwaffen aus alten Western.

Ich folgte ihm, als er seine Jagdhunde füttern ging. Sie schliefen in großen, mit Heu ausgelegten Tonnen, die zum

Schutz vor der Kälte in den Abhang eingegraben waren. Die Jagdhunde standen, an schwere Eisenketten gefesselt, draußen vor den Tonnen und warteten auf ihr Futter. Brian schlug vor, Boone sollte in der Tonne seines verschollenen Hundes übernachten.

Ich wusste, dass sich diese Leute keine Haustiere hielten und dass für Hunde kein Platz in den Zelten war. Wie würde Boone darauf reagieren? Vor einiger Zeit hatte ich ihr ein Halsband gemacht, nur um sie daran zu gewöhnen, in Gedanken an spätere Zeiten. Wir standen vor der leeren Tonne, und ich klickte ihr Halsband an die Kette. Brian stellte einen zusätzlichen Napf hin, doch sie war dieses Futter nicht gewöhnt und schnüffelte nur daran. Auf unserem Weg zum großen Zelt begann sie zu winseln. Als wir darin verschwanden, bellte sie los, heulte und bettelte.

Sie machte so lange weiter, bis Brian sich zu der Aussage durchrang, er persönlich würde sie hineinlassen, aber einige Jagdgäste wären womöglich allergisch gegen Hundehaare, es wäre also besser, wenn sie draußen bliebe. Mittlerweile war es stockfinstere Nacht, und an einen Rückweg nach Indian Creek war nicht zu denken.

Den ganzen Abend über spielten wir Cribbage, das hatte ich seit meiner Highschool-Zeit nicht mehr getan. Dazu schlürften wir Whisky, und Brian wurde beinahe gesprächig. Wahrscheinlich war er nur ein paar Jahre älter als ich, der einzige Mensch in meinem Alter, den ich hier in dieser Gegend angetroffen hatte.

Boone heulte und winselte die ganze Zeit über. Sie tat mir Leid, doch irgendwie war es mir auch peinlich. Brians Hunde hingegen gaben keinen Laut von sich. Ich hoffte, Boone wäre klug genug, sich in der warmen Tonne zu verkriechen. Kurz ehe ich mich auf eine der Schlafstellen verzog, ging ich noch einmal hinaus, um nach ihr zu sehen. Sie lag in der Tonne und wimmerte leise vor sich hin. Ich schlich mich davon, ehe sie mich bemerken konnte. Das Letzte, was ich mir wünschte, war eine neue Runde Hundegeheul.

Am Morgen stand Boone wartend vor der Tonne. Kaum war die Leine gelöst, stürzte sie davon, schlug einen Haken im Schnee, sprang an mir hoch, als hätte uns ein schreckliches Unglück auseinander gerissen. Dabei war ich es doch selber gewesen, der sie an der Kette festgemacht hatte. Brian grinste nur kopfschüttelnd.

Er bot an, uns nach Indian Creek zu fahren, zumal es auf seinem Weg lag auf der Suche nach Pumafährten. Er belud einen Anhänger mit zwei Jagdhunden, und wir machten uns rumpelnd auf den Weg, während Boone etwas verängstigt hinterhertrottete und mich unentwegt im Auge behielt.

Vor Indian Creek stießen wir auf eine Jagdgesellschaft, die in Magruder Crossing ihr Lager aufgeschlagen hatten, etwa sechs Meilen oberhalb meines Zeltes. Der Hundebesitzer hieß Cary, und ein Mann namens Phil fuhr hinter ihm, der scheinbar ein Dauerlächeln aufgesetzt hatte. Offensichtlich wusste er über die Pumajagd genauso wenig Bescheid wie ich. Er hatte einen Akzent von der Ostküste, und ich nahm an, dass er ein Jagdgast war, obwohl Cary ihn als seinen Freund vorstellte.

Brian und ich hatten schon eine Weile angehalten, als sie mit ihrem Anhänger voller Hunde auftauchten. Brian blickte gerade durch seinen Feldstecher das Flusstal hinauf, um die Raben zu beobachten. »Irgendwelche Beute?«, fragte

Cary. Brian zuckte mit den Achseln, und sie beschlossen, die Sache näher zu inspizieren. Sie fragen mich, ob ich Lust hätte, auf den Berg mitzukommen, vielleicht würden wir die Beute eines Pumas aufstöbern und ihm so auf die Spur kommen. Da ich nie zuvor einen Puma gesehen hatte, sagte ich ja.

Auf Carys Geheiß musste ich Boone festhalten, während sie die Jagdhunde aus den Anhängern herausließen und anschirrten. Er erklärte mir, auf fremde Hunde würden sie aggressiv reagieren. Als die Jagdhunde angeschirrt waren, forderten sie mich auf, Boone in ihrem Anhänger einzusperren. Eigentlich wollte ich Boone nicht sofort wieder wegsperren, doch sie meinten, die Jagdhunde könnten sie anfallen und töten. Natürlich wollte ich vor diesen Leuten nicht kneifen, nicht vor echten Pumajägern und schon gar nicht aus Mitleid mit einem Hund.

Ich spürte, wie sich ihre Blicke auf mich richteten. Sie meinten, die Raben seien ganz in der Nähe, und wahrscheinlich würde es nur eine Stunde dauern.

Kaum hatten wir uns mit unseren Schneeschuhen auf den Weg gemacht, da setzte Boone wieder mit ihrem Gebell an, als hätte sie seit gestern Nacht nicht damit aufgehört. Zwei Meilen weiter, oben auf dem Berg bei einer kurzen Rast, tönte ihr Gejammer immer noch zu uns hinauf. Ich wich den Blicken der Jäger aus und wünschte mir, Boone würde endlich still sein.

Oben entdeckten wir weder ein verendetes Tier, noch sahen wir die Raben je wieder. Nach knapp einer Stunde waren wir zurück bei unseren Schneemaschinen. Nachdem Cary oberhalb des Flusses noch einmal nachgesehen hatte, beschloss Brian, für heute Schluss zu machen. Wir trennten uns. Cary konnte keinen weiteren Mitfahrer mitnehmen, so bot sich Brian an, mich nach Hause zu fahren, doch ich erklärte, ich ginge sehr gerne zu Fuß.

Ich hielt Boone fest und stand am Ufer, während die Schneemaschinen in verschiedene Richtungen davonrumpelten. Als ihre quietschenden Geräusche nicht mehr zu vernehmen waren, puffte ich Boone in die Seite, kraulte sie hinter den Ohren, und wir machten uns beide gemeinsam auf den Weg.

In der folgenden Woche sah ich Brian, Cary und Phil fast jeden Tag. Erst nach Einbruch der Dunkelheit bereitete ich mir meine Mahlzeiten und sägte im Licht der Taschenlampe Steaks von der Fleischstange herunter, denn ich wollte auf keinen Fall, dass diese Leute von meiner Vorratsquelle Wind bekamen. Eines Tages redete Brian verdächtig viel über Elche, und ich hatte das unangenehme Gefühl, dass er mehr wusste und Anspielungen machte, um mich aus der Reserve zu locken. Doch am nächsten Tag kam er mit einer Hirschschulter vorbei. Ohne Fleisch könne er es nicht lange aushalten, bemerkte er dazu.

Grinsend meinte er, der Hirschbraten sei noch ein Überbleibsel von der Jagdsaison. Anscheinend wollte er etwas aus mir herauskitzeln, doch ich hielt den Mund. Ich bedankte mich für das Fleisch, und später im Dunkeln, als ich allein war, hängte ich die Schulter neben dem Elchfleisch auf die Stange.

Wer in der nächsten Woche nicht auftauchte, war der Wildhüter. Ich hielt mich sowohl am fünfzehnten als auch am sechzehnten den ganzen Tag über in der Nähe des Zeltes auf, sogar eine Einladung, eine weitere Pumafährte zu verfolgen, schlug ich aus. Doch weder der Wildhüter noch der Biologe kamen. Brian schaute bei mir vorbei und berichtete, dass sie einen Puma aufgespürt und auf einen Baum getrieben hätten, ein Weibchen mit drei Jungen, die Jungen noch im gefleckten Fell. Sie hätten Fotos gemacht, erzählte er, und für die Hunde sei es ein gutes Training, doch jetzt warteten sie ungeduldig darauf, das große Männchen anzutreffen.

Tags darauf erschien Cary bei mir. Er hatte an diesem Wochenende einige Freunde zu Besuch in seinem Zelt. »Säufer«, grinste er, »keine Jäger.« Er schien einen handfesten Kater zu haben.

Seine Freunde hätten in West Fork Halt gemacht, erzählte er weiter, und bei dieser Gelegenheit erfahren, dass die Schneemaschine der Wildhüter bei der Fahrt über den Pass einen Kolbenfresser bekommen hatte. »Motorschaden«, lachte er. Auf einmal erkannte ich, dass in den Augen der Jäger die Wildhüter lediglich Besucher waren, nicht Leute wie sie oder ich, die hier in der Wildnis lebten, sondern eben einfach nur Besucher, die von Tuten und Blasen keine Ahnung hatten.

Ich fragte, ob er wisse, wann sie wiederkämen. Er meinte, sie hätten ihre kaputte Maschine aufgeladen und seien noch am gleichen Tag nach Idaho abgehauen.

Der Gedanke, meine Januarpost nicht zu erhalten, gefiel mir zwar nicht sonderlich, trotzdem stimmte ich in sein Gelächter ein. Lachend standen wir draußen im Schnee und bliesen Atemwolken in die Luft. Wir waren keine Bürohengste aus Idaho. Wir waren aus anderem Holz geschnitzt. Wir waren Jäger.

KAPITEL 13

Spätmorgens am nächsten Tag kam Brian bei mir vorbei und sagte, er sei auf dem Weg zu Cary, sie würden auf die Jagd gehen, und ob ich nicht Lust hätte mitzukommen. Boone hüpfte anstandslos in das Fahrerhaus meines Lasters, wo ich ihr mittlerweile eigens eine Schlafstelle eingerichtet hatte. Sie war jetzt schon ein paarmal eingesperrt gewesen und schien auf meine Rückkehr zu vertrauen.

Ich setzte mich hinten auf Brians Schneemaschine, und wir ruckelten den Fluss aufwärts. Seine Maschine sei eigentlich nicht für zwei Personen geeignet, schrie er über die Schulter, aber auf dem festgefahrenen Weg kam sie gut voran.

In Magruder Crossing scheuchten wir Cary und Phil aus den Betten. Brian erzählte Cary, auf dem Weg zu ihnen habe er höchstwahrscheinlich eine Pumafährte entdeckt, das Tier sei über den Fluss hinübergewechselt. Wir waren weder irgendwo stehen geblieben, noch war mir irgendetwas dergleichen aufgefallen, und ich fragte mich, was Brian eigentlich daherredete.

Carys Freunde lagen noch im Bett, doch Cary lud seine Hunde in Windeseile in seinen Anhänger; Phil setzte sich auf den Rücksitz, und sie flitzten davon. Ihre große, neue Maschine war viel stärker als unsere, und wir hatten Schwierigkeiten, mit ihnen Schritt zu halten.

Nur ein paar Meilen weiter in Richtung Indian Creek brachten sie ihre Maschine zum Stehen, und beinahe wären wir aufgefahren, wenn wir nicht knapp vor ihren Hundeanhängern noch rechtzeitig mit unseren Skiern abgebremst hätten. Cary schwang sich herunter wie von einem Pferd. Brian versetzte mir einen kleinen Schubs, sodass ich vom Sitz stolperte und er absteigen konnte.

Er und Cary traten vor ihre Maschinen, ich folgte hinterher. Phil lächelte mir zu, als wir uns um die Fährte des Pumas scharten. Er trug Wollsachen, die wie eine zweite Garnitur von Cary aussahen und ihm viel zu weit waren. Während die anderen die Fährte studierten, blickte er unentwegt zu mir herüber. Ich war mir ziemlich sicher, dass er ein Jagdgast war.

Die Pumaabdrücke im hohen, lockeren Schnee waren alles andere als zierliche Katzenpfoten. Ich konnte Schleifspuren entdecken, wo seine Brust den Schneeboden berührt hatte, seine Beine hatten tiefe Löcher in den Schnee gebohrt. Auch wenn diese Löcher fast wieder zugeschneit waren, war nicht zu übersehen, wie er präzise einen Tritt hinter den anderen gesetzt hatte.

»Ein riesiges Pumamännchen«, bemerkte Brian.

Nickend ließ Cary den Blick die Bäume entlangschweifen, dorthin, wo die Spur hinführte. »Ein Mordskerl«, bestätigte er und warf einen Blick zu Phil. Er lächelte breit. »Das ist der, den du suchst.«

Immer noch starrte ich auf die Fährte, Tritte eines großen, schweren Tieres durch den tiefen, weichen Schnee, und ich fragte mich, wie man eigentlich feststellte, ob es sich bei dem Puma um ein Männchen handelte oder um ein Weibchen. Eigentlich hielt ich das für unmöglich. Wahrscheinlich war das ein Teil der Show, die die Jäger abzogen.

»Willst du ihn schießen?«, fragte Cary.

»Na klar, wenn du meinst«, antwortete Phil.

»Natürlich meine ich das«, antwortete Cary immer noch grinsend. »Er ist nicht weit. Wir sind auf einer heißen Fährte.«

Brian schritt zu seinem Hundeanhänger und öffnete den Riegel. Mit den Knien hielt er die Tür fest zugeklappt, während er mit der Hand zwischen den aufgeregten Hunden herumfuhr und Leinen an Halsbänder klickte. Dann ließ er die Tür aufklappen und hielt die sehnigen, kurzhaarigen Hunde zurück, bis Cary sein Trio herausgelassen hatte. Mit ihren hechelnden und bellenden Hunden versammelten sie sich an der Pumafährte. Irgendwie wirkten diese Hunde hier im Schnee zwischen den dunklen Tannen fehl am Platz. Grau gesprenkelt, schwarz und rotbraun, entsprachen sie eher meiner Vorstellung von jenen Jagdhunden, die auf nächtlichen Waschbärjagden bellend durch die Sümpfe des Südens zogen.

Diesmal war die Fährte gut sichtbar, also wurden die Hunde nicht im Geschirr gehalten wie bei unserer Verfolgung der Raben. Die Hunde bebten am ganzen Leib, als Cary und Brian sie alle gleichzeitig von der Leine losließen.

Kaum waren die Leinen los, stürmten die Hunde davon. Mit wilden Sprüngen sprengten sie in alle Richtungen, bis die älteste Hündin losbellte und durch den Schnee direkt auf die Pumafährte zuraste. Wir blieben einen Augenblick lang wortlos stehen. Die Hunde eilten davon, hin und wieder hörten wir sie noch kläffen und bellen. Ich war der Meinung, wir sollten nun etwas unternehmen, zum Beispiel den Hunden folgen.

Die Hunde begannen zu jaulen. »Locus ist ihm auf der Spur«, sagte Cary. Sofort eilten er und Brian zu den Anhängern, um ihre Schneeschuhe anzuschnallen. Es waren Scherpa-Schuhe aus Metall und Plastik mit Eishaken unter den Zehen. Ich zog meine Schneeschuhe aus Eschenholz und Leder über, die für den meterhohen Pulverschnee besser geeignet waren.

Während wir der breiten Hundespur folgten und auf den Wald zustapften, wunderte ich mich, wie gelassen die Jagd verlief. Ich fragte Cary, was passieren würde, wenn der Puma sich einfach auf und davon machte und die Hunde ihn immer weiter verfolgten.

»Er wird auf einen Baum flüchten«, meinte Cary. »Raubkatzen sind für einen schnellen Spurt gebaut, sie legen keine weiteren Entfernungen zurück. Nur einmal ist einer davongelaufen. Bis in die Dunkelheit hinein haben wir nicht aufgegeben. Der Rückweg war die Hölle. Die Hunde sind erst so gegen drei Uhr morgens eingetrudelt.«

»Damals ist auch Beau verschwunden«, warf Brian ein. Beau war der preisgekrönte Welpe, der ihm vor ein paar Wochen abhanden gekommen war. Ihn hatten wohl am Ende die Koyoten erwischt. Ich sah das Gewirr der Koyotenabdrücke und die Blutflecken im Schnee vor mir. »Pumas greifen keine Hunde an«, bemerkte Brian schließlich. »Nur wenn sie keine andere Wahl haben.«

Danach schwiegen alle eine Weile lang. Die Fährte führte über einen steilen, schwer zugänglichen Abhang. Mühsam quälten wir uns hinauf, alle naselang rutschten wir ein Stück herunter oder fielen vornüber. Bei unserem schweren Gekeuche konnten wir die Hunde nicht mehr hören.

Schließlich erklommen wir eine kleine Kuppe und hielten Rast. Schnee klebte an unseren Wollpullovern, und unsere weißen Gestalten wurden eins mit den schneebedeckten

Bäumen. Phils Atem ging schwerer als der aller anderen, wahrscheinlich war er die Höhe nicht gewohnt. Doch wann immer ihn jemand ansah, lächelte er.

Nach einer Weile vernahmen wir aus weiter Ferne wieder Hundegebell. Cary schätzte die Entfernung auf ungefähr eine Meile. Wir verließen die Fährte und stapften durch den unberührten Schnee dem Hundegebell entgegen. Ich hätte nicht riskiert, die Spur zu verlassen, denn inzwischen hatte ich die Erfahrung gemacht, dass man hier in den Bergen nie sicher sein konnte, woher ein Geräusch kam. Cary war zwar ein erfahrener Jäger, aber ich wäre lieber der Spur nachgegangen und hätte auf diese Abkürzung verzichtet.

Bei unserer nächsten Rast hob Cary die Hand, um uns zum Schweigen zu bringen. Es hatte zwar keiner ein Wort gesagt, doch unser schwerer Atem drang durch die eisige Luft und hüllte uns in eine dampfende Geräuschkulisse ein. Für einen kurzen Augenblick wagte keiner, Luft zu holen. Das Hundegebell hatte sich nicht weiter entfernt, aber es klang jetzt wilder und wütender.

Brian nickte und pustete die Luft aus. »Er hat sich auf einem Baum verschanzt«, sagte er.

»Mordskerl«, grinste Cary. »Einen Teufel würde der tun und weit weglaufen. Lieber hievt er seinen großen, faulen Hintern auf einen Baum und macht ein Nickerchen.«

Cary hatte jetzt das Jagdfieber gepackt, und er startete los, dabei vergaß er, Phil eine Verschnaufpause zu gönnen. Phil machte den Reißverschluss seines Mantels auf, lächelte wieder und folgte ihm dann, sein rot angelaufenes Gesicht glänzte vor Schweiß. Ich bildete das Schlusslicht, meine großen Schneeschuhe waren auf dieser festgetretenen Strecke ohne Nutzen.

Wir eilten einen kleinen Abhang hinunter, dann stapften wir mit schnell nachlassendem Tempo einen Südhang hoch. Der Schnee lag noch immer locker, aber er war tiefer, nur vereinzelte Goldkiefern schirmten hier den Boden gegen den Schneefall ab. Der Abhang wurde zunehmend steiler. Schließlich sprangen immer mehr Steinspitzen hervor, bald waren ganze Strecken des Geländes in Steinboden übergegangen.

Cary hielt an und wischte sich mit einem Taschentuch den Schweiß aus dem Gesicht. »Wir kommen näher«, schnaufte er. »Hört ihr?«

Nicht weit über dem engen, schmalen Tal erblickte ich eine graublaue Linie, die sich durch den Schnee zog. Ich machte Cary darauf aufmerksam, nicht sicher, ob es sich um eine Hundefährte, eine alte Markierung oder etwas anderes handelte – vielleicht war es die Spur eines Wapitis. Cary lachte auf. »Das ist seine Spur. Kein Wunder, dass er sich so schnell wie möglich auf einen Baum verzogen hat, wenn er schon den Berg so hoch hinaufklettert, dieser Bastard.«

Wir warteten ab, bis sich unser Atem etwas beruhigt hatte und wir wieder das anhaltende Gebell der Jagdhunde hörten. Cary nickte stolz.

Hinter einem Felsvorsprung entdeckten wir einen schmalen Pfad, der an der immer höher werdenden Felswand entlang hinaufführte. Das nächste Stück krochen wir beinahe auf allen Vieren an der Felswand hoch. Als wir endlich oben waren, machten wir wieder Halt, hockend legten wir die Hände auf die Knie und rangen vornübergebeugt nach Luft. Brian hatte sich als Erster wieder gefangen und richtete sich auf.

Er klopfte den Schnee von seiner Brust, lockerte ein wenig das Halfter an seiner Schulter, um aus seinem Mantel einen

Feldstecher hervorzuholen, und beobachtete den Abhang bis zum nächsten Felsvorsprung. »Ich hab' sie«, sagte er.

Der Feldstecher wurde herumgereicht, und wir sahen die Jagdhunde unentwegt auf der Stelle nah am Felsabgrund hochspringen und bellen. Eine große, alte Goldkiefer ragte vom unteren Abhang gute fünfzehn Meter über den Felsen empor. Drei Meter trennten sie von der Hundemeute.

»Gehen wir lieber zu ihnen, ehe sie runterspringen«, meinte Cary, und wir brachen auf.

Der Aufstieg war jetzt weniger anstrengend für unsere Lungen. Wir tasteten uns seitlich am Felsvorsprung entlang auf die Hunde zu. Es galt, sich eng am Felsen zu halten, denn bei jedem Schritt hätten wir abrutschen und mit einer Geröllawine den Abhang hinabstürzen können. Unsere Beine schmerzten vor Anspannung.

Die Jagdhunde schenkten uns keinerlei Beachtung, als wir bei ihnen ankamen. Sie bebten und zitterten, aber keineswegs vor Kälte. Immer wieder sprangen sie auf den Felsabgrund zu, heulten und winselten, schier wahnsinnig, dass sie den Puma nicht schnappen konnten. Wir gingen den Felsrand entlang, bis der Blick durch das Geäst frei war. Dann sahen wir den Puma, ein lang gezogenes, sehniges Kraftpaket. Er hatte sich seelenruhig auf einem Ast niedergelassen. Etwas gelangweilt und irritiert beobachtete er uns aus halb geschlossenen Lidern, durchaus bereit, die Sache auszusitzen. Seine schwarze Schwanzspitze zuckte, und er senkte sein Haupt auf seine breite, samtige Pranke.

Cary stieß einen Pfiff aus. »Boone und Crockett. Der schafft es leicht in den Boone und Crockett.«

Phil rang noch immer nach Luft, aber er lächelte Cary an und nickte. Ich wollte nicht mit dummen Fragen auffallen, doch als Brian neben mich trat, fragte ich ihn leise, was Boone und Crockett bedeutete. Das sei der Name des Buchs der Rekorde, sagte er mir.

Brian zückte seine Kamera und knipste ein paar Bilder vom Puma und den Hunden. Er trat ein paar Schritte zurück, um sie alle auf ein Bild zu bekommen, aber die Äste versperrten ihm die Sicht auf das Raubtier. Ich selbst machte auch ein paar Schnappschüsse vom Kopf des Pumas mit seinen leuchtenden Goldaugen.

Als Phil endlich wieder Luft bekam, machten sich Cary und Brian über die Hunde her, legten ihnen die Leinen an und zerrten sie vom Felsabgrund weg, während die Hunde stets weiter versuchten, auf den Puma zuzuspringen. Sie schlugen Purzelbäume in der Luft und landeten auf dem Rücken, sie würgten und knurrten wütend, wenn sie an der Leine mit einem Ruck zurückgezogen wurden. Brian hockte sich auf den Boden und stemmte beide Füße gegen den Felsen, während Cary die Hundeleinen mit einer Schlaufe um einen Baumstumpf wickelte, um die Tiere in Schach zu halten. »Wenn wir sie loslassen, jagen die ihm glatt über den Abgrund hinterher.«

Cary bedeutete Phil, sie wären jetzt so weit.

»Schieß ihn dir«, ermutigte er ihn. Phil schien beinahe überrascht; er starrte Cary eine Sekunde lang an, dann griff er in seinen Mantel, als fiele ihm soeben wieder seine Waffe ein, und zog unter seinem schlabbrigen Wollpullover eine 357er Magnum hervor. Er betrachtete sie, wie sie in seiner Hand lag. Den einen Fausthandschuh hatte er abgestreift, sie musste sich eiskalt anfühlen.

Er ging an die Stelle mit der besten Sicht und hob die Waffe. Die Raubkatze war keine sechs Meter von ihm entfernt. Ihre Miene blieb unverändert. Phil nahm sie ins Visier, dann zögerte er. Er blickte zurück zu uns, hauptsächlich zu Cary, der ihm ermunternd zulächelte. »In die Brust. Diesen Kopf sollte man nicht kaputtmachen.«

Phil nickte bloß und wandte sich wieder der Raubkatze zu. Ich sah den Revolver leicht in seiner Hand zittern und fragte mich, was wohl in ihm vorging. Bis jetzt war alles reibungslos gelaufen.

Der Schuss hallte matt und kläglich durch den unendlichen Raum über dem menschenleeren, tief verschneiten Tal. Ich hatte zwar mit dem Knall gerechnet, trotzdem zuckte ich zusammen und verpasste genau den Augenblick, als der Puma einen Satz machte. Ehe ich das Geschehen richtig wahrnehmen konnte, war der Puma schon in der Luft, er purzelte nicht kraftlos durchs Geäst, sondern hielt seine Glieder vollkommen kontrolliert in kraftvollem Absprung weit gestreckt. Ich trat an den Felsabgrund neben Phil, währenddessen mühten sich Cary und Brian, die Hunde zurückzuhalten.

Der Puma landete mindestens neun Meter tiefer unter dem Ast, auf dem er gelegen hatte. Es war wie ein Sprung von einem dreistöckigen Gebäude. Ich sah ihn gerade in dem Augenblick, als er auf dem Boden aufsetzte und in einer auftreibenden Schneewolke verschwand. Ehe ich mich fragen konnte, ob er verwundet war, schnellte er schon wieder aus dem Schnee hervor und setzte zu einem weiteren Satz von sechs Metern an. In der Luft zog er Vorder- und Hinterbeine zusammen, dann prallte er im Schnee auf, um aber sofort wieder aufzutauchen und mit Riesensprüngen ins Tal zu stürmen. In nur wenigen Sekunden war er unten und außer Sichtweite. Niemand sprach ein Wort.

»Hat es ihn erwischt?«, brummte Brian. Seine Hunde zerrten ihn beinahe über den Abgrund.

»Nein«, sagte Phil, »ich fürchte, ich habe ihn verfehlt.«

»Verfehlt?«

»Er ist weg«, sagte ich. »Er ist unten gelandet und verschwunden.«

Cary wickelte seine Leine ein weiteres Mal um den alten, grauen Baumstumpf und verknotete sie. Dann trat er zu uns an den Felsrand, und ich deutete auf die kraterförmigen Löcher, die der Puma im Schnee hinterlassen hatte.

»Der Teufel soll mich holen«, lachte er und rempelte Phil leicht an. »Lampenfieber. Kein Grund zur Aufregung.« Wieder lachte er. »Mann, der hatte es aber eilig.« Kopfschüttelnd ging er wieder zu seinen Hunden. »Du hast den alten Knaben ganz schön das Fürchten gelehrt.« Er kniete sich vor seine aufgebrachten Hunde und packte sich jeden Einzelnen, rieb sie am Kopf und versetzte ihnen liebevoll-raue Knüffe in die Rippen, bis ihre Erregung nachließ. Für nichts auf der Welt hätte ich mein Gesicht oder meinen Hals auch nur in die Nähe dieser Meute gebracht. Cary erhob sich wieder. »Lasst uns die Hunde hier wegbringen und sie loslassen. Er kann nicht weit sein.«

Nachdem Brian zugesehen hatte, wie Cary mit den Hunden umgegangen war, tat er das Gleiche mit seinen Hunden. Nun zogen die Jäger das Rudel vom Abgrund weg und zurück auf den steilen Pfad den Hang hinunter. Dann ließen sie die Hunde von den Leinen los, sie rasten den Abhang hinunter in riesigen Sprüngen, die an Kraft und Anmut fast denen des Pumas gleichkamen.

Wie der Blitz waren sie unten im Dickicht der Bäume verschwunden, doch wir konnten sie durch die eisige Luft gut hören. »In einer Minute haben wir ihn erwischt«, sagte Cary. Wir standen am Abhang auf unseren Schneeschuhen und warteten ab.

»Ich habe etwas gewackelt. Gerade als ich abdrücken wollte, habe ich gewackelt. Ich habe es richtig gespürt«, sagte Phil.

»Du bekommst gleich noch einen Schuss.« Cary machte ein Handzeichen, dass wir still sein sollten. Einen Augenblick später ging das Gebell der Hundemeute wieder in das wahnsinnige Gekläff über, das wir schon vorher vernommen hatten, als der Puma auf den Baum entwichen war.

Phil und ich blickten zu Cary. »Das hätten wir«, bemerkte er grinsend und rempelte Phil wieder leicht mit dem Arm. »Diesmal erwischst du ihn. Keine Angst.« Er klang wie ein Trainer, der einen guten Baseballspieler über einen Fehler hinwegtröstete.

Phil nickte nur und bemerkte, dass er immer noch die Magnum in der Hand hielt. Er steckte sie in das Halfter unter seinem Mantel und zog seinen dicken Fausthandschuh wieder an. Sein Lächeln war nicht mehr so selbstsicher wie vor dem Schuss. Cary rutschte hinter Brian auf seinen Schneeschuhen, Phil und ich folgten ihnen. Wir alle gingen tief in die Hocke, damit wir uns auf den Hintern fallen lassen konnte, falls wir zu viel Schwung bekamen.

Der Puma hatte sich noch keine Meile entfernt, und diesmal ging es nur bergab. In kurzer Zeit hatten wir ihn eingeholt, ohne dabei völlig aus der Puste zu geraten.

Die Hunde hatten den Bereich um den Baum beinahe bis auf die nackte Erde freigescharrt. Sie tänzelten und winselten, sprangen, so hoch sie konnten, den Baum hinauf, prallten immer wieder von ihm ab und setzten unermüdlich erneut zum Sprung an. Sie hatten Stücke der Baumrinde heruntergekratzt, die wie orangefarbene Puzzleteile um den Baum herum im Schnee verstreut lagen. Auch entdeckte ich hellrote Blutstropfen im Schnee. Zuerst dachte ich, der Puma sei verletzt, doch dann sah ich die Hunde in den Baum beißen, sie rissen sich die Lefzen auf und verletzten ihre Gaumen. Ein Stück heller, frischer Rinde klaffte am Stamm des Baumes, dort, wo die Hunde an ihm hochgesprungen waren.

Der Puma befand sich jetzt über uns und nicht mehr wie auf dem Felsen in Augenhöhe. Auch diesmal lag er ausgestreckt auf einem dicken Ast etwa fünf Meter über unseren Köpfen, und wieder waren seine Augen nur halb geöffnet. Diesmal allerdings funkelten sie zornig. »Steigen die niemals von ihren Bäumen herunter?«, fragte ich. Ich fühlte mich alles andere als sicher, so unter ihm zu stehen.

»Nicht in unserer Gegenwart und erst wenn sie tot sind.«

Ich machte noch ein paar Fotos. Ich ging unter dem Puma auf und ab und genoss ein bisschen die Gefahr, der ich mich aussetzte. Der Puma war jetzt erschöpft und atmete durch sein leicht geöffnetes Maul. Ich konnte seine rosa Zungenspitze erkennen. Mit seinen Augen verfolgte er jede meiner Bewegungen.

Ich ließ die Kamera sinken. »Bist du fertig?«, fragte Cary.

Ich nickte, und erst jetzt fiel mir auf, dass er und Brian die Hunde an einen Stamm gebunden hatten, weit genug weg von dem Baum, auf dem der Puma saß. Phil war auf eine kleine Anhöhe gestiegen und hatte sich hingesetzt. Von dieser Stelle aus hatte er freie Bahn für seinen Schuss, keine Äste und Zweige waren ihm im Weg. Der Blick aus den halb gesenkten Lidern des Pumas hatte mich derart gebannt, dass mir alles entgangen war, was die Männer in der Zwischenzeit unternommen hatten. Ich entfernte mich von dem Baum, ohne noch einmal den Blick auf das Raubtier zu richten, und setzte mich zwischen Cary und Brian, so weit wie möglich außerhalb der Schusslinie.

Wieder hatte Phil seine Waffe gezogen, und sogar im dunklen Licht der Bäume konnte ich den Schweißfilm auf seiner Stirn sehen. »Gib ihm Saures«, rief Cary mit lauter Stimme.

Phils Blick streifte den aufgewühlten Boden unterhalb des Baumes, dann sah er hinauf zu dem Puma. Er setzte die Ellbogen auf die Knie und schob sie ein wenig zurecht, um sicherzugehen, dass sie vollkommen ruhig aufgestützt waren. Dann senkte er langsam die Waffe in seiner Hand und zielte zwischen die Augen des Raubtiers. Er kniff das linke Auge zusammen, hielt den Atem an und saß schließlich vollkommen regungslos. Ich blickte zum Puma hinüber.

Im gleichen Moment wie Phil hielt ich die Luft an und duckte mich in Erwartung des Schusses. Der Puma befand sich seitlich von Phil und sah ihn nicht an. Er schien überhaupt nicht auf uns zu achten, sondern nur auszuharren, bis wir verschwinden würden. Er legte eine zähe Geduld an den Tag.

Ich beobachtete die träge Miene des Pumas und fragte mich, wann Phil endlich schießen würde – und warum er überhaupt schoss. Cary und Brian hatten Jahre mit der Dressur ihrer Hunde verbracht, Cary hatte die Tricks, die er selbst einmal gelernt hatte, an Brian weitergegeben. Ich sah, wie stolz sie waren auf ihre Hunde, die den Puma so schnell auf die Bäume getrieben hatten, nicht nur einmal, sondern sogar zweimal. Sichtlich stolz waren sie, wenn sie die Meute zusammenpfiffen und an den Leinen zerrten, um die wilde Natur der Tiere zu bändigen. Cary hatte sich gefreut, dass der erste Schuss von Phil danebengegangen war, dessen war ich mir sicher. Es gab ihm noch einmal Gelegenheit, seine Hunde auf die Jagd zu schicken. Die beiden Jäger waren offensichtlich nicht nur wegen des Geldes hier, aber ich fragte mich, aus welchem Grund Phil hergekommen war. Was könnte er schon zu Hause in Philadelphia oder wo auch immer mit einem Pumafell anfangen?

Ich wartete auf den Schuss, bis ich schließlich Atem holen musste. Ich wandte den Blick ab und zog die Schultern hoch, falls der Schuss doch käme, jetzt, wo ich eigentlich nicht mehr damit rechnete. Ich sah hinüber zu Phil, gerade als er die Waffe senkte. Einen Augenblick hoffte ich, er würde erkennen, wie kläglich er sich ausnahm neben der unbändigen Kraft des Pumas, die wir bei seinen wilden Sprüngen ins Tal entfesselt gesehen hatten.

Doch Phil stieß auf einmal alle Luft aus und gackerte nervös. Ich sah ihn seine Arme hin und her schlenkern und mit dem Kopf kreisen, um die Spannung im Nacken zu lockern. Dann legte er seine Ellbogen wieder auf die Knie und zielte. Er hatte nur zu lange die Luft angehalten, aber jetzt war er so weit. Vielleicht hatte er sich überhaupt keine Gedanken darüber gemacht, was er tat – oder möglicherweise doch –, aber nun steckte er zu tief in der Sache drin, und es gab kein Zurück mehr.

Eben als ich wieder zum Puma sah, fiel der Schuss. Doch diesmal, im Dickicht der Bäume, klang der Schuss laut und tödlich. Der Puma setzte erneut zum Sprung an, einen Meter senkrecht in die Höhe. Er öffnete leicht das Maul, in dem ein letztes Fauchen oder Brüllen erstarb. Die Augen weiteten sich, und die Beine kreiselten wild im Leerlauf, er hatte die Krallen ausgefahren und riss im Fall die Äste mit sich hinunter.

Als der Puma an dem Ast vorbeisegelte, auf dem er gesessen hatte, krallte sich seine rechte Pfote daran fest. Für einen Augenblick pendelte er hin und her, immer noch voller Grazie. Doch sein Kopf sackte langsam herab, als suchte er sich auf dem Boden einen geeigneten Platz, wo er landen könnte. Ich sah, wie die Zehen seiner rechten Pranke die Kraft verloren und wie die großen, hornigen Krallen sich lösten. Der Puma fiel zu Boden.

Im Fall prallte er gegen einen Ast und drehte sich in der Luft, es war schwer zu sagen, ob er noch am Leben war oder nicht. Wenn man seinen schlanken, biegsamen Körper sah, war es schwer, sich vorzustellen, dass alles Leben aus ihm gewichen war.

Mir wurde schwarz vor Augen. Noch ehe der Puma auf dem Boden aufgekommen war, vernahm ich eine Schimpftirade von Cary. Ich schaute schnell zu ihm hinüber, ob ihn nicht auch ein Gefühl der Sinnlosigkeit überkam angesichts des willkürlichen Todes dieses Tieres. Doch er presste gerade seine Hand unter die Achsel, seine Hunde hatten sich mit einem Ruck von der Leine losgerissen und ihm dabei die Hand aufgeschürft. In dem Augenblick, als der Puma zu Boden stürzte, machten sie sich über ihn her. Cary rannte ihnen hinterher, die verwundete Hand noch unter dem Arm.

Cary trat ein paar Schritte auf den Puma und die Hundemeute zu und erkannte sofort, dass die Raubkatze vor ihrem Aufprall schon tot gewesen war. Er stand hinter seinen Hunden, die wutschnaubend das Tier angeiferten und von allen Seiten an ihm zerrten.

Auch Brian sah, dass der Puma verendet war, und ließ seine Hunde von der Leine, die sich sofort in die Hundemeute über der toten Raubkatze warfen. Die Hunde knurrten sich an und schnappten nacheinander. Carys alte Hündin, Locus, lockerte keinen Augenblick ihren Biss vom Hals des Pumas.

Ich konnte meine Augen nicht von den Hunden abwenden, schließlich hatte die Jagd dem Pumafell gegolten.

»Werden sie das Fell nicht zerreißen?«, fragte ich.

Cary sah mich an. »Nein. Wir verscheuchen sie rechtzeitig, ehe sie sich daran festbeißen. Das ist ihre Belohnung. Es tut ihnen gut. So lernen sie ihre Beute kennen.« Mir fiel auf, dass er nicht mehr lächelte. Auf einmal war alles sehr ernst.

»Ganz schön gruselig, was?«

Schließlich zerrten Cary und Brian ihre Hunde vom Puma weg, Locus wurde als Letzte weggeholt. Ich sah zu Phil hinüber. Er hatte sich von seiner Schießstelle erhoben, diesmal vergaß er nicht, die Waffe unter dem geborgten Mantel zu verstauen.

Langsam schritt er auf uns zu. Die Hundemeute hatte sich mittlerweile etwas beruhigt, und der Puma lag alleine im niedergetrampelten Schnee, sein einst glattes Fell war jetzt struppig und zerzaust. Alle standen um ihn herum. Cary bückte sich zu ihm hinab und hob ein Vorderbein des Pumas. Ein kleiner Blutfleck hatte sein weißes Fell unter den Achseln verschmiert. „Direkt ins Herz. Verdammt guter Schuss.«

Phil lächelte ein wenig. »Und jetzt?«, fragte er.

»Er gehört dir.« Cary brach in Gelächter aus. Es klang wie das plötzliche Anspringen eines Motorboots auf einem stillen See. »Du hast ihn so geschickt gejagt, dass wir ganz in der Nähe unserer Maschinen angekommen sind. Gut gemacht.«

Und er zwinkerte Phil zu. Phils Lächeln gewann wieder an Selbstsicherheit. »Er ist ganz schön groß, was?«

»Das kann man wohl sagen. Der kommt ins Rekordbuch. Nicht oberste Kategorie, aber immerhin.« Cary ging wieder in die Hocke und zog die Lippen des Pumas zurück. »Seht mal die Beißerchen.«

Die Fangzähne machten einen gesunden Eindruck, sie waren elfenbeinweiß und über vier Zentimeter lang. »So ein Kopf ist was für Boone und Crockett.«

Phils Lächeln wurde immer selbstbewusster. Ich spürte, wie er seine vorige Blamage weit von sich schob. Schon begann er die Sache so für sich hinzubiegen, dass er später einmal darüber erzählen und sich sogar damit brüsten könnte. »Erinnerst du dich an seinen Sprung?«, fragte ich ihn.

Cary sah mich kurz an, Phil senkte den Blick zu Boden. »Wie von einer Biene gestochen. Ich wusste gleich, du hast einen Treffer gelandet, als er so gesprungen ist!«

»Nein«, sagte ich. »Ich meine den Sprung vom ersten Baum. Und dann die wilden Sprünge hinunter ins Tal. So etwas habe ich noch nie gesehen.«

Cary sah wieder zu mir herüber, diesmal ohne zu lächeln. Brian bückte sich, um den Puma vom Boden zu heben und ihn über seine Schultern zu werfen. Er war so lang wie er.

»Wir können los«, sagte er. Die Hunde folgten ihm jetzt beinahe so zahm wie Schoßhündchen.

Phil schritt neben mir her, ohne mir in die Augen zu sehen. Hinter uns folgte Cary unseren Spuren, und als er an mir vorbeikam, klopfte er mir aufmunternd auf die Schulter.

Ich stand nun zwischen den lautlosen Bäumen und starrte auf den festgetrampelten Schnee – die abgerissenen, orangefarbenen Rindenstücke und die Blutflecken waren die einzigen Farbtupfer im Weiß und Grau ringsum. Einen Augenblick später japste einer der Hunde, und ich sah hoch. Etwas verdattert, als Einziger zurückgeblieben zu sein, eilte ich den anderen nach den Abhang hinunter.

KAPITEL 14

Wir schleppten den erlegten Puma auf die Straße und posierten für ein Gruppenbild: in unserer Mitte der Puma als Ehrengast und im Hintergrund der allgegenwärtige Fluss. Nachdem wir alle unsere Fotos geschossen hatten, beschloss Brian, nicht nach Paradise, sondern nach Magruder Crossing zu fahren. Die Jäger forderten mich zweimal auf mitzufeiern. Mir war zwar nicht recht nach Feiern zumute, schließlich kletterte ich aber doch auf den Rücksitz der Schneemaschine, um ihnen Gesellschaft zu leisten.

Als wir in Magruder Crossing ankamen, waren Carys Freunde endlich aus ihren Betten, sie saßen im Zelt, machten Feuer und tranken lachend Bier. Bei unserer Ankunft traten sie aus dem Zelt heraus und bewunderten den Puma. Ich beobachtete, wie sich Phils Gesicht rötete, nicht vor Verlegenheit, sondern vor Stolz. Cary berichtete alles haarklein von der Jagd, er beschrieb den Riesensatz des Pumas vom ersten Baum, überging aber geflissentlich den Grund dieses Sprungs, den verfehlten Schuss.

Er machte sich daran, den Puma zu häuten, und schnitt mit dem Messer so schnell und scheinbar achtlos drauflos, dass ich mir sicher war, er würde Löcher hineinschneiden, aber es entstand nicht der kleinste Riss. Der gehäutete Kadaver hing an einem Hinterbein mit dem Kopf nach unten; der Puma wirkte jetzt zwar kleiner, aber beinahe noch kräftiger als zu Lebzeiten mit seinem dichten Pelz. Jeder Muskel war gut sichtbar unter einer Schicht von Gewebe.

Ich fragte ihn, was mit dem Fleisch geschehen würde, da grinste er und fuhr mit dem Messer an der Schulter des Pumas ins Fleisch hinein und die Wirbelsäule entlang hinunter. »Schmetterlinge«, sagte er nur. »Große, wunderschöne Schmetterlinge.«

Er schnitt die Lenden auf jeder Seite der Wirbelsäule herunter und überreichte mir ein Stück. Das Fleisch war zartrosa und erinnerte an Schweinefleisch. Wir trugen sie unter den anerkennenden Pfiffen der Männer ins Zelt. Dann setzte sich Cary mit großartiger Geste auf den Boden und begann die Koteletts herunterzusäbeln. Er fing mit einem zwei Zentimeter dicken Stück an, das er mit dem Messer nicht ganz durchschnitt, sondern kurz vor Ende absetzte, um dann zwei Zentimeter weiter das Stück ganz durchzuschneiden. Er nahm das Lendenstück und klappte es wie zwei Schmetterlingsflügel auseinander, sodass es auf einmal doppelt so groß war wie vorher. Ich staunte über diesen einfachen Trick und beschloss, das Gleiche mit meinen Elchsteaks zu probieren.

Sie bereiteten ein großes Mahl aus Bratkartoffeln und Gemüse aus der Dose, die Koteletts wurden ganz zum Schluss in eine brutzelnde Grillpfanne gehauen. Essensdüfte durchzogen das Zelt, und die Whiskyflaschen leerten sich.

Mir kamen Erinnerungen an die Herbstabende dieser Art, die ich in diesen Zelten mit den fremden Männern verbracht hatte. Wie hatte ich mich damals nach solchen Begegnungen gesehnt. Doch jetzt waren diese Männer hier keine Fremden mehr für mich. Ihre Geschichten von rasenden Pumas und Hunden mit Schafsköpfen brachten mich so zum Lachen, dass ich beinahe erstickt wäre.

Das Essen hatte köstlich geschmeckt, aber nichts konnte den Genuss eines herzhaften Gelächters übertreffen. Seitdem ich hier war, hatte ich mich nicht mehr so ausgeschüttet vor Lachen. Im Laufe der Zeit hatte ich Gefallen an meinem jetzigen Leben gefunden, ruhig und friedlich, wie es war, ganz anders als dieses laute Feiern und dieses Gelächter, bei dem einem der Bauch fast platzte. Ich wischte mir die Tränen aus den Augen wie die anderen auch, legte wie sie auf meinem Teller nach, bis die Pfannen leer waren, und füllte mein Glas voll, wenn die Flasche herumging.

Nach dem Abendessen, als die Party vorbei war, erhob sich Brian und erklärte, er müsse zurück nach Paradise und sich um die Hunde kümmern. Auch ich musste zurück zu Boone, die schon den ganzen Tag in meinem Laster eingesperrt war. Carys Freunde wollten am nächsten Tag aufbrechen, und ich verabschiedete mich von allen. Dann verschwanden Brian und ich auf seiner Schneemaschine in der Nacht.

Brian hatte anstelle eines Scheinwerferlichts eine Taschenlampe an der Motorhaube befestigt, aber die Nacht war sternenklar, und tauchte der Mond kugelrund wie ein Augapfel über der Bergkette auf. Brian machte mich darauf aufmerksam – als ob das noch nötig gewesen wäre –, und ich lächelte nur noch müde. Um die Batterien seiner Taschenlampe zu schonen, knipste er das Licht aus, und wir glitten in der mondhellen Nacht durch die eisig prickelnde Luft über den Fluss dahin. Nach Monaten des Wanderns kam es mir direkt wie ein Wunder vor, so leicht und schnell dahinzufliegen. Der Whisky brannte mir noch in den Adern. Während wir durch die reine, klare, silberne Welt dahinflitzten, hätte ich am liebsten den Kopf in den Nacken geworfen und den Mond lauthals angelacht.

Am Kanal setzte Brian mich ab und raste alleine weiter. Während ich das neu gebildete Eis am Kanal wegschlug, dachte ich an die lange Flussstrecke, die Brian noch vor sich hatte, und wünschte mir, ich hätte ewig so mit ihm weitergleiten können. Als ich mit meiner Arbeit fertig war, schlurfte ich durch den Schnee auf meine Bergwiese und riss die Wagentür meines Lasters auf. Mit einem Satz sprang Boone auf mich zu, wie kürzlich, als sie in der Tonne übernachtet hatte – jetzt sah sie in mir allerdings ihren Retter und nicht ihren Kerkermeister.

Mein Zelt war nach einem Tag Abwesenheit gewiss eiskalt, und Boone zerrte schon an meinen dicken Hirschlederhandschuhen, ihre Aufforderung zum Spiel. Ich schubste sie zur Seite, und bald wälzten wir uns in einer Riesenbalgerei quer über die Wiese, wir rollten und rauften uns im Schnee und wurden dabei patschnass. Am Schluss stand Boone als Siegerin auf meiner keuchenden Brust, und der Schnee rutschte mir in den Kragen. Der Mond schien noch über mir, bewegte sich aber schon langsam auf die andere Seite des schmalen Himmelsstreifens über meinem Zelt.

Über eine Woche lang begegnete ich den Jägern immer wieder, einmal stieß ich sogar auf Brian in der Nähe von Paradise, als er gerade einen Rotluchs aus dem Wald schleifte. Er hatte ihn allein mit seinen Hunden erlegt und grinste stolz von Ohr zu Ohr. Er erzählte, er habe den Rotluchs auf einem Baum erwischt, er sei sofort tot gewesen, aber nicht heruntergefallen. Beinahe wäre seine ganze Munition draufgegangen, als er versuchte, den Ast unter der toten Raubkatze wegzuschießen, dann sei sie auf den darunter liegenden Ast gefallen und einfach liegen geblieben.

Schließlich musste er selbst den Baum hochklettern – seine Kratzer an Gesicht und Händen waren Beweis.

Es war ein riesiges Exemplar von Rotluchs, das ihm Hunderte von Dollar einbringen würde, genug, um seine Kosten während der Jagdwochen zu decken. Er hörte gar nicht mehr auf zu grinsen.

Am siebenundzwanzigsten Januar brachen alle Pumajäger auf. Sie meinten, sie würden vielleicht noch einmal zurückkommen, könnten es aber nicht mit Sicherheit sagen. Am Tag zuvor war ich nach Paradise marschiert und hatte bei einem der Ranger telefonisch nachgefragt, ob sie wüssten, wann die Wildhüter wieder vorbeikämen. Der Ranger meinte, laut seinen Informationen seien sie wegen des Kolbenfressers an ihrem Motor erst wieder Mitte Februar fällig. Seit langem würde ich wohl wieder viel Zeit für mich haben.

Ich hätte mir im Oktober oder November nie vorstellen können, dass ich mich auf das Alleinsein einmal freuen könnte. Ich war das tagtägliche Aufheulen der Schneemaschinen und die ständig auftauchenden Besucher leid. Seit der Suche nach meinem Vater und meinem Bruder war ich nicht mehr in der Gegend herumgekommen, außer bei der Jagd hinter den Hunden her. Vielleicht hätte ich mich nicht ständig in der Nähe meines Zelts aufhalten sollen, um auf die Einladungen der Jäger zu warten.

Ich hatte noch einen anderen Grund, warum ich wieder allein sein wollte. In letzter Zeit herrschten geradezu Idealtemperaturen, um die fünf Grad minus bei Tag und nachts etwa siebzehn Grad. Seit dem ersten Tauwetter saß mir die Sorge um mein Elchfleisch im Nacken, und je länger ich darüber nachdachte, umso weniger war ich bereit, meine Beute verkommen zu lassen.

Ich hatte nichts gegen das Töten von Tieren, aber es durfte nicht in Verschwendung enden. Ich hatte sogar gewagt, vor den Pumajägern zu äußern, wie sehr mir die Vergeudung des vielen erjagten Fleisches Sorgen machte. Daraufhin brachte mir Cary den erlegten Puma vorbei; das Fleisch war bis auf die Lendenstücke, die wir an jenem Abend abgeschnitten hatten, unberührt. Er hielt es wohl für eine Art Scherz, doch ich hängte ihn für jedermann sichtbar auf und schnitt mir gelegentlich ein Steak herunter.

Als Brians Schneemaschine nur noch als fernes Summen am Oberlauf des Flusses zu hören war, machte ich mich, da nun auch die letzten Jäger fort waren, zu meiner Fleischstange am Indian Creek auf und kam mit einem Vorderstück – Lauf und Schulter – zurück. Ich ging ein zweites Mal, holte das zweite Vorderstück und lehnte beide zum Auftauen an meinen Tisch neben dem Ofen. Morgen würde ich sie in Stück so dick wie mein Unterarm schneiden. Dies war das ideale Format, um sie zu konservieren, so stand es wenigstens in meinem Buch. Am Nachmittag bereitete ich Salz, Pfeffer und ein paar andere Gewürze zum Einlagern vor. Wenn das Fleisch einmal eingelegt war, konnte ihm kein Tauwetter mehr etwas anhaben.

Ich war mir nicht ganz sicher, ob meine Geheimnistuerei um das Elchfleisch nicht an Verfolgungswahn grenzte. Das Strafgeld für Wilderei betrug wahrscheinlich ein oder zwei Monatsgehälter, aber das war noch das Wenigste. Ich wollte mir erst gar nicht ausmalen, was die Wildhüter davon halten würden, dass einer ihrer Angestellten das Gesetz übertreten hatte. Womöglich gab es dafür ein spezielles Disziplinarverfahren. Außerdem drohte im Hintergrund Old Ironsides, der Wildhüter, der sogar seine Mutter hinter Gitter bringen wollte. Ich wusste nicht, ob es ihn wirklich gab. Eins jedoch stand fest: Ich wollte es gar nicht so genau wissen. Insgeheim fragte ich mich, ob ich mir da nicht mit all diesen Vorsichtsmaßnahmen ein Spiel ausgedacht hatte. Als Beschäftigungstherapie.

Der Abend rückte näher, die Fleischstücke tauten langsam vor sich hin, da holte ich meine Pfeife hervor und brach zu meinem Abendspaziergang auf. Ich blieb immer so lange wie möglich draußen, ehe mich die lange Winternacht dazu zwang, weitere vierzehn Stunden im Zelt zu verbringen. Ich war beinahe schon in Raven Creek, zwei Meilen den Selway hinauf, als ich stehen blieb, weil ich glaubte, ein Flugzeug zu hören. Hier flogen öfter Jets vorüber, und von Zeit zu Zeit durchbrachen Militärflugzeuge mit ohrenbetäubendem Knall die Schallmauer. Dies klang aber eher wie ein kleines tief fliegendes Flugzeug. Das ungewöhnliche Geräusch überraschte mich, und ich blieb stehen.

Nach kurzer Zeit erkannte ich, das war kein Flugzeugmotor, sondern der Lärm einer Schneemaschine. Er kam aus weiter Ferne mit ab- und zunehmender Lautstärke die Windungen des Flusslaufs entlang. Ich fragte mich, wer von den Jägern etwas vergessen hatte, und beneidete sie um die Selbstverständlichkeit, mit der sie in der Gegend hin und her fahren konnten. Ich war schon eine ganze Stunde von meinem Zelt entfernt. Vielleicht waren sie schon bis Darby gefahren, ehe sie bemerkt hatten, dass sie umkehren mussten.

Je näher die Maschinen heranknatterten, umso mulmiger wurde mir wegen des Elchfleischs in meinem Zelt. Allerdings waren die Jäger noch nie in mein Zelt hineingegangen. Bei diesem Gedanken wurde mir etwas leichter, bevor die Maschinen um die Ecke bogen.

Zwei Schneemaschinen der Fischerei- und Forstverwaltung von Idaho kamen mir entgegen. Sie knatterten auf mich zu, die Motoren verstummten, und die beiden Fahrer nahmen ihre Helme ab. Ich erkannte nur den Biologen, nicht aber den Wildhüter. Der Biologe stellte ihn mir vor. Er nannte den Namen des Wildhüters, vor dem man mich gewarnt hatte – Old Ironsides. Es gab ihn also doch. Plötzlich sah ich die zwei großen, hellrosa Fleischviertel in meinem Zelt vor mir, unmissverständliches Beweismaterial für meine kriminelle Lebensmittelbeschaffung. Mir wurde flau im Magen, meine Kehle war wie ausgetrocknet, und ich hob schnell etwas Schnee auf und lutschte daran.

Der Wildhüter begann sofort, mich mit Fragen zu bombardieren. Am Vortag hatte ich dem Ranger in Paradise am Telefon gesagt, dass die Pumajäger heute aufbrechen würden. Und dieser Wildhüter war tatsächlich von Idaho hergebraust, um sie zu erwischen, bevor sie die Berge verließen. Er hatte sie oben auf den Bergen erwischt. Cary und Brian waren bestimmt ebenso geschockt gewesen wie ich jetzt. Ich fragte mich, was sie wohl Schlimmes verbrochen hatten und ob sie sich ebenso hilflos vorgekommen waren wie ich in diesem Augenblick.

Brian hatte nicht nur den Rotluchs, sondern ein paar Tage davor auch einen Puma erlegt, und der Wildhüter wollte nun genau erfahren, wer die Tiere tatsächlich geschossen und welcher Jagdgast den Datenzettel ausgefüllt hatte. Ich erklärte Old Ironsides, dass ich Brian allein mit dem Rotluchs aus dem Wald hatte kommen sehen und er gewiss auch den Puma allein geschossen habe.

Als Nächstes wollte er alles über Phil erfahren. Er sagte mir, Cary besäße gar keine Genehmigung als Ausrüster, aber er sei sich hundertprozentig sicher, dass Phil ein Jagdgast sei. Ich war zwar auch dieser Ansicht, aber ich sagte ihm, Phil sei ein Freund Carys aus Hamilton und zudem arbeitslos. Wie sollte er sich da eine Lizenz für die Pumajagd leisten können? Cary hatte mir einmal diese Geschichte erzählt. Damals war ich etwas verwundert darüber, dass er mich in all diese Einzelheiten einweihte. Jetzt fragte ich mich, ob er mich nur als Alibi benutzen wollte.

Der Wildhüter beäugte mich misstrauisch, meine Antworten gefielen ihm überhaupt nicht. Er hatte mich in die Zange genommen, und ich musste hier die Sache allein ausbaden. Würde er mich in Handschellen abführen? Die Wildhüter hatten gedroht, er würde mir die Haut abziehen und sie an einen Baum nageln.

Der Biologe unterbrach das Kreuzverhör, indem er zwischen mich und den Wildhüter trat, um Boone zu streicheln. Es sei schon dunkel, meinte er, und ich sollte doch auf den Rücksitz seiner Maschine springen, sie brächten mich bis zum Indian Creek. Sie selbst würden in Magruder übernachten, erklärte er.

Ich dachte fieberhaft nach, wie ich das Angebot abschlagen könnte. »Das ist nicht nötig. Ich gehe gerne zu Fuß.« Dabei strahlte ich sie an und fügte hinzu, dass ich sehr viel und sehr gern in der Gegend herumwandern würde.

Aber sie bestanden darauf. Meine Hoffnung sank, bis mir Boone einfiel. »Aber was ist mit Boone?«, fragte ich. «Sie kann nicht mitfahren.«

»So weit ist die Entfernung nicht«, meinte der Wildhüter. »Sie kann uns hinterherlaufen.«

Das war meine Chance. »Sie jagt ständig wie eine Verrückte hinter den Jägern auf ihren Schneemobilen her«, wandte ich ein. »Ich versuche ihr schon dauernd einzubläuen, nicht mehr den Maschinen nachzujagen. Da kann ich sie jetzt schlecht hinter uns herlaufen lassen.«

Der Wildhüter nickte verständnisvoll, das leuchtete ihm ein. Der Biologe verschwand kurz unter der Motorhaube und kramte meine Post sowie eine runde Bonbondose hervor, auf der Ilexzweige und andere Weihnachtsmotive aufgemalt waren. Grinsend schüttelte er den Kopf. »Das hatte ich damals dabei, als mein Motor kaputtgegangen ist«, sagte er.

Die Hälfte der Farbe auf der Dose war versengt. »Sie war in Geschenkpapier gewickelt, aber das ist leider verkohlt.« Ich war noch etwas mitgenommen angesichts der Gefahr, der ich gerade mit knapper Not entkommen war. Jetzt bot sich mir ein Vorwand zu lachen. Ich öffnete die Dose und hielt sie den zwei Männern hin. Drinnen pappte ein riesiger Schokoladenklumpen auf einer Seite der Dose, zerknitterte, rote Papierstückchen ragten daraus hervor, die Überreste des Einwickelpapiers der Schokoladenbonbons. Wir lachten schallend. »Alles geschmolzen!«, bemerkte der Wildhüter, und wir lachten noch lauter. Er war gar kein so übler Kerl.

Der Biologe überreichte mir auch ein riesiges T-Bone-Steak, das er mir von seinem eigenen Geld besorgt hatte, und ich nahm es etwas betreten an. Er sei zwar kein besonders großer Fleischesser, doch so etwas würde er hier auch nach einer Weile vermissen, bemerkte er dazu. Und ich stand da und hatte in meinem Zelt einen halben Elch, ein Viertel Hirschbraten und fast noch das ganze Pumafleisch. Aber ich bedankte mich überschwänglich. Als er mir dann noch einen Sack voll Orangen gab, war ich tatsächlich überwältigt. Frische Lebensmittel vermisste ich hier, ganz besonders Obst.

Wieder bedankte ich mich herzlich bei beiden, und während sie wieder ihre Helme festbanden, sagte der Biologe, er habe seine Frau schon fast überredet, mit ihm an meiner Stelle ein Wochenende hier zu bleiben, in ein paar Tagen sei er wahrscheinlich zusammen mit meinem Boss zurück, dann könnte er mir endgültig Bescheid geben. Ich wollte sie für den nächsten Morgen zum Kaffee einladen, aber sie lehnten ab und meinten, da jetzt keiner mehr da sei und es nichts mehr zu tun gebe, würden sie lieber gleich die Rückfahrt antreten.

Sie wendeten auf ihren Maschinen und fuhren stromaufwärts nach Magruder, fort von all den belastenden Dingen in meinem Zelt. Ich stand eine Weile wie erstarrt, bis ich sie nicht mehr hören konnte.

Dann kehrte ich zu meinem Zelt zurück. Die Nacht brach schon herein, aber immer noch benommen von der Gefahr, ging ich langsamen Schrittes. Als ich das Zelt erreicht hatte, packte ich das Fleisch und versteckte es für die Nacht in meinem Vorratslager, falls die Wildhüter doch noch schnell mit einem absichtlich vergessenen Brief zurückkommen sollten.

Abends blätterte ich wie immer durch meine Post, dann machte ich es mir bei Kerzenlicht gemütlich und öffnete die verrußte Bonbondose. Ich starrte auf den zusammengeschmolzenen Schokoladenbrocken, aus dem festgefrorene rote Papierfetzen hervorlugten. Mit meinem Messer schlug ich ein Stück herunter und steckte es in den Mund. Die Schokolade war ein Geschenk meiner Großmutter. Sie wäre schier gestorben, wenn sie erfahren hätte, was aus ihr geworden war. Es war Monate her, seit ich das letzte Mal etwas Süßes gekostet hatte, und obwohl ich jetzt ständig nasse

Papierstückchen von der Zunge wegpicken musste und die Schokolade einen etwas rauchigen Geschmack hatte, war sie der reinste Luxus für mich. Lachend lehnte ich mich zurück in den Stuhl und dachte: »Wenn meine Großmutter mich jetzt sehen könnte.«

Am nächsten Tag wartete ich bis zum Nachmittag, aber der Wildhüter kehrte nicht mehr zurück. Ich holte meinen Fleischvorrat aus dem Versteck und verbrachte den Rest des Tages damit, es in unterarmgroße Stück zu schneiden und dann in Salz zu wenden. Danach musste ich sie trocken hängen, die Frage war nur, wo. Abends im Bett fiel mit dann die Sattelkammer unten in Paradise ein. Die Pferde würde man erst wieder im Juni herbringen. Ich lächelte bei dem Gedanken, dass ich direkt unter dem Dach eines Gebäudes der Forstverwaltung meine verbotene Ware räucherte.

Am nächsten Tag war das Fleisch matschig geworden, das Salz hatte wie ein Schwamm den ganzen Fleischsaft aufgesogen. Eigentlich wollte ich es hängen lassen, bis es trocken war, doch mittlerweile hatte ich die Erfahrung gemacht, dass manche Leute die schlechte Angewohnheit hatten, immer dann vorbeizukommen, wenn es gerade überhaupt nicht passte. Also verstaute ich das Fleisch in einem Plastiksack und stopfte meinen Rucksack damit bis obenhin voll. Um meinen Rucksack auf die Schulter zu hieven, musste ich mich neben ihn auf den Boden setzen und mit den Beinen nachhelfen. Als ich ihn endlich oben hatte, dachte ich, meine Beine müssten einfach unter der Last zusammenklappen.

Der Rucksack war über hundert Pfund schwer. Ich überlegte, ob ich das Fleisch nicht besser in zwei Fuhren transportieren sollte. Aber da ich nun schon auf dem Weg war, wollte ich das Zeug auch so schnell wie möglich loswerden.

So stolperte ich die ersten Schritte auf meinem Sechs-Meilen-Weg nach Paradise und hielt mich auf dem festgefahrenen Weg der Schneemaschinen, doch unter dem zusätzlichen Gewicht gab auch hier der Schnee nach. Damit hatte ich nicht gerechnet, und ich fiel in voller Länge zu Boden. Ich landete auf dem Rücken im Schnee, ein Bein steckte fest unter der Schneedecke. Bei einem Sturz nach vorne oder zur Seite wären meine Kniescheiben in tausend Stück zersplittert. Ich setze meine Last ab und lief zurück zum Zelt, um die Schneeschuhe zu holen. Es würde ein langer Tag werden, aber es war Gott sei Dank noch früh am Morgen. Während ich mühsam den Rucksack wieder hochhievte, dachte ich an die Scott-Expedition in die Antarktis. Das hier war nichts dagegen.

Ich war kurz vor Paradise und fast am Ende meiner Kräfte, da hörte ich das Aufheulen einer Schneemaschine hinter mir. Ich blickte mich hastig um, doch es gab nicht einmal einen Baum in meiner Nähe. Fluchend ließ ich mich gegen den Schneewall neben der Fahrspur fallen. Dieses Fleisch würde mich noch in Teufels Küche bringen. Sekunden später hielt der Ausrüster aus Paradise neben mir. Wir unterhielten uns ein paar Minuten. Er wollte sich nur vergewissern, ob alles in seinem Camp gut verschlossen war. Wahrscheinlich käme er in ein paar Wochen mit einem weiteren Jäger vorbei, aber er konnte es nicht genau sagen. Während wir uns unterhielten, rappelte ich mich hoch, wobei er mir beständig über die Schultern schaute. Schließlich wollte er wissen, was ich eigentlich gerade vorhatte. Ich sagte ihm, ich hätte nur ein paar Sachen zur Ranger-Station nach Paradise zu bringen.

»Was für Sachen?«

»Alles Mögliche.«

Er nickte. »Sieht ganz schön schwer aus«, meinte er.

»Ist es auch«, sagte ich, schlug aber sein Mitfahrangebot aus unter dem Vorwand, dass ich sowieso beinahe am Ziel sei.

Nachdem er endlich wieder fortgefahren war, stapfte ich wieder auf die Spur der Schneemaschinen. Erst jetzt bemerkte ich den braunroten Flecken im Schnee an der Stelle, wo ich stehen geblieben war. Ich tastete hinten nach meinem Rucksack. Der Boden war durchnässt, und meine Hand wurde ganz glitschig von dem Fleischsaft, den das Salz herausgezogen hatte. Neben meinen Füßen war sogar schon etwas roter Fleischsaft heruntergetropft. In Gedanken sah ich eine Spur roter Tropfen direkt auf mein Zelt zuführen, wie die Brotkrumen bei Hänsel und Gretel.

Mit einem verzweifelten Blick gen Himmel wünschte ich mir, ich hätte das verdammte Fleisch einfach vergraben. Doch dann begab ich mich weiter auf den mühsamen Weg und hoffte nur, der Ausrüster würde nicht noch einmal in Paradise auftauchen, um mir zuzusehen, wie ich mein Fleisch aufhängte.

Das Camp des Ausrüsters lag etwa eine halbe Meile hinter den Gebäuden der Forstverwaltung in Paradise. Zum Glück begegnete ich niemandem mehr. Am Camp angekommen, musste ich zuerst mit meinen Schneeschuhen den Schnee vor der Tür der Sattelkammer wegfegen, aber einmal darinnen, entpuppte sie sich als idealer Aufbewahrungsort für das Fleisch. Ehe ich mit meiner Arbeit ganz fertig war, füllte sich der Raum schon mit dem Duft von Pfeffer, und dunkelrote Tropfen begannen, den Boden zu verfärben. Zuerst hatte ich vor, alle Spuren zu entfernen, doch dann ließ ich es bleiben. Schließlich konnte das auch noch im Sommer erledigt werden.

Ehe ich mich zu lange hier aufhielt und ein weiteres Zusammentreffen mit dem Jagdführer riskierte, schnallte ich mir lieber schnell den leeren Rucksack um und machte mich auf den Weg zum Indian Creek. Es war ein langer Weg, aber zumindest am Anfang schien ich dahinzufliegen – vor lauter Erleichterung, das schwere Gewicht des matschigen Fleisches los zu sein.

Bei Einbruch der Dämmerung war ich wieder am Lachskanal und sah zwei Schneemaschinen auf der Straße geparkt. Sie waren nicht von der Forstverwaltung, und ich folgte den Fußabdrücken hinunter zu meinen Fischen. Zwei Männer in Schneeanzügen inspizierten gerade das zugefrorene Ende des Kanals. Ihre Gesichter waren noch vor Kälte gerötet, ein untrügliches Zeichen, dass sie noch nicht lange hier waren.

Sie stellten sich vor und erkundigten sich nach meiner Tätigkeit. Sie seien in meinem Zelt gewesen und hätten nach mir gesucht, sagten sie. Sie sagten dauernd, wie beeindruckt sie seien, dass ich den ganzen Winter so mutterseelenallein hier verbringen würde. Im Herbst hätte mir diese Art von Gespräch noch geschmeichelt, aber jetzt regte ich mich nur darüber auf, dass diese Bastarde einfach in mein Zelt marschiert waren und in meinem Zuhause herumgeschnüffelt hatte, ohne sich Gedanken darüber zu machen.

Ich fragte sie, ob sie Pumajäger seien und was sie hier vorhätten – ich konnte mich eben noch beherrschen, sie nicht zu fragen, was zum Teufel sie hier draußen eigentlich zu suchen hatten. Nein, sie seien nicht auf Pumajagd, nur Sonntagsausflügler. »Um mal für einen Tag aus Hamilton herauszukommen«, erklärten sie.

Ich nickte und mimte Verständnis. Dann meinte ich beiläufig, es sei schon recht spät und fast dunkel, sie sollten sich lieber zu ihrem Nachtlager aufmachen, wo immer das sei. Daraufhin kicherten beide, während wir den Abhang hinauf zu ihren Schneemaschinen stapften. Sie würden in Hamilton übernachten, erklärten sie. Bei ihnen zu Hause im Bett. Sie meinten, mein Zelt sehe ja ganz nett aus, aber zum Übernachten sei das nichts für sie. Sie machten den Reißverschluss ihrer schwarzen Schneeanzüge aus Nylon zu und winkten zum Abschied. Im Scheinwerferlicht ihrer Schneemaschinen brausten sie jetzt die letzten vierzig Meilen ihres Sonntagsausflugs nach Hause.

Ich ging langsam zurück zu meinem Zelt und sah die Orte vor mir, an denen sie jetzt vorbeifuhren: Raven Creek, Magruder Crossing, Magruder, Deep Creek in Richtung Pass, vorbei an der Telefon-Station in Hell's Half Acre, an dem einsamen Schuppen von Slow Gulch und an der halb verfallenen Hütte von Blondie.

Es war eine Welt, die ich sehr gut kannte, aber sie würden in der Dunkelheit außerhalb des Lichtkegels ihrer Scheinwerfer nichts davon sehen. Während ich Holz in meinem Ofen nachlegte, zitternd vor Kälte und Erschöpfung, und darauf wartete, dass mir endlich wieder warm würde, musste ich mir eingestehen, dass meine Wut auf die unbekümmerten Sonntagsausflügler einen tieferen Grund hatte. Es war der Neid, dass sie tun und lassen konnten, was sie wollten.

Schließlich glühte der Ofen, und ich zog einige meiner Wollsachen aus und begann, mein Abendessen vorzubereiten. Ich beschloss, ein Mixed Grill zu machen – Hirschbraten, Elch und Puma. Eine gute Mahlzeit half manchmal über eine schlechte Stimmung hinweg.

Während ich mein Elchsteak auf Schmetterlingsart abschnitt, flüsterte ich zu mir selbst: »Mit deiner heimlichen Räucheraktion hast du dir ja ein schönes Wochenende eingebrockt.« Ich versuchte ein müdes Lachen und spürte sogleich, wie mir die Seiten noch von dem wilden Gelächter mit den Pumajägern schmerzten.

Nach dem Abendessen lehnte ich mich im schummerigen Licht der Lampe zurück und wartete, bis mein Tee fertig war, als ich wieder das Brummen einer Schneemaschine hörte. Es kam den Fluss herauf aus Paradise, ich konnte daher sicher sein, dass es wieder der Ausrüster war. Ich lauschte regungslos, wie die Maschine die Brücke über den Indian Creek passierte und, ohne anzuhalten oder zu wenden, an meiner Wiese vorbeisauste. Es war jetzt schon fast zu spät, um noch über den Pass zu fahren, zurück in die restliche Welt.

Ich dachte daran, wie die Pumajäger die Wildhüter als Besucher verspottet hatten. Aber jetzt waren auch die Pumajäger fort, ich war der Einzige, der hier übrig geblieben war. Ich nahm den Tee und mein Buch, doch die Fragen von Old Ironsides gingen mir immer noch durch den Kopf, und wieder musste ich darüber nachdenken, ob ich von den Jägern, mit denen ich so herzhaft gelacht hatte, doch nur als Alibi missbraucht worden war.

Ich hatte keine rechte Lust zu lesen und nahm den Tee mit nach draußen. Während ich auf die funkelnden Sterne starrte, spürte ich, wie der Dampf in der schwarzen, kalten Nachtluft auf meinen Wangen gefror. Ich jedenfalls war nicht nur ein Besucher hier.

KAPITEL 15

Nun waren alle endgültig abgereist, und ich konnte getrost meine täglichen Wanderungen wieder aufnehmen. Ich versäumte ja niemanden mehr, wenn ich nicht bei meinem Zelt war. Ich verbrachte viel Zeit oben auf den Bergen und genoss die weite Aussicht und die vielen Stunden in der Sonne, nachdem ich so lange Zeit in meiner Felsschlucht eingesperrt gewesen war. Das klare Wetter hielt an, kalt bei Nacht, aber tagsüber wunderschön. Trotz fünf Grad unter null wanderte ich nur mit einem Hemd bekleidet, die Jacke um die Taille gebunden.

Ich ging sparsam mit den Orangen um, die mir der Biologe geschenkt hatte, und hob eine pro Tag für den Berggipfel auf. Oben suchte ich mir eine Stelle aus, wo ich mein Mittagessen verzehrte – kalten Braten, Reste vom Abendessen und Orangen als Nachtisch. Allein der Orangenduft konnte mich in Welten versetzen fernab von meiner Eislandschaft. Wenn ich eine Orange verspeist hatte, saugte ich am Schnee. Mit dem Orangengeschmack im Mund kam ich mir fast wie ein kleiner Junge vor, der ein Eis am Stiel lutschte.

Am ersten Februar kehrte der Biologe zurück, diesmal zusammen mit meinem Boss und nicht mit Old Ironsides. Es gab eigentlich keinen besonderen Anlass für ihren Besuch, außer dass ihre Fahrt im Januar geplatzt war, die sie jetzt nachholen wollten. Die Post hatte man mir schon einige Tage vorher vorbeigebracht. Routinemäßig schauten wir am

Kanal vorbei, der Wildhüter fand alles wie immer in bester Ordnung.

Sie blieben die obligate halbe Stunde, und ehe sie aufbrachen, bat mich der Biologe, irgendwann um den zwölften herum nach Magruder zu wandern und ihnen Bescheid zu sagen, wer aus Missoula mich abholen könnte. Mit einem breiten Grinsen meinte er, sollte es klappen, wären er und seine Frau am Vierzehnten hier – das war Valentinstag. Die Schneemaschine würde ihn her- und mich zurückfahren. Nach drei Tagen würden wir wieder tauschen. Das nannte er ein langes Wochenende. Meine Ferien.

Gegen zwei Uhr nachmittags fuhren sie wieder ab, und die steilen Felswände des Selway verdeckten die Sonne für einen weiteren Tag. Kaum hatte ich von meinen bevorstehenden Ferien erfahren, konnte ich nicht mehr still sitzen. Ich packte meine Schneeschuhe und hastete hinauf auf den Indian Ridge, bis ich wieder in der Sonne stand. Von oben bot sich mir ein Ausblick über die endlosen Ketten der schneebedeckten, windumtosten Bergketten, die nach Osten hin nach Montana zum Bitterroot Valley und weiter nach Missoula führten. Ich konnte es kaum fassen, dass ich in zwei Wochen mit Rader im »Wildtöter« durchs Tal dorthin fahren würde, als ein Besucher aus einer anderen Welt.

Langsam schlug das Wetter um, der Himmel bedeckte sich, und es fiel nasser Schnee. Ich marschierte den ganzen Tag, auch wenn die Flocken sich immer öfter in Schneeregen verwandelten. Die Berge, wenn auch jetzt nicht so bequem zum Wandern, boten auch bei diesem wechselhaften Wetter einen beeindruckenden Anblick. Die Wolken wurden von den Bergketten auseinander getrieben und schwebten in Fetzen über den Tälern. Der Schnee plumpste in großen

Klumpen von den Tannen und machte den Gang durch die Wälder ein wenig unheimlich. Ohne den gleißenden Schneemantel verwandelte sich die Welt ringsum in tiefes Dunkelgrün bis Schwarz, Bruchstücke von grauen Wolken hingen überall, nur auf dem Boden blieb der Schnee noch haften. Eine schwarzweiße Welt. Wenn ich hoch genug kletterte, stand ich mitten in den Wolken, die jede Entfernung in ein graues Nichts auflösten und den Regen in winzigen Kristallfäden direkt auf meine durchnässten Kleider tropfen ließen.

Dann kehrte der echte Schnee zurück, zusammen mit dem Wind, und blieb schwer und nass auf den Baumnadeln kleben. Wieder war die Welt in Weiß gehüllt. Ich spazierte abends durch diese Landschaft hindurch, und wenn ich in mein Zelt zurückkehrte, war ich wie die Bäume überzogen mit verwehtem, pappigem Schnee.

Hoch oben in den Tälern von Indian Creek und Sheep Creek stieß ich immer wieder auf Schneerutsche. Eigentlich waren es eher Lawinen, aber ich nannte sie Schneerutsche, das klang weniger bedrohlich, weniger nach einer Gefahr, die mich ohne jede Spur unter sich begraben konnte. Einen Schneerutsch fand ich auf dem Selway, ein paar Meilen stromabwärts in Richtung Paradise. Er war über den Fluss gerutscht und hatte ihn halb zugeschüttet. Auf meinem Nachhauseweg ließ mich plötzlich ein zischendes Geräusch zusammenzucken, das sich gleich darauf in einen krachenden Donner verwandelte. Ich drehte mich gerade noch rechtzeitig um, als eine von den Schneemassen entwurzelte Zeder quer über den Fluss polterte.

An diesem Abend stand ich draußen vor meinem Zelt und schaute auf die Berge, soweit sie durch den Sturm zu erkennen waren. Durch die dahinziehenden Wolken stachen die schneeverkrusteten Baumstämme für kurze Augenblicke grellweiß hervor. Ich rechnete mir aus, wie breit meine Bergwiese war und wie weit die Lawinen über das offene Gelände rollen konnten. Dann trat ich zurück in mein Zelt und stellte mich in durchnässten Kleidern neben den Ofen. Ich war mir sicher, die Lawinen würden auslaufen, bevor sie meine dünnen Zeltwände erreicht hatten.

Mit der Zeit zehrte das trübe Wetter an meinen Nerven, trotz der ihm eigenen Schönheit. Die Feuchtigkeit und die ständig nassen Wollsachen zermürbten mich. Ich begann, halbe Tage im Zelt zu verbringen, ich werkelte herum, nähte Mokassins, ölte die Gewehre, las und kochte. Nun war ich an den hinteren Teilstücken des Elchs angelangt, und das Fleisch schmeckte immer noch ausgezeichnet. Ganze Abendessen bestritt ich nur mit Fleisch und Tee und schwelgte.

Je näher der Vierzehnte heranrückte, umso intensiver beschäftigte ich mich mit meiner Reise in die Welt hinaus. Ich packte einen Karton voller Sachen, die ich mitnehmen wollte, meist Geschenke ähnlich den Weihnachtsgeschenken für meine Familie. Einen Braten von der Größe einer Drei-Pfund-Kaffeedose nahm ich ebenfalls mit. Endlich konnte ich andere wenigstens ein bisschen an meiner Welt teilhaben lassen.

Am Zehnten ging es auf nach Magruder, damit die Burschen Rader übers Telefon von meinem Besuch verständigten. Es war ein Samstag, also erreichten sie ihn bestimmt in unserer Bude; sie sollten mir Bescheid geben, ob er tatsächlich am Vierzehnten käme. Vor meinem geistigen Auge sah ich alles schon vor mir: den parkenden »Wildtöter« neben dem Schneewall am Straßenrand, daneben Rader, der an der

Motorhaube lehnte, während ich mit vierzig Meilen auf der Schneemaschine heranbrauste, zum ersten Mal als Fahrer.

Die Pumajäger waren ein bis zwei Tage vorher aufgetaucht, aber ich hatte noch nicht allzu viel von ihnen gesehen. Ich blieb bei meinen Wanderungen, und ich hatte nicht mehr das Gefühl, unbedingt beim Zelt bleiben zu müssen, um die Männer zu treffen, zumal ich nicht den Verdacht loswerden konnte, dass sie mich bei ihrem Spielchen mit dem Wildhüter als Werkzeug benutzt hatten. Ich war erst bis Raven Creek gekommen, da stieß ich auf Cary. Wir hielten mitten auf der Straße und plauderten ein wenig. Quer über der Straße lagen immer wieder angerutschte Schneemassen, und er meckerte, dass sie ihm seine Fährten verschütteten. Schon seit zwei Tagen hatte er keine Spuren entdeckt.

Während unseres Gesprächs spitzte Boone die Ohren, und kurz darauf vernahm ich eine Schneemaschine, die näher kam. Ein langer Zug bog um die Kurve, ich erkannte den Ausrüster aus Paradise, hinter ihm tauchte Brian auf, gefolgt von noch ein paar anderen, mir unbekannten Leuten. Langsam gab es hier ein Gedränge.

Brian stoppte die Maschine und erhob sich vom Sattel, wobei er mit behandschuhter Hand auf die Maschinen hinter ihm deutete. Ich blinzelte durch den weißlichen Nebel, da stieg eine der Gestalten von ihrer Maschine herunter und warf die Arme in die Höhe. »Verdammter Fromm!«, erscholl es.

Ich stand wie vom Donner gerührt, doch tatsächlich, es war Rader. Und Sponz. Ich sperrte den Mund auf, dann stürzte ich, so schnell es mir die Schneeschuhe erlaubten, an den Jägern vorbei auf Rader zu. Mit der Schulter stieß ich ihn in den Magen, und wir rollten über die Straße ins dichte Gebüsch am Flussufer.

Wir rappelten uns prustend und spuckend wieder hoch, und mit einem Satz sprang ich zu Sponz hinüber. Ich spürte die missbilligenden Blicke der Jäger. Wir waren wie Kinder, die im Schnee tollten, und gaben nicht gerade das Bild von harten Männern ab. Aber das war mir egal.

Ein wenig später, als die Jäger weiterzogen und Rader und Sponz ihnen immer im Tandem auf ihrer gemieteten Maschine hinterherrasten, überdachte ich, während ich die zwei Meilen zu Fuß ging, ihr Unternehmen etwas ernsthafter. Vorgestern waren Rader und Sponz von Missoula losgefahren, gestern wollten sie hier sein, aber auf dem Weg zum Pass war ihnen der Keilriemen gerissen, und so hatten sie ihre erste Nacht oben auf dem Berg verbracht. Am Samstag wollten sie schon aufgeben und hatten ihre Maschine zurück nach Montana geschoben, doch die Jäger hatten ihnen mit einem Reservekeilriemen und ihrem Know-how aushelfen können.

Daraufhin waren sie sofort wieder losgebraust und hatten die Jäger mit ihren schwer beladenen Maschinen weit hinter sich gelassen. Auf dem Selway waren sie auf ihren ersten Schneerutsch gestoßen. Rader war mit voller Geschwindigkeit auf ihn zugerast, Sponz auf dem Rücksitz hatte sich an ihm festgeklammert, als ginge es um sein nacktes Leben. Die Maschine war an der Steilseite des Schneerutsches vornüber gekippt. Sponz hatte es zu Boden geschleudert, während Rader die Böschung zum Fluss hinunterkullerte.

Zum Glück waren sie nicht verletzt, aber die Windschutzscheibe war kaputt und die Motorhaube eingedrückt. Und die Maschine steckte fest. Die beiden saßen eine Stunde lang herum, schwitzend und fluchend, und wussten nicht, was sie tun sollten. Dann war der Ausrüster aus Paradise wieder vorbeigekommen, und zusammen hatten sie es geschafft, die Maschine wieder auf die Straße zu wuchten. Nachdem das passiert war und noch bis jetzt, folgte Rader den Männern brav wie ein Schatten.

Ich schritt die einsame Straße entlang und sah die spöttisch lächelnden Mienen der Jäger vor mir, wie sie kopfschüttelnd dem Bericht von Raders und Sponz' chaotischen und unüberlegten Unternehmungen zuhörten. Nur wir drei hatten darüber gelacht, und in diesem Augenblick hatte ich mir die Jäger weit fort gewünscht.

Und ich erinnerte mich wieder an die vorwurfsvollen Gesichter der Männer, als ich von der verunglückten Skitour meines Vaters und meines Bruders erzählt hatte. So etwas Unvernünftiges hatten sie noch nie gehört. Warum nicht einfach eine Schneemaschine mieten? Ein Grund dafür war, dass mein Vater und mein Bruder einfach gerne Ski fahren wollten. Es gab aber noch einen anderen Grund, über den ich nie ein Wort verlor. Schneemaschinen waren ihnen gar nicht in den Sinn gekommen. Vor all dem hatten wir noch nie von Dingen wie Schneemaschinen gehört.

Ich schob alle Bedenken beiseite und eilte die letzte Meile stromabwärts. An diesem Abend saßen Rader, Sponz und ich dicht zusammengedrängt in meinem Zelt. Beim Geschichtenerzählen bogen wir uns vor Lachen, es war noch lustiger als mit den Pumajägern.

Am nächsten Tag streiften wir durch die Wälder auf der Suche nach Wildhühnern und strolchten ohne besonderes Ziel in der Gegend herum. Die Temperatur stieg auf zwei Grad plus, und wieder klatschte der Neuschnee von den

Bäumen herab zu Boden. Ein Batzen fiel mir direkt auf den Kopf und schoss mir herunter in den Nacken. Das passierte mir nicht zum ersten Mal, doch jetzt empfand ich es zum ersten Mal als lustig. Ab und zu vernahmen wir eine donnernde Lawine in der Ferne.

Am nächsten Morgen gingen wir nach Magruder, ich wollte ihnen unbedingt die Hütte – mein Traumhaus – vorführen. Die Straße war bedeckt mit Lawinen. Zum Teil waren es kleine, weiße Ausläufer, die wie kleine Schneebälle gerade noch auf die Straße gekullert waren, zum Teil waren es riesige, mit Geröll vollgepflasterte Schneemassen, die die Straße blockierten und aus denen nackte, helle Baumstämme wie abgebrochene Zähne herausstaken. Es war schon schwierig genug, zu Fuß über die Lawinen zu kommen, und wir fragten uns, wie wir das mit einer Schneemaschine hätten bewerkstelligen sollen.

Auf halbem Weg nach Magruder trafen wir Cary; er mühte sich gerade damit ab, einen Schneerutsch zu räumen, er fluchte dabei ununterbrochen, und der Schweiß stand ihm auf der Stirn. Zwei ganze Tage lang schaufelte er schon diesen Schnee weg, sagte er, und er hatte erst die Hälfte der Strecke nach Magruder geschafft, ganze zwei Meilen. Die meiste Räumungsarbeit, die er an einem Tag geschafft hatte, war über Nacht wieder mit Schnee zugeschüttet worden. Langsam fragten sich Rader und Sponz, ob sie jemals wieder hier rauskämen.

Cary entwickelte einen Plan für uns. In Magruder sollten wir uns Schaufeln nehmen und anfangen, in seine Richtung Schnee wegzuräumen. Er war ziemlich sicher, dass Brian und die Mannschaft aus Paradise am Unterlauf des Flusses schon in seine Richtung die Straße frei machten. »Damit wir alle bald hier abhauen können«, sagte er. Nicht alle, dachte ich mir.

Cary bat mich, in Magruder ein paar Freunden von ihm Bescheid zu sagen, sie sollten von der Magruder Seite mit der Räumungsarbeit anfangen; außerdem sollte ich seiner Frau ausrichten, er käme so bald wie möglich. Darauf fiel Rader und Sponz ein, dass sie unbedingt ihre Freundinnen anrufen müssten. Wir ließen Cary wieder buddeln und zogen weiter.

Sobald ich in Magruder angekommen war, rief ich in Montana an, und die Ranger versprachen mir, Carys Nachricht an alle weiterzugeben. Kurz bevor ich auflegte, bat ich sie noch, auch gleich den Biologen in Idaho anzurufen. Sie sollten ihm ausrichten, es hätte keinen Sinn zu kommen. Es bestand nicht die geringste Chance, dass er und seine Frau durchkämen, also konnte er genauso gut zu Hause bleiben.

Es war kein schönes Gefühl, dass mir meine ganze Hoffnung auf diese Art abhanden gekommen war. Doch ein wenig später brieten wir uns große Rumpsteaks, die ich für die Reise eingepackt hatte. Sie gelangen hervorragend, Rader und Sponz konnten gar nicht aufhören, sie zu loben.

Rader und ich blieben lange auf und unterhielten uns – alles durchkauen, wie er sich ausdrückte. Er erzählte mir, er habe vor zu heiraten. Und zwar Lorrie. Das hielt ich zuerst für einen Witz, und beinahe hätte ich Sponz aufgeweckt, um ihn zu fragen, doch Rader meinte es tatsächlich ernst. Er wollte, dass ich zur Hochzeit kam, und ich fragte mich, wie er sich das wohl vorstellte. Er begann, Pläne zu schmieden, und mit einer irrwitzigen Logik fing er an zu überlegen, wie und mit wem ich hier rauskommen könnte, sobald wir die Straße geräumt hätten.

Ich machte mit bei seiner Spinnerei, obwohl ich ganz sicher war, dass es nicht klappen würde. Die Jäger brachen jetzt ihre Zelt endgültig ab und würden alles mitnehmen, was sie auf ihre Maschinen laden konnten. Für mich war da kein Platz.

Als ich im Bett lag und dem leisen Schnarchen lauschte, konnte ich es immer noch nicht fassen, dass Rader heiratete. Das letzte Mal, als ich ihn und Lorrie gesehen hatte, waren sie nicht einmal miteinander aus gewesen. Das lag erst vier Monate zurück, doch auf einmal kam es mir viel länger vor – eine Ewigkeit. Was war noch alles da draußen passiert? Was hatte ich alles versäumt?

Am Morgen bohrte ich mich durch den Schnee vor der Tür des Geräteschuppens und fischte drei Schaufeln heraus. Jetzt ging es an die Arbeit. Wir rackerten wie Verrückte, die verharschten Schneetrümmer waren beinahe so hart wie Eis. Wir schlängelten uns um die in den Schnee gebetteten Felsen und Baumstämme herum und wanden unseren Pfad zwischen kleinen und großen Lawinen hindurch. Bei Einbruch der Dunkelheit hatten wir alle Blasen an den Händen, doch noch immer waren wir nicht bis zu Cary vorgedrungen.

Am Tag darauf standen wir völlig zerschlagen auf, schleppten uns mühsam unseren Pfad entlang und fingen wieder mit dem Schaufeln an. Wir sahen etliche Lawinen den Abhang herunterstürzen, allerdings keine sehr großen. Einmal mussten wir sogar blitzschnell zur Seite springen, um nicht von einer verschüttet zu werden.

Am Nachmittag trafen wir auf Cary. Endlich konnten wir uns, auf unsere Schaufeln gelehnt, ein wenig ausruhen. Eine

Gruppe von Männern hatte von Paradise aus Magruder Crossing schon erreicht. Nun war der Weg nach Magruder frei. Der Zustand der Straße würde es ihnen möglicherweise erlauben, morgen über den Pass zu fahren. Einige Männer aus Paradise machten sich schon auf den Weg zu ihrem Camp, um ihre Zelte abzubrechen. Am nächsten Morgen in alle Frühe wollten sie los.

Rader und Sponz beschlossen, zum Indian Creek zu wandern, wo ihre gemietete Schneemaschine stand, und zu packen. Sie wollten dort übernachten und sich morgens dem Zug der Paradise-Leute anschließen. Ich selber hatte vor, nach Magruder zu gehen, dort alles in Ordnung zu bringen und ihre zurückgebliebenen Sachen zu packen. Vielleicht würde ich die Nacht dort allein verbringen oder hierher zurückkehren und in Carys Zelt schlafen.

Ich war nicht gerade begeistert bei der Vorstellung, die letzten Stunden ihres Besuchs auf diese Art zu verschwenden, aber Rader hatte keine Lust, am nächsten Morgen den Umweg über Magruder zu machen, um seine Sachen auf die Maschine zu laden. So wie die Jäger zum Aufbruch drängten, kamen Rader Bedenken, ob sie auf ihn warten würden, wenn er in Magruder herumtrödelte. Schon die Herfahrt hatte ihm und Sponz große Schwierigkeiten bereitet, obwohl die Straße damals frei gewesen war. Daher wollte Rader auf keinen Fall alleine die Rückfahrt antreten, nicht, wenn er sich anderen Leuten anschließen konnte.

Und als Cary, der Fachmann, der große Pumajäger, dies als den besten Plan guthieß, war die Sache besiegelt. So wanderte ich alleine zurück nach Magruder, Boone immer an meinen Fersen. Nachdem die Hütte aufgeräumt und alles gepackt war, hatte ich keinen Grund mehr zu bleiben. Ohne das dauernde Gequatsche von Rader und Sponz war es auf einmal fürchterlich leer in der alten Hütte. Ich schulterte Raders Gepäck und machte mich auf zu Carys Zelt, obwohl es schon recht spät war.

Kurz vor Einbruch der Dunkelheit traf ich dort ein, und bald darauf hörten Cary und ich einige Schneemaschinen herankommen. Drei seiner Freunde erreichten uns auf ihren Knattermaschinen, sie waren voll beladen mit Äxten, Schaufeln und Pickeln. Die Räumungsmannschaft.

An diesem Abend herrschte eine recht drangvolle Enge mit neun Mann im Zelt. Wir blieben bis tief in die Nacht auf und erzählten uns weitere Märchen und Lügengeschichten. Es hätte genauso lustig und ausgelassen sein können wie bei anderen Gelegenheiten, aber meine Gedanken waren unten am Indian Creek, wo Rader und Sponz alleine in meinem Zelt saßen und sich wahrscheinlich mit flauem Gefühl im Magen überlegten, wie sie ihre Maschine durch die Haarnadelkurven auf unserem engen, holprigen Weg über die Schneerutsche manövrieren würden, um nicht zurückzubleiben und die Räumungsexperten nicht aus den Augen zu verlieren. Nach dem Prinzip: je mehr Leute, umso geringer die Gefahr.

Auch ich hatte Bauchgrimmen, obwohl ich von Gelächter umgeben in einem überfüllten, verrauchten Zelt saß. Nun würden sie alle endgültig abfahren, und nach den langen Tagen gemeinsam mit meinen Freunden hatte ich Angst, dass der Fluss, die Berge und die Wälder mir wieder fremd würden. Ich fürchtete, das Gefühl von Einsamkeit aus den Novembertagen könnte mich wieder übermannen. Ich dachte daran, wie der letzte Rauch der Auspuffgase verfliegen würde, hörte das letzte Maschinengedröhn und sah mich schon auf meinem langen Weg allein zum Zelt durch den Nieselregen gehen, über die holprigen Pfade, die wir so eilig geschaufelt hatten und die dann schon wieder überflüssig geworden wären.

Am Morgen fuhr eine der Schneemaschinen mit ein paar Reservekeilriemen hinunter zur Mannschaft in Paradise. Ich nutzte die Gelegenheit und fuhr mit. Wir waren noch nicht weit gefahren, da stießen wir schon auf die anderen Männer. Sie hatten Paradise wohl noch vor Morgengrauen verlassen. Rader und Sponz waren schon in ihrem Schlepptau, und Sponz erzählte aufgeregt, wie er hinter Rader sitzend Lawinen herabstürzen und sie beide in den Tod rasen sah. Warum um Gottes willen hatten wir die Wege nicht breiter angelegt, fragte er.

Plötzlich brüllte der Ausrüster über seine Schulter, es sei an der Zeit loszufahren. »Haut bloß ab, ehe der ganze verdammte Berg herunterrutscht«, schrie er. Also blieb nichts anderes übrig, als Rader und Sponz die Hände zu schütteln und ihnen viel Glück zu wünschen. Dann fuhren sie mit knatternden Motoren davon. Ich machte mich alleine auf den Weg durch den Nieselregen. Im Zelt dann schürte ich das Feuer und las die Nachricht, die sie mir hinterlassen hatten. Ich spürte, wie mich die Niedergeschlagenheit mit der Wucht einer riesigen Lawine zu Boden zu werfen drohte.

Kurz entschlossen sprang ich auf und machte meinen Kontrollgang zum Kanal, jedes Stückchen Eis wurde fein säuberlich weggekratzt, obwohl bei dem warmen Wetter so gut wie nichts die Strömung behinderte. Als das erledigt war, trug ich Wasser und Brennholz ins Zelt. Wie besessen fegte ich den alten Teppich und ließ auch nicht den geringsten Holzsplitter im Gewebe zurück.

Ich zerdrückte die leeren Bierdosen, um fieberhaft jegliche Spur meines Besuches zu entfernen, alles sollte so wie früher aussehen. Doch ich hatte noch ihr Gelächter im Ohr und roch den Zigarettengeruch, den die Zeltleinwand verströmte.

Mein Ablenkungsmanöver klappte so lange, bis es dunkel wurde. Ich verspürte zwar keinen Hunger, doch ich zwang mich, alle Handgriffe wie sonst zu tätigen. Ich saß ratlos bei Tisch und überlegte, was ich als Nächstes tun könnte. Ich dachte an den Besuch des Biologen, der in letzter Minute geplatzt war, und fragte mich, ob ich je wieder hier herauskäme. Ich erinnerte mich an das Gebrüll des Ausrüsters, so schnell wie möglich die Berge zu verlassen, ehe jeder Ausweg versperrt war. Ich kam mir vor, als hätte ich als Einziger den Zug verpasst.

Ich sah mich um im trüben Licht des Zeltes. Kaum traf mein Blick auf Boone, wedelte sie wie immer mit dem Schwanz. Meine Kehle war so ausgetrocknet, dass ich mehrmals schlucken musste. Ich packte meine Fausthandschuhe aus Hirschleder, zog sie an und wedelte mit der Hand, das Zeichen zum Spielen. In Sekundenschnelle sprang Boone auf den Handschuh zu und verbiss ihre Zähne im Leder. Ich riss meine Hand noch heftiger hin und her, bis sie vor Wut knurrte, aber keinen Deut nachließ.

Bald waren wir auf der Bergwiese. Der Regen hatte sich wieder in Schnee verwandelt, und wir liefen uns in der Finsternis hinterher, laut rief ich Boone zu, und sie bellte zurück, doch die Bäume, behangen mit schwerem, nassem Schnee, verschluckten jeden Laut unserer Stimmen.

KAPITEL 16

Im Laufe der Woche bemühte ich mich, wieder in Schwung zu kommen, ich rief mir meine Wanderungen in Erinnerung , ich dachte an das Gefühl der Erleichterung bei der Abreise der Jäger und wie sehr es mir Spaß gemacht hatte, endlich wieder allein zu sein. Aber ich kam einfach nicht darüber hinweg, dass der Plan des Biologen ins Wasser gefallen und Raders Besuch mehr oder weniger in ein hektisches Schneeschaufeln ausgeartet war.

Noch vor Ende der Woche schmiedete ich Pläne für meinen Abmarsch. In zwei Tagen wollte ich hier draußen sein, mit einer Übernachtung in Blondies Schuppen. Wenn ich einmal auf der Straße war, würde ich so lange weiterwandern, bis sich eine Mitfahrgelegenheit ergab, wenigstens bis zu einem Telefonhäuschen, um Rader anzurufen. Bei den Temperaturen der letzten Zeit könnte ich den Kanal ohne weiteres allein lassen. Ich fühlte mich um meine Ferien betrogen, und das wollte ich einfach nicht hinnehmen. Ich wollte zurück in die Welt. Ich wollte mein langes Wochenende haben.

Kaum hatte ich meine Abreise beschlossen, klarte der Himmel auf, und nachts wurde es kalt. Ich machte mir Sorgen um den Kanal, obwohl das Wasser nicht mehr gefroren war und kein Eis die Strömung behinderte wie zur Zeit der Kälteeinbrüche. Nachdem ich ein paar Tage nacheinander jeden Morgen nachgesehen hatte, gab ich mir grünes Licht. In der Nacht schneite es, und ich konnte die Radiostation in Boise empfangen. Der Wetterbericht klang einfach perfekt –

es war keine nahe Kältewelle zu erwarten. Ich packte sorgfältig meinen Rucksack, darunter auch einige Geschenke, die ich in Missoula verteilen wollte, obschon sie mir jetzt gar nicht mehr so wichtig vorkamen. Rauskommen, das war das Einzige, was wirklich zählte.

Draußen war es sternenklare Nacht, als ich am nächsten Morgen in aller Frühe aufstand. Schnell rannte ich zum Kanal, um nach dem Rechten zu sehen. Dann packte ich mein Zeug und wanderte zum Pass. Unter dem frisch gefallenen Schnee lag eine vereiste Kruste, hart genug, um mein Gewicht wenigstens bis Mittag zu tragen, danach würde ich in der warmen Sonne wieder bei jedem Schritt tief einsinken. Die Schneeschuhe hatte ich an meinen Rucksack gebunden. Ich kam flott voran. Bis zu Blondies Hütte war es eine lange Strecke von fünfundzwanzig Meilen, aber ich hoffte, sie ohne weitere Schwierigkeiten hinter mich zu bringen. Ich malte mir Raders Gesicht aus, wenn ich mit meinem Rucksack bei ihm auftauchen und, in Wollsachen gehüllt, in Stiefeln aus Lammfell, die Haare hinten zu einem Pferdeschwanz gebunden, mit Boone an meinen Fersen, vor seiner Tür stehen würde. Wie eine Geistererscheinung.

Ich war zwar vor Tagesanbruch losmarschiert, aber die Mondsichel spendete mir genügend Licht. Mit schnellen Schritten eilte ich über den silbrigen Neuschnee. Die Stille war wohltuend nach dem wochenlangen Knirschen und Knacken bei jedem Schritt. Es ging rauf und runter über Lawinen. In kürzester Zeit hatten wir zwei Meilen zurückgelegt. Plötzlich sträubten sich Boones Nackenhaare.

Auf meinem Weg zurück in die Zivilisation hatte ich zum ersten Mal keine Waffe mitgenommen. Langsam pirschte ich mich voran, Boone hinterher. Ich hatte sie bisher nur ein einziges Mal ihre Haare sträuben sehen, und zwar eines Nachts, als sie mich mit ihrem Knurren aufgeweckt hatte und ich im Licht meiner Taschenlampe eine Wapitihirschkuh erblickte, die gerade blitzschnell ihren Kopf aus dem vorderen Eingang meines Zelts zurückzog.

Wir liefen um eine Biegung des Flusses und stießen wieder auf einen verschmutzten Schneerutsch, durch den kein Weg geschaufelt war. Eben wurde es hell genug, um die Umgebung genau zu erkennen. Boone war immer noch bei Fuß. Wir kletterten den Schneerutsch hinauf, als Boone plötzlich zu knurren begann. Sofort verlangsamte ich meine Schritte, aber ich brannte vor Neugierde.

Oben auf dem Schneerutsch fand ich eine verendete Hirschkuh. Aus der Wunde ihrer aufgerissenen Flanke dampfte es. Boones Knurren im Ohr, spähte ich vorsichtig durch die schattigen Tannen, konnte aber nichts entdecken. Ich sah mich weiter um, ohne irgendwelche Spuren zu finden, die auf eine weitere Verletzung des Tieres hinwiesen. Oberhalb der Stelle, wo die tote Hirschkuh lag, entdeckte ich zuerst eine Vertiefung im Schnee und etwas weiter davon eine zweite, etwas kleinere Vertiefung, von der eine Schleifspur bis zum Tierkadaver führte – wahrscheinlich war die Hirschkuh von irgendwo herabgestürzt, auf den Schnee aufgeprallt und ein Stück heruntergeschlittert.

Ich blickte auf den Felsen über mir. Es war wohl ein Sturz aus etwa zehn bis fünfzehn Metern Höhe gewesen. Aber ein Wild stürzt nicht so einfach von einem Felsen herunter. Ich sah mich wieder um, fand aber keinerlei weitere Anhaltspunkte. Als Boone die Hirschkuh gefunden hatte, knurrte sie nicht mehr. Sie schnüffelte an dem Tier herum und setzte sich daneben.

Ich wanderte um den Schneerutsch herum und entdeckte jetzt eine Schleifspur, die den Schneerutsch hinabführte. Im Neuschnee war sie leichter zu erkennen; es handelte sich um eine sanfte Vertiefung von etwa zwanzig Zentimetern.

Ich untersuchte das Wild noch einmal und rollte es zur Seite. Die Wunde war ganz frisch, die Eingeweide waren noch warm. Ich konnte mir keinen anderen Grund für die Schleifspur denken, als dass irgendein Tier ein Stück des Fleisches gerissen und es weggeschleift hatte. Aber kein Körperstück fehlte. Waren es vielleicht zwei Hirsche gewesen? Ich forschte weiter und hielt dies schließlich für unwahrscheinlich. In der Schleifspur war kein Blut zu sehen. Ich konnte mir keinen Reim darauf machen, und wieder starrte ich zwischen die schwarzen Bäume, ehe ich der Fährte nachging.

Nach der ersten Biegung führte die Spur geradewegs weiter über die frisch gefallene Schneedecke und machte wieder eine Kurve. Nirgendwo waren Fußspuren zu sehen, nur diese glatte Vertiefung im Schnee. Ich hatte keine Ahnung, womit ich es hier zu tun haben könnte. Boones Verhalten wurde auf einmal wieder eigenartig, ihre Nackenhaare sträubten sich, und sie begann erneut zu knurren. Was für ein Pech, dass ich mein Gewehr nicht dabeihatte.

Auf Zehenspitzen schlich ich vorsichtig durch den Schnee neben der Schleifspur. Wahrscheinlich müsste ich den ganzen Weg wieder zurückgehen und erneut alles genau unter die Lupe nehmen, also wollte ich mit meinen Schritten nicht meine einzigen Anhaltspunkte verwischen.

Kaum bogen wir um die nächste Kurve, da stürmte Boone los. Die Schleifspur führte direkt auf einen Rotluchs zu, der auf der Straße saß. In dem Augenblick, als ich ihn sah, wirbelte der Rotluchs gerade herum und holte mit ausgefahrenen Krallen zu einem Schlag gegen Boone aus.

Um Haaresbreite hätte es Boone erwischt, doch sie zog ihren Angriff rechtzeitig zurück und rannte an meine Seite. Der Rotluchs starrte uns aus glühenden Augen an, dann wandte er sich um und schleppte sich mühsam hinunter zur Straße. Er steuerte Richtung Felsen auf eine baumgeschützte Schneemulde zu.

Jetzt zählte ich zwei und zwei zusammen: Der Rotluchs und das Wild waren gemeinsam vom Felsen heruntergestürzt, dabei war die Hirschkuh verendet, während der Rotfuchs Verletzungen davongetragen hatte. Offensichtlich war er jetzt auf der linken Seite von der Mitte des Rückgrats an gelähmt. Ich sah, wie er zum Baum kroch, wo sein Rücken geschützt wäre und er seinen letzten Widerstand leisten könnte. Doch er hatte Schwierigkeiten, bergauf zu kommen, und war gezwungen, immer wieder innezuhalten und zu verschnaufen. Neunzig Meter hatte er sich schon von der Absturzstelle fortgeschleppt.

Ich war so verdattert, dass ich erst einmal überhaupt nicht reagierte und einen Augenblick einfach still stand. Seine gelähmte Hüfte und sein gelähmtes Bein hatten die Schleifspur verursacht. An der Seite hatte sein Fell schwarze Punkte, die am Rücken von gesprenkeltem Hellbraun in Gelbbraun und schließlich auf dem Bauch in ein leuchtendes Weiß übergingen. Die Sohlen seiner gelähmten Tatzen waren schwarz, schwarze Haare wuchsen ihm zwischen den Zehen. Der untere Teil seines Körpers, den er nachziehen musste, hatte die Spuren seiner Vorderpfoten verwischt.

Die leichte Anhöhe zum Baum hinauf musste er alle drei oder vier Schritte innehalten. Er hechelte mit leicht geöffnetem Maul, aus dem seine rosa Zungenspitze heraushing. Wahrscheinlich hatte er auch innere Verletzungen erlitten.

Ich sah, wie sich die Rippen des Tieres angestrengt hoben und senkten, während es um jeden Atemzug rang, und wie es ihm offensichtlich Schmerzen bereitete, sich auf drei Beinen vorwärts zu schleppen.

Ich hob einen großen Stein vom Flussufer auf und hielt ihn in der rechten Hand erhoben, bereit, den Schädel des verkrüppelten Tieres einzuschlagen. Ich wollte seinen Qualen so schnell wie möglich ein Ende bereiten.

Der Rotluchs hörte mich herannahen und blickte über die Schulter. Dann wandte er sich zu mir um, fauchend wie eine Katze, nur lauter und gefährlicher. Blitzschnell holte er mit seiner Vorderpfote aus. Dann schleppte er sich mir entgegen, die glühenden Augenschlitze loderten feindselig. Obschon er tödlich verwundet war, war er wie von unsichtbaren Kräften getrieben, bereit, mich anzugreifen.

Seine Augen starrten mich unentwegt an, ich konnte mich nur schwer seinem Blick entziehen. Unbeirrt schleifte er sich auf mich zu, zeigte die Krallen und gab fauchende und zischende Laute von sich. Schnell machte ich einen Schritt rückwärts. Als Boone zu knurren anfing, fauchte der Rotluchs erst richtig los. Er taumelte einen Schritt nach vorn, die Ohren flach angelegt, und stieß ein Gebrüll aus wie ein Löwe.

Ich ließ den Stein zu Boden fallen und verzog mich zum Ufer. Ich stöberte mit den Füßen herum, bis ich auf einen Stock aus Kiefernholz stieß – etwa zweieinhalb Meter lang und dicker als ein Baseballschläger. Dann stieg ich wieder die Böschung hinauf. Der Rotluchs saß regungslos da und schien Kräfte zu sammeln.

Kaum hatte er mich erblickt, legte er wieder seine Ohren an und schleppte sich weiter in meine Richtung. Ich hob den Prügel und starrte in die gelben Augenschlitze. Noch nie im Leben hatte ich so viel geballter Wut und wilder Entschlossenheit gegenübergestanden.

Ich hielt kurz inne, ehe ich mit dem Prügel ausholte, und der Rotluchs erstarrte für einen Augenblick. Er ahnte wohl, was ihm bevorstand. Dann senkte sich sein Kopf zwischen die Schultern herab. Ich ließ den Prügel mit aller Gewalt niedersausen.

Der Prügel brach auf dem Kopf des Rotluchses entzwei, er war sofort tot. Eine ganze Minute lang starrte ich ihn wie versteinert an, ehe ich seine Seiten untersuchte, um nachzusehen, ob er vielleicht noch atmete. Schließlich ließ ich ihn erst einmal liegen und ging den Felsen hinauf, wo ich am Felsrand die Fährte des Wilds entdeckt hatte. Das wilde Zickzack der Fußtritte gab mir Rätsel auf, vom Rotluchs waren keinerlei Spuren zu entdecken. Dann fand ich ein Haarbüschel. Und noch eines. Er musste sich wohl auf dem Rücken der Hirschkuh festgekrallt und sie mit den Zähnen bearbeitet haben.

Diese Spur führte etwa fünfundzwanzig Meter weit zurück, bis zu einer Stelle mit tiefen Abdrücken im Schnee; das musste die Stelle sein, an der der Rotluchs auf die Hirschkuh gesprungen war. Es waren nur zwei tiefe Stellen zu erkennen, die zu einer Schneemulde unter einer kleinen Kiefer führten. Dort hatte der Rotluchs dem Wild aufgelauert. Das Wild war keine drei Meter von der Kiefer entfernt gewesen, an seinen Trittspuren war zu erkennen, dass es gemächlich gegangen war und sich dabei Zweige von den Bäumen gerupft hatte.

Der Punkt, an dem der Rotluchs zum ersten Mal gesprungen war, befand sich einen knappen Meter neben der Fährte des Wilds. Die Hirschkuh war geflüchtet, während der Rotluchs ihr nachgejagt war. Dann kam der letzte Sprung und der wilde, verzweifelte Kampf vor dem Sturz. Ich fragte mich, ob die Hirschkuh den Abgrund gesehen hatte oder ob sie vom Beißen und Krallen des Rotluchses einfach hinuntergetrieben worden war.

Vorsichtig ging ich wieder den Felsen hinab und hob den Rotluchs hoch. Er war erstaunlich schwer, wahrscheinlich um die vierzig Pfund. Ich ließ ihn wieder zu Boden fallen und setzte mich neben ihn in den Schnee. Behutsam strich ich das Fell glatt – ich konnte immer noch nicht recht fassen, wie er zu Tode gekommen war. Doch in meiner Vorstellung sah ich mich wieder bei meiner siegreichen Ankunft in Raders Bude, und meine Erscheinung wurde in meiner Fantasie noch beeindruckender durch den mächtigen Rotluchs, der als Trophäe lässig über meinen Rucksack geworfen war. Es würde eine ziemliche Tortur werden, ihn hier wegzuschleppen. Trotzdem schnallte ich ihn auf meinen Rucksack; diesem beeindruckenden Bild von mir konnte ich einfach nicht widerstehen. Was hätte einem Trapper mehr entsprechen können?

Ich beeilte mich voranzukommen, während ich diesen heroischen Bildern nachhing. Neue Lawinen, über die noch keine geräumten Pfade führten, zwangen mich, langsamer zu gehen, trotzdem war ich innerhalb von zwei Stunden in Magruder Crossing. Eine gute Zeit für sechs Meilen, wenn man die Verzögerung mit dem Rotluchs einrechnete. Ich begann, das zusätzliche Gewicht auf meinem Rucksack zu spüren, trotzdem hetzte ich weiter, um vor Einbruch der

Dunkelheit Blondies Schuppen zu erreichen. Auf dem Rücken eines weiteren Schneerutsches scheuchte ich eine Wapitihirschkuh von ihrem Lager mitten auf dem Pfad auf, den wir selbst ausgeschaufelt hatten. Mit angstgeweiteten Augen jagte sie krachenden Hufes quer über den Fluss und verschwand zwischen den Bäumen. Ich pfiff Boone zu mir und schlurfte weiter.

In Magruder war meine Erregung über das Abenteuer mit dem Rotluchs etwas abgeklungen, sodass sogar meine heldenhaften Fantasiebilder langsam an Glanz verloren. Ich musste unbedingt in West Fork anrufen, um sicherzugehen, dass niemand herkam. Ich ließ meinen Rücksack auf die Straße fallen und plumpste gleich daneben. Das zusätzliche Gewicht war für meine Beine zu viel, ich saß im Schnee und rieb meine Glieder. Nach ein paar Minuten Pause nahm ich wieder den Rucksack hoch und versteckte ihn unter einem Baum. Dann schlurfte ich zur Hütte mit dem Telefon.

Ehe ich wählte, dachte ich mir einen Plan aus, wie ich Rader zum Ende der Straße bestellen könnte, damit ich nicht den ganzen Weg zu Fuß gehen musste. Ich würde den Rangers sagen, sie sollten ihm telefonisch ausrichten, dass ein Freund von mir am nächsten Morgen um vier Uhr in Missoula ankomme und ihn bitte, ihn bis zu mir hinaufzubringen. Ich würde den Namen seines besten Freundes aus Ohio angeben, den ich selbst nicht kannte. Hoffentlich würde Rader kapieren, worum es ging. Mit einem triumphierenden Lächeln hob ich den Hörer ab und begann zu kurbeln. Genialer Einfall.

Am anderen Ende hob ein Ranger ab, und ich stellte als erstes meine Routinefrage, wann der Wildhüter herkäme. Er wusste es nicht und ging, um den Termin nachzusehen, das gab mir Zeit, meinen Plan schnell noch einmal durchzuspielen. Es würde wie am Schnürchen klappen. Beinahe hätte ich losgekichert. Der Ranger kam zurück und sagte mir, die Wildhüter seien in einer Woche fällig. Ich überlegte schnell, ob dann die Spuren meines Hin- und Rückwegs im Schnee immer noch sichtbar sein würden. Es würde jedenfalls sehr knapp werden.

Dann erwähnte er noch, in den nächsten zwei Tagen würden ein paar hohe Tiere von der Forstverwaltung auf einer Art Informationsreise hier antanzen, es würde dann nur so von Biologen und Bürohengsten wimmeln. Damit waren alle meine Pläne, hier herauszukommen, ins Wasser gefallen, bevor er mich noch fragen konnte, ob ich irgendetwas bräuchte oder ob sie mir irgendetwas mitbringen könnten. Langsam glaubte ich, ein Fluch lastete auf mir. Würde ich diesen Ort jemals verlassen können?

Nein, sagte ich, eigentlich bräuchte ich nichts. Nach ein paar Sekunden fügte ich aber hinzu: »Vielleicht ein paar Kerzen.« Ich mochte Kerzenlicht. Dann startete ich noch einen letzten Versuch, meinen Plan zu retten, und sagte ihm, dass sich die Lawinenlage auf den Straßen verschlimmert hätte, es seien neue hinzugekommen, die die Durchfahrt behinderten. Er bedankte sich für die Information und meinte, er würde es den hohen Tieren durchgeben. Dann fügte er noch hinzu, es würde ihnen gut tun, wenn sie ihren Hintern mal für eine richtige Arbeit hochkriegen müssten. Ich lachte, wie es von mir erwartet wurde, und hängte auf.

Für einen Augenblick starrte ich wütend das Telefon an, dann brach ich in heftige Flüche aus. So ein Mist! Nicht nur, dass sich mein großartiger Aufbruch nach draußen als falscher Traum erwiesen hatte, nein, ich konnte nicht einmal hier übernachten. Zweifellos würden sich die hohen Tiere in der Stationshütte niederlassen.

Wütend stampfte ich die Straße hoch zu meinem Rucksack, warf ihn mir um, ohne zu bedenken, wie schwer er war. Stöhnend folgte ich meiner Spur wieder zurück. Zwanzig Meilen Fußwanderung standen mir bevor, ich war in einem großen Kreis gewandert.

Umkehren fiel mir jetzt genauso schwer wie damals, als ich meinen Vater und meinen Bruder hinter mir lassen musste. Auf halbem Weg zum Indian Creek konnte ich kaum mehr einen Fuß vor den anderen setzen. Nach jeder Meile musste ich eine Atempause einlegen und mich neben meinen Rucksack auf den Boden fallen lassen. Beim Aufstehen fiel es mir zunehmend schwerer, ihn wieder umzuschnallen, und schließlich ließ ich mich einfach mit dem Rucksack auf dem Rücken in den Schnee plumpsen. Dass mein Zustand langsam bedenklich wurde, merkte ich in einer dieser kleinen Verschnaufpausen, in der ich einfach teilnahmslos im Schnee sitzen blieb, als ich pinkeln musste. Ich nahm den Rucksack ab und ging an den Fluss, um zu trinken. Ich tauchte meinen Trinkbecher in eines der kleinen Löcher, die sich auf der Eisdecke über dem Fluss gebildet hatten, trank etwas und ruhte mich ein wenig aus. Dann schleppte ich mich zurück und zog die Plätzchen hervor, die Rader und Sponz mir geschenkt hatten. Es waren hausgemachte Butterplätzchen mit Schokoladen-, Nuss- und Kokosgeschmack, unglaubliche Köstlichkeiten, von denen ich einfach überwältigt war. So etwas hatte ich seit meinem Aufenthalt hier nicht mehr gekostet. Ich verputzte die ganze Schachtel und beobachtete dabei meine zitternden Beine.

Ich befand mich in der Furt, wo früher die Nez-Perce-Indianer auf dem Weg von ihrer Heimat in Idaho zur Büffeljagd nach Montana den Selway überquert hatten. In ihrem Verlauf konnte man noch Bäume mit ringförmig ausgeschnittenen Rinden entdecken. Da es in dieser rauen Berggegend oft keine andere Nahrung mehr gab als Baumrinde, hatten sie sich davon ernährt. Ich konnte mir ihre verzweifelte Reise durch diese unwegsame Landschaft in das gelobte Land von Montana lebhaft vorstellen. Ich schulterte meinen Rucksack und wanderte tief in die Berge hinein zu meinem Zelt. Als ich an der verendeten Hirschkuh vorbeikam, flatterten etliche Raben krächzend von dem Kadaver auf, und ein einzelner junger Steinadler schwang sich mit schweren Flügelschlägen in lautlosem Flug den Fluss hinunter. Zu Hause angekommen, schleuderte ich den Rucksack von mir, als wäre er mein Feind. Ich machte ein Feuer und ließ mich aufs Bett fallen, dabei dachte ich daran, wie ich den Rotluchs achtzehn Meilen geschleppt hatte, obwohl ich ihn nur zwei Meilen von meinem Zelt gefunden hatte. Eigentlich hätte ich mich über meine Unklugheit ärgern müssen, aber ich musste darüber lachen. Und ausgerechnet ich hatte Rader und Sponz für Greenhorns gehalten! Ich würde wohl nie hier herauskommen. Doch mir wurde auch klar, dass ich die ganze Geschichte mit dem Rotluchs nicht erlebt hätte, wäre ich einen Tag früher oder später losmarschiert. Ich hatte mir stets darüber Gedanken gemacht, was mir wohl draußen in der Zivilisation alles entginge, dabei war es mir nie in den Sinne gekommen zu fragen, was ich hier alles versäumen könnte.

Ich rappelte mich hoch und schlüpfte in meine Hausmokassins. Beinahe war ich froh, dass ich nicht herausgekommen war. Ich könnte noch ein ganzes Leben lang in der Zivilisation verbringen, aber hier draußen war ich nur für ein paar Monate.

Nach dem Abendessen nahm ich den Rotluchs von meinem Rucksack und begann, ihn zu häuten. Jeder der Handgriffe, die Cary beim Häuten des Pumas getan hatte, war mir noch in Erinnerung, und ich befolgte sie genau. Das Fell löste sich, und große Stellen mit gestocktem Blut und riesige Quetschungen über der linken Hüfte und im mittleren Teil der Wirbelsäule wurden sichtbar. Wirbelsäule, Hüfte und das linke Bein waren gebrochen. Vielleicht war der Rotluchs beim Fall unter der Hirschkuh gelandet, denn offensichtlich war er nicht mit den Füßen aufgekommen.

Ich untersuchte das Gebiss. Die Fangzähne waren brüchig und teilweise herausgebrochen, nicht durch den Fall, sondern aus Altersgründen. Kein Einziger war intakt. Sie hatten nur mehr ein Drittel ihrer normalen Größe und waren stumpf. Mit diesem Gebiss hätte die alte Bestie keine Chance gehabt, die Hirschkuh zu reißen.

Nie hätte ich geahnt, dass dergleichen in der Natur vorkam, und nur durch einen Zufall war ich Zeuge dieses Schauspiels geworden. Das alles hätte ich nicht erlebt, wenn ich in der Stadt mit meinen Freunden meine Zeit verbummelt hätte.

Ich war mit dem Häuten fertig und rollte vorsichtig das Fell ein, um es im Führerhaus meines Lasters zu lagern, dem einzigen Platz, an dem es hier sicher war, sogar vor den Mäusen.

In Erwartung der Invasion der hohen Tiere von der Forstverwaltung hielt ich mich in der nächsten Zeit in der Nähe meines Zeltes auf. Ich sah bei der verendeten Hirschkuh nach und fragte mich, wann die Koyoten sie wohl entdecken würden, und ob ich den Steinadler wiedersehen würde. Von wo kam er? Wie hatte er herausgefunden, dass es hier Aas gab? Während ich weiter auf die Leute von der Forstverwaltung wartete, trieb mich die Neugier immer wieder zu dem verendeten Wild.

Ich fand heraus, dass die Raben Wachen postiert hatten, eine flussaufwärts und eine flussabwärts der Stelle, wo der Kadaver lag. Immer wenn ich auf meinem Weg zu dem Kadaver war, flatterte ein Rabe ein paar hundert Meter davor aus einem Baum hervor. Der Steinadler bearbeitete immer noch das Aas, aber wenn ich kam, flüchtete er gemeinsam mit den Raben. Die Spuren, die er im Schnee hinterließ, waren so groß wie mein Handteller und stachen aus dem Gewirr der Rabentritte hervor. Ich konnte kaum fassen, wie groß der Adler war.

Ich dachte mir ein Versteckspiel mit den Raben aus, indem ich mich durch die Bäume heranschlich, um sie zu überrumpeln. Aber sie erwischten mich regelmäßig, wenn ich den Fluss entlangging, der, seit er zugefroren war, für Mensch und Tier zu einer Art Highway geworden war.

Nach einer Weile schlich ich in einem großen Kreis um sie herum und kletterte den Felsen hinauf, um über den Abgrund hinunterzuspähen. Jetzt hatte ich sie im Blick, fünfzehn Raben an der Zahl. Über meinen gelungenen Trick musste ich laut loslachen, worauf sie blitzschnell aufflogen und wie schwarze Schatten zwischen die Bäume entflohen. Meinen Anschleichweg über den Felsen fanden sie nie heraus, und so konnte ich sie oft dabei beobachten, wie sie auf dem Kadaver saßen und Fleischstückchen herausrissen oder wie sie im Kreis herumstanden, wenn der Adler sich gütlich tat, sofort bereit, sich auf das Tier zu stürzen, wenn er fortgeflogen war.

Erst nach vier Tagen entdeckten die Koyoten den Kadaver. Ihre Fußtritte hatten den Schnee vollkommen platt gedrückt. Zurück blieb ein kleiner Schmutzfleck mit verdautem Gras aus dem Hirschmagen und ein rosiger Fleck im Schnee – wie immer.

Ich folgte ihrer Fährte bis zu der Stelle, an der ich den Kadaver zuerst gefunden hatte. Es waren sechs, die über den Fluss gekommen waren. Sie hatten das Wild kreuz und quer in der Gegend herumgeschleppt, und es war schwierig, ihre Spur zu verfolgen. Doch dann entdeckte ich die abgeschürfte Stelle um ein Eisloch. Das schwarze Wasser floss einen Meter tief unter der Decke aus Schnee und Eis. Am unteren Ende des Lochs stromabwärts, etwa fünfzehn Zentimeter unter Wasser, war noch das Stück eines Laufs mit dem gespaltenen Huf der Hirschkuh zu sehen. Sonst war nichts mehr von ihr zu sehen. Ob ihnen das ganze Wild abhanden gekommen war, oder sah ich hier nur das Stück eines zerfetzten Laufs?

Wenn ich mir das tollwütige Ziehen und Zerren vorstellte, musste ich grinsen – ein plötzlicher Rutsch, und schwapp – war die Hirschkuh verschwunden, während sechs Koyoten stumm und starr ins schwarze Wasser hinunterblickten. Ich äffte die verdatterten Mienen der Koyoten nach und rief laut lachend: »Oha!«

Nun war von dem Rotluchs, der Hirschkuh, dem Adler und den Raben keine Spur mehr zu sehen. Wäre ich fortgegangen, hätte ich das alles verpasst.

KAPITEL 17

Die Männer von der Forstverwaltung sind nie aufgetaucht, was mich nicht allzu sehr verwunderte. Nach meiner Erfahrung mit den Räumungsarbeiten, ohne die es keinen Weg nach draußen gegeben hätte, bezweifelte ich, ob ein Haufen Beamter sich die gleiche Mühe gemacht hätte, nur um ein paar Tage in den Bergen herumzugondeln. Allerdings blieb ich in der Nähe des Zeltes, für alle Fälle, und entdeckte bei dieser Gelegenheit ein paar Meilen weiter am Oberlauf des Flusses eine Otterhöhle – zwei Löcher im Schnee, von denen lange Schleifspuren zum Wasser führten. Ich stapfte durch den matschigen Schnee und baute mir eine kleine Höhle unter dem ausladenden, schwarzen Ast einer Fichte, wo ich darauf wartete, dass ich den Otter beobachten konnte. Boone kauerte mit regenfeuchtem Fell neben mir in der Höhle. Die Äste boten einen recht guten Schutz gegen den Nieselregen. Ganze zwei Tage wartete ich auf meinem Beobachtungsposten auf den Otter, froh darüber, eine neue Beschäftigung gefunden zu haben.

Etwa hundert Meter stromabwärts schoss am dritten Tag aus einer Öffnung in der Eisdecke der erste Otter hervor. Kaum war er draußen auf dem Eis, lief er ein paar Schrittchen, ließ sich dann auf den Bauch plumpsen und schlitterte quer über die Eisdecke. Wenn seine Geschwindigkeit nachließ, schob er mit den Hinterbeinen nach. Dann raste er plötzlich in Sprüngen weiter. Kaum hatte er das nächste Loch im Eis erreicht, war er wieder im Wasser verschwunden. Ich grinste und fragte mich, wie er sich wohl in dem reißenden, schwarzen Gewässer orientierte. Mit der Zeit bekam ich die ganze Otterfamilie zu sehen, sie bestand aus vier Familienmitgliedern. Tag für Tag kehrte ich zur Höhle zurück, um sie beim Spielen zu beobachten. Ein Otter hatte sich einen Fisch geangelt, wohl einen Wildkarpfen. Er hockte sich neben das Eisloch und schob ihm mit dem Kopf zuerst ins Maul, um ihn in einem Stück zu verschlingen, wie ein kaltes, grätiges Hotdog. Das emsige Mampfen war laut und deutlich über das Eis vernehmbar.

Die Nächte empfand ich als lange, lästige Unterbrechung, die mich von meinem Spiel mit den Ottern abhielt. Aber dank des Nebelwetters konnte ich wenigstens ein paar Radiosender empfangen und abends eine Stunde mit Radiohören verbringen, solange eben meine Batterien ausreichten. In einer der Sendungen erfuhr ich, dass es in weniger als einer Woche in Idaho eine Sonnenfinsternis geben würde.

Daraufhin beobachtete ich ein paar Tage lang die Sonne, behielt meinen Wecker im Auge und suchte mir eine geeignete Stelle als Aussichtspunkt aus. Nach meiner Berechnung musste die Sonne zum Zeitpunkt der Sonnenfinsternis genau in der Mitte der Felsschlucht des Indian Creek stehen. Ich suchte mir eine Felsspitze aus, von wo ich freie Sicht über die Tannenwipfel haben würde, und hoffte, das Wetter würde mitmachen.

Am Sechsundzwanzigsten, es war der Tag der Sonnenfinsternis, machte ich mich gleich nach dem Frühstück auf den Weg. Als ich den Indian Creek hinaufstieg, musste ich feststellen, dass der Schnee immer noch verharscht war und ich unmöglich auf die Felsspitze hinaufklettern konnte. Ich stand unschlüssig da und starrte eine Weile auf die verschneite Spitze, während meine Hand über das glänzende, wie glatt polierte Eis des Felsens strich. Ohne auf die Felsspitze zu klettern, würde ich durch die hohen Bäume nur kurze Blicke auf die Sonne erhaschen können.

Ich holte mein Messer hervor und hackte auf die Eisschicht, dass glitzernde Eissplitter absprangen. In kurzer Zeit hatte ich mir einen Halt für die Füße herausgeschlagen. Ich stellte meinen Fuß mit meinem ganzen Gewicht darauf, um ihn zu testen. Er hielt, also fuhr ich fort, einen zweiten und einen dritten herauszuschlagen. Ich machte immer so weiter, bis ich oben auf der Spitze angelangt war. Oben war gerade genug Platz, um mich im Schneidersitz hinzusetzen. Boone musste allerdings unten bleiben; sie winselte kurz, dann rollte sie sich im Schnee ein und starrte wütend zu mir hinauf.

Ein dicker Dunstschleier bedeckte den Himmel und schien sich nicht heben zu wollen, obwohl ich mir einredete, dass es im Osten etwas aufklarte. Auf einmal wurde es in der Mitte der Felsschlucht tatsächlich etwas heller, und ich erblickte den leuchtenden Sonnenball durch den Dunstschleier hindurch. Er stieg rasch in die Höhe, für einen Augenblick kam es mir vor, als verdunkelte sich eine Hälfte des Sonnenballs. Ich wartete ab, doch nichts weiter geschah. Dann warf ich einen Blick auf meinen Wecker. War das alles gewesen? Diese schwache Verdunkelung? Ich sah mich in meiner trüb erhellten Welt um und kam mir ziemlich idiotisch vor, dass ich mir nur für dieses mickrige Ereignis mühsam den Weg bis auf die Felsspitze freigeschlagen hatte. Wenigstens hatte mich niemand dabei beobachtet.

Ich wartete noch ein Weilchen ab und starrte auf das hellgraue Licht im Osten. Mein Wecker ging allerdings recht ungenau, ich stellte ihn ohnehin meist nur nach Gefühl ein. Vielleicht geschah doch noch etwas.

Mittlerweile stand die Sonne als scharf umrissene Scheibe oberhalb der Felsschlucht, der Dunstschleier war dicht genug, dass ich sie, ohne geblendet zu werden, anblicken konnte. Dann, urplötzlich, fehlte ein Stück am unteren Rand der Sonnenscheibe. Ich musste zweimal hinsehen, aber es bestand kein Zweifel. Es waren nicht die Wolken, die sich verdichtet und darüber geschoben hatten. Es war tatsächlich ein Stück von der Sonne abgeschnitten worden. Ich wandte meine Augen wieder von der Sonne ab. Im Radio war wiederholt gewarnt worden, dass man durch das Betrachten der Sonnenfinsternis geblendet werden könnte. Die Welt verdunkelte sich jetzt sehr langsam und allmählich. Wieder hob ich die Augen: Jetzt fehlte der Sonne eine ganze Hälfte.

Die Berge hatten sich verdüstert. Ich sah hinunter zu meinem Camp und auf den Selway. Es herrschte frühe Abendstimmung, so wie um die Zeit, zu der ich mich sonst von hier draußen auf den Heimweg machte, um vor Nachteinbruch mein Camp zu erreichen.

Jetzt war nur noch ein Stückchen Sonne am linken Rand eines dunklen Balls zu sehen, der sich vor sie geschoben hatte. Es war der Mond, das wusste ich, aber das war in diesem Augenblick nur graue Theorie. Ich stand von meiner Felsspitze auf und reckte mich hoch, so weit es ging, um zu erleben, wie auch noch das letzte Stückchen Sonne verschwand.

Anstelle der Sonne erschien jetzt ein wogender, dunstiger Lichtring. Das war alles. Um mich herum waren die Wälder vollkommen schwarz. An den gegenüberliegenden Abhängen leuchtete der Schnee in einem tiefblauen Licht, viel stärker noch als in der Dämmerung. Es war, als bahnte sich eine unaufhaltsame Leuchtkraft ihren Weg durch die Schneedecke hindurch. Die Meisen waren ausnahmsweise verstummt. Die Luft schien abgekühlt, wahrscheinlich aber bildete ich mir das nur ein. Boone wimmerte noch ein wenig. Danach war alles auf einmal vollkommen still. Der verschwommene Lichtring schwebte schwankend über der Felsschlucht, der Himmel hatte sich von einem Ende des Horizonts zum anderen blaulila verfärbt. Die tannengrünen Hänge am gegenüberliegenden Flussufer gingen in ein trübes Schwarz über.

Ich drehte mich auf meinem Sockel immer wieder um, die Fäuste geballt, mit einem Prickeln auf der Haut. Es war jetzt wahrhaftig dunkel, der Schnee schimmerte immer noch leuchtend blau, beinahe als pulsiere es unter der Schneedecke. Im Südosten begann es an diesem Tag zum zweiten Mal zu dämmern. Das erste zaghafte, blasse Licht wurde nach und nach purpurrot wie eine dunkle Wildrose. Die Farbe verteilte sich über den Himmel mit schwindender Intensität, als reichte sie nicht für die große Himmelsfläche.

Erneut blickte ich hinauf zur Sonne, gerade als sich der Mond zur Seite schob. Der Tag brach erneut an. Der Schnee wurde wieder gewöhnlich weiß, das tiefe Blau versank unter der Schneeoberfläche und war kaum noch sichtbar. Die Sonne erschien wieder in ihrer Kugelform, vom Mond war nichts mehr zu sehen. Ein Vogel begann zu zwitschern, andere stimmten zögernd ein.

Doch ich drehte mich noch immer aufgeregt auf meinem kleinen Hochsitz und versuchte, noch mehr zu sehen von diesem Ereignis, das schon vergangen war, viel zu schnell, in nur wenigen Minuten. Die Aussicht, die ich schon seit

Monaten ständig vor mir hatte, schien sich verändert zu haben, als hätte diese zweite Morgendämmerung mehr offenbart als nur das Licht auf den Bergen.

Ich brach in ein Freudengeheul aus. Ich hob die geballten Fäuste über meinem Kopf in die Luft und brüllte ganz einfach los. Während ich weitermachte und auf meiner Turmspitze wie ein Verrückter herumsprang, ergriff mich der Gedanke, dass all dieses Land, das die Sonne soeben verwandelt hatte, völlig unberührt war von menschlichen Spuren, soweit meine Blicke reichten. Ich war das einzige menschliche Wesen hier. Ich schrie noch lauter, ich hätte platzen können.

Jauchzend rutschte ich die Felsspitze hinunter. Boone schoss auf mich los, und wir tobten auf dem verharschten Schnee und rannten los, als könnte uns nichts auf der Welt mehr aufhalten.

Im Laufe des Tages fing es an zu regnen, und ich versuchte, mich im Zelt zu beschäftigen, aber meine Gedanken kehrten immer wieder zur Felsspitze zurück. Spätnachmittags schlurfte ich wieder zu ihr hinüber, das Eis im Halt für die Fußspitzen war wässrig geworden. Als ich oben stand, betrachtete ich die Felsschlucht und die Welt ringsum. Ich blinzelte, in der Hoffnung, durch die Verschwommenheit das Bild von heute morgen wieder heraufzubeschwören. Aber jenes Licht war für immer verschwunden. Es war nicht wiederzufinden, auch nicht in der Erinnerung. Schon kamen mir Zweifel, ob es das tiefe Blau des Schnees und das Dunkelrot des Himmels je gegeben hatte.

Dann, als sich die wirkliche Dämmerung über den Selway senkte, ließ ich mich den Abhang hinuntergleiten und spazierte zu meiner Fleischstange. Nur ein oder zwei Steaks waren noch übrig, und ich hatte eigentlich vor, das ganze Fleisch zur Feier der Sonnenfinsternis herunterzuschneiden und auf einen Schlag zu verspeisen. Kaum war ich dort, bemerkte ich, dass mir schon jemand zuvorgekommen war. Ein letztes Stück des Rückgrats hing vom Seil herunter, ein paar dünne Fleischfasern baumelten noch daran. Ich verfolgte die Spuren eines Marders: Er war einen Baum hinaufgeklettert und vorsichtig auf der Stange entlanggetrippelt, um dann am Seil herunterzurutschen und zu schlemmen, ehe er wieder von seinem Schmaus auf den Boden sprang. Seine Spuren hatten sich im harten Schnee tief eingedrückt. Wieder dachte ich an den Herbst und an meine Anfänge mit dem Fallenstellen, als ich die Eichhörnchenfährte mit der eines Marders verwechselt hatte. »Von mir aus kannst du das größte Eichhörnchen der Welt sein«, murmelte ich kopfschüttelnd, schnitt die Überreste des Elchs vom Seil herunter und schleuderte sie zwischen die Bäume. Jetzt könnte der Marder ohne akrobatische Verrenkungen alles verputzen.

Am nächsten Tag marschierte ich nach Paradise und holte mein geräuchertes Fleisch ab. Der Saft war dem Fleisch jetzt gänzlich entzogen, und zu meiner Erleichterung wog es dadurch nicht mehr so schwer. Auf meinem Rückweg schnitt ich kleine Stücke ab; allerdings hatte ich es ein wenig zu scharf gewürzt, sodass es etwas schwer genießbar war. Mit dem scharf gewürzten Fleisch müsste ich wohl viel Chili zubereiten und dazu die vielen Bohnen verwenden, die ich immer noch vorrätig hatte und mit denen ich noch nichts Rechtes anzufangen gewusst hatte. Ich hatte noch drei Monate vor mir, und ich fragte mich, wie sehr mir wohl nach dieser Zeit Chili con Carne aus dem Hals hängen würde.

In der ersten Märzwoche nieselte es ständig, die Temperaturen auf dem Thermometer stiegen jeden Tag ein wenig höher. Eines Morgens trat ich vor das Zelt und erblickte einen klaren Himmel über mir. Es waren acht Grad an diesem Tag, die höchste Temperatur seit November.

Der Schnee fing jetzt richtig zu schmelzen an, und ich musste den ganzen Morgen damit verbringen, ihn um mein Zelt herum wegzuschaufeln. Den Winter über hatte mir der Schnee als wärmender Schutz gedient, aber jetzt, wo er auftaute, sickerte er nass durch die Zeltleinwand. Die Luft in meinem Zelt begann nach feuchtem Tuch zu müffeln.

Der alte Schnee war hart und steif geworden, ich musste ihn in Blöcken herausbrechen, um ihn abzutragen. Noch ehe ich mit dieser Arbeit fertig war, hatte ich sogar das Oberteil meiner langen Unterwäsche abgestreift. Es war ein ganz ungewohntes Gefühl, dass mir die Sonne auf den Rücken brannte. Ich genoss den Anblick meiner schwellenden Armmuskeln, als ich die Schneeblöcke schleppte, deren raue, harte Kristalle an meiner Brust schmolzen. All meine Sinne waren wie zu neuem Leben erwacht.

Als ich am nächsten Morgen den Kopf aus dem Zelt steckte, war es draußen ebenso klar wie am vorangegangenen Tag. Ohne zu frühstücken, brach ich unverzüglich auf, die Schneeschuhe hatte ich mir auf den Rücken geschnallt für später, wenn der verkrustete Nachtschnee zu schmelzen anfinge. Ich wanderte den ganzen Tag und schälte mich langsam aus den diversen Hemden heraus, auch mein Unterhemd knöpfte ich oben auf. Die Luft auf meiner Haut fühlte sich wundervoll an.

Ganz oben auf den Bergen betrachtete ich die Gipfel um mich herum und suchte nach den Gewässern, die ich kannte.

Im Osten am Ende des Bitterroot Valley ragte der einsame Trapper Peak leuchtend weiß in die Höhe, doch sein Anblick übte keine so große Faszination auf mich aus wie ehedem. Ich wandte mich lieber der kleinen Welt in meinem Tal zu. Ich entdeckte den Little-Clearwater-Fluss und marschierte so lange in Richtung Südwesten, bis ich den Lauf des Selway erblickte, der tief unten einen langen Bogen machte. Dort lag die Furt von Nez Perce. Ich grinste und war beinahe überrascht, wie gut ich diese Gegend auch bis in die kleinsten Winkel kennen gelernt hatte.

Ich rutschte den Berg hinab über den Schnee, der auf dieser Höhe von einer eigenartigen, harten Glätte war. Ein paar Zentimeter der Schneeoberfläche waren in der Sonne wässrig geworden und lagen voller großer, nasser Kristalle. Doch darunter war die verharschte Kruste immer noch steinhart. Hie und da rutschte und schlitterte ich über den zermatschten Schnee, ohne stecken zu bleiben oder mir auch nur mit den Händen Halt verschaffen zu können. Ich rutschte zwar nie mit besonders großer Geschwindigkeit, trotzdem erschrak ich, wenn ich mir vorstellte, ich könnte die Abhänge hinabstürzen und wie im Traum hinuntersegeln, bevor ich durch die Schwarzfichten hindurch auf den granitartigen Schneefeldern zerschellte.

Ich rutschte gerade in Schlangenlinien den letzten südwestlich gelegenen Abhang oberhalb der Furt von Nez Perce hinunter, als mir unter einer hohen Goldkiefer ein Stück Erdreich ins Auge sprang. Minutenlang starrte ich es an. Es war das erste Stück Erdboden, das ich seit Monaten zu Gesicht bekam.

Ich stolperte quer über den Abhang und setzte mich auf den etwa einen halben Meter großen runden Fleck. Die Erde war aufgetaut, schlammig und mit Nadeln bedeckt. Ich bohrte mit den Fingern hinein und lachte vor Freude. Die abgestorbenen Kiefernnadeln strömten einen warmen Geruch aus, und es roch nach Schlamm und Feuchtigkeit. Mir war nie zuvor aufgefallen, dass diese Dinge einen eigenen Geruch besaßen.

Kaum sah mich Boone auf dem Boden sitzen, raste sie auf mich zu, und bald rollten wir uns in Schlamm und Schnee. Ich bewarf sie mit Schneebällen, die sie auffing, ohne dabei von ihren heftigen Sprüngen an meine Brust abzulassen.

Während ich mich aufrappelte, schwirrte plötzlich etwas durch die Luft, das wie eine Wurfgeschoss klang, und ich duckte mich instinktiv. Eben noch rechtzeitig blickte ich auf und sah einen Schopfspecht vorbeisausen, die Flügel fest an die Seite gepresst. Er flog blitzschnell über die Tannenwipfel unter mir und verschwand zwischen den Ästen. Noch nie hatte ich diesen Vogel in derartig wildem Flug gesehen. Nachdem ich mich von dem plötzlichen Geräusch wieder erholt hatte, fragte ich mich, ob es wohl an der neu erwachten Sonne lag, dass alles auf einmal in Wallung geriet.

Ich dachte an die Sonnenfinsternis, die zwar nichts mit dem Wetter zu tun hatte, aber ich konnte trotzdem nicht umhin, sie irgendwie in Zusammenhang mit dem Wandel zu bringen, der hier vorging. Das blaue Licht in der kurzen Finsternis sah ich als Vorboten an, so als ob die schlummernde Kraft unter der Eisdecke nun endlich hervorbrechen würde. Dieser Wandel, der die Natur ergriff, ließ mich nicht los, und so wanderte ich auch am nächsten Tag wieder hinauf.

Diesmal ging ich nach Norden, wobei ich ganze Wildrudel durch die kleinen Täler vor mir herscheuchte. Gelegentlich stieß ich auf einen Wapiti. Ich beschloss, meine Wanderung bis zum Sheep Creek auszudehnen, in der Hoffnung, einige Dickhornschafe zu Gesicht zu bekommen. Das war das Tier, dessen Bild mich einst nach Montana gelockt hatte.

Die verharschte Schneedecke war heute anders als am Vortag, sie war zwar an der Oberfläche immer noch wässrig, brach aber sogar auf den oberen Höhen gelegentlich unter mir ein. Es war ausgesprochen unangenehm, immer wieder plötzlich einzusacken, wie bei einem falschen Tritt auf der Treppe. Die Erschütterung schmerzte jedes Mal in Hüfte und Knie. Also schnallte ich meine Schneeschuhe an und schlurfte weiter. Dass der Pappschnee meinen Schneeschuhen schaden könnte, machte mir mehr Sorgen als ihre schlechte Bodenhaftung auf den steilen Abhängen. Wenn es zu abschüssig wurde, nahm ich sie ab und stampfte mit meinen Schuhen tiefe Schritte in den Schnee.

Ich wanderte den Höhenzug nach Sheep Creek weiter. Mehr und mehr Felsen tauchten auf, und ich war gezwungen, sie in immer größer werdenden Schleifen zu umgehen. Dadurch driftete ich immer weiter nach Osten ab, und meine Befürchtung wuchs, dass ich mich zu weit von meinem Zeltplatz entfernen würde. Also begann ich, mich zu beeilen, und arbeitete mich auf eine Felsecke zu, ohne allerdings für die steile Schräge vor mir die Schneeschuhe abzunehmen.

Plötzlich schlitterten meine Füße unter mir weg, ehe ich überhaupt wusste, wie mir geschah. Nasser Schnee spritzte hoch. Vergeblich versuchte ich, mit Knien und Ellbogen Halt zu finden, aber ich fegte über die matschige Oberfläche auf dem verharschten Schnee gerade nur so hinweg. Irgendwo unter mir ragte ein Felsen empor, doch ich hatte keinerlei

Möglichkeit zu bremsen und sah mich schon an ihm aufprallen, während ich noch mit den Knien über Gestein schürfte und verzweifelt versuchte, mich irgendwo festzuklammern, wobei mir die Haut an den Fingerspitzen aufriss. Schließlich kam ich zum Stillstand und rang erst einmal nach Luft, bevor ich wieder durchatmen konnte.

Ich blieb eine Minute lang völlig reglos, um sicher zu sein, dass ich nicht mehr abrutschen würde. Dann tastete ich nach meinem Messer am Gürtel und schlug mir einen Halt für die Knie. Als ich sie sicher platzieren konnte, ging ich daran, mir einen Griff für die Hände in den Schnee zu hacken. Ich machte so weiter, genau wie damals an der Felsspitze, von der aus ich die Sonnenfinsternis beobachtet hatte. Doch diesmal zitterte ich am ganzen Leib und richtete all meine Konzentration auf die gefährliche Schneedecke.

Ich schlug beständig weiter Löcher für meinen Halt, bis ich einen Baum erreicht hatte, den ich mit den Beinen umklammern konnte. Jetzt erst wagte ich einen zaghaften Blick nach unten. Die Spur meines Rutsches war eine spiegelglatte Bahn, von der aller Schneematsch weggefegt war und die direkt auf den Abgrund zuführte. Mit geschlossenen Augen lehnte ich den Kopf gegen einen Baumstamm. Ich muss wohl mit den Füßen direkt über dem Abgrund gebaumelt haben. Mein Herz raste wie nach einem knapp verhinderten Autounfall, wenn dem Fahrer plötzlich bewusst wird, welcher Gefahr er entronnen ist.

So verharrte ich einige Zeit, die Beine um den Baum geklammert, ehe ich die Schneeschuhe abschnallte. Ich machte einen Umweg, bis ich zu jener Stelle kam, an der ich gefahrlos den Berg hinabsteigen und die steinige Landschaft hinter mir lassen konnte.

Bis ich bei meinem Zelt angekommen war, hatten sich dichte Wolken am Himmel zusammengeballt. An jenem Tag war ich keinem Dickhornschaf begegnet. Meine knappe Rettung hing mir noch lange nach.

In der folgenden Nacht setzten die Regenfälle ein, die ein paar Tage anhielten. Ich war froh, mich in meinem Zelt aufhalten zu können und mich mit Kochen und Lesen zu beschäftigen, während ich dem monotonen Plätschern auf meiner Zeltleinwand lauschte. Ich las das ganze Buch *Atlas Shrugged* durch, ein Geschenk meiner Schwester, und nahm mir dann die Geschichten von der französischen Fremdenlegion vor, ein Buch, das mir mein Vater als erholsame Abwechslung zwischen Graham Greene und Franz Kafka in seine Bücherkiste gelegt hatte. Draußen fielen die Regentropfen ohne Unterlass, während ich mich drinnen mit den Legionären auf einem Marsch durch die brennende Wüste befand.

Kurz vor einem Angriff auf einen muslimischen Außenposten im Wüstensand hörte ich zwei Schneemaschinen am Oberlauf des Flusses knattern und sofort wieder verstummen. Ich klappte das Buch zu, schnappte mir den Mantel und ging hinaus. Es dauerte nicht lange, da erblickte ich den Wildhüter und einen Mann von der Forstverwaltung, gerade als sie meine Wiese überquerten.

Sie trugen ein Paket mit Post sowie Äpfel und Orangen im Arm, sogar Eier und Speck hatten sie dabei. Nach der üblichen Inspektion am Kanal blieben sie dann doch noch lange genug, um in meinem engen Zelt voll rauchiger Luft ein paar Sardinen und Crackers zu sich zu nehmen. Nach einer Stunde waren sie wieder fort – wie gewöhnlich. Noch bevor das letzte Geräusch der Schneemaschinen verklungen war, öffnete ich hastig meine Post.

Die Briefe waren alle großartig, am meisten aber erfreute mich die Nachricht von meinem kleinen Bruder Joe, der nur selten einen Brief schrieb. Er war in der letzten Klasse auf der Highschool und berichtete mir über seine Bundesmeisterschaft im Schwimmen! Bundesmeisterschaft! Nicht zu fassen. Damals, als ich noch Leistungsschwimmer war, hatten wir immer nur von der Bundesmeisterschaft geträumt. Er hatte mir einen Artikel aus einer Schülerzeitung herausgeschnitten, einschließlich eines Fotos von ihm mit rasiertem Kopf! Mein kleiner Punk-Bruder! Ich konnte es immer noch nicht glauben.

Ich stieß einen Juchzer aus, sodass Boone zusammenzuckte, doch als sie sah, dass ich guter Laune war, balgten wir uns wie zwei kleine Hunde. Ich wirbelte sie durch die Luft und schrie: »Stell dir vor, Boone! Joe hat sich den Kopf rasiert! Joe hat es bis zur Bundesmeisterschaft geschafft!« Kaum hatte sie wieder Bodenkontakt, stürmte sie auf mich zu, und wir tobten mindestens eine Stunde lang herum. Später las ich Joes Artikel noch dreimal durch und flüsterte dabei vor mich hin: »Weiter so, Joe!«

In dieser Nacht folgte meiner überschwänglichen Freude ein schwermütiges Stimmungstief. Joe stellte so mir nichts, dir nichts Schulrekorde auf und qualifizierte sich für die Bundesmeisterschaft. Soweit ich wusste, hatte Rader bereits ein Mädchen geheiratet, mit der er zu meiner Zeit noch nicht einmal ausgegangen war. Wieder beschlich mich das Gefühl, dass das Leben an mir vorbeiging. So schnell wandelte sich meine Stimmung von dem Gefühl, das beste Leben der Welt zu führen, zu der Angst, für immer hier eingesperrt zu sein.

Zur Ablenkung nahm ich mir für diesen Abend ein neues Buch vor, *Papillon*. Es war die Geschichte eines Mannes, der auf die Teufelsinsel verbannt war, doch gerade das konnte mir jetzt kein Trost sein.

Das Tauwetter hielt an, also holte ich meine Anglerausrüstung hervor und ging damit ein paar Meilen den Fluss hinunter zu einem seichten Abschnitt, der schon aufgetaut war. Die erste offene Stelle seit Anfang Dezember. Unterhalb der Stelle rammten alte Eisstücke gegen die noch vorhandene Eisschicht über dem Fluss. Ich beobachtete die Strömung und freute mich auf eine Abwechslung von meinem ewigen Chili. Als kleiner Junge hatte ich in tausend Seen gefischt, aber nie in einem Fluss.

Meine Geheimwaffe hatte ich bei mir, eine Maus, meine Nachtbeute. Den ganzen Winter über hatte ich gegen die Nager einen Kleinkrieg geführt, und in der plötzlich einbrechenden Wärme schwärmten sie überall herum. Ich fing sie in Scharen.

Nun stand ich am Fluss und pikste den Haken durch die Maus. Dann warf ich ihn aus und ließ die Maus auf dem Wasser tanzen. Meine einzige Anglererfahrung hatte ich in Wisconsin gesammelt, mit gierigen Raubtieren wie Hechten, die es sich nicht zweimal überlegten, wenn sie die Gelegenheit hatten, eine Maus, ein Eichhörnchen oder sogar einen kleinen Hund zu verschlingen. Ob die zarte Forelle sich genauso verhalten würde? Vielleicht war es tatsächlich dumm von mir zu erwarten, dass sich die Fische auf eine ganze Maus stürzen würden. Vielleicht konnten sie ihr Maul gar nicht so weit aufsperren. Tatsache war, ich wusste überhaupt nichts über sie.

Also wand ich die Schnur auf und zerteilte die Maus. Als Köder verwendete ich nur ihre hell leuchtenden Eingeweide.

Als ich die Angel zum zweiten Mal auswarf, sofort biss ein Fisch zu. Auf einmal stand ich nicht mehr allein im tiefen Schnee neben einer auf fünfzig Meter angewachsenen Öffnung im Flusseis. Ich war zurückversetzt in die Wälder des Nordens zu meinem Vater und meinen Brüdern und war wieder der kleine Junge, der nach jahrelanger Enttäuschung über die immer gleichen Bratfische seinen ersten richtigen Fisch an der Angel bestaunte. Damals war es ein Glasaugenfisch gewesen. Am liebsten hätte ich auch jetzt wieder losgebrüllt: »Ich hab' einen Fisch gefangen!«

Der Fisch machte beständig Luftsprünge, wie um den schmerzhaften Sonnenstrahlen zu entgehen, sodass ich Angst bekam, er würde mir entwischen. Fieberhaft wand ich die Schnur auf und zog sie durch das Wasser. Ich musste, so weit ich es nur eben wagte, an den Rand der Öffnung im Wasser heran, immer bemüht, die Angelschnur vom Druck der Strömung zu befreien.

Als ich endlich den Fisch nah am Ufer hatte, wurde mir klar, dass ich mit der Hand nicht ins Wasser reichen konnte, um ihn herauszuziehen. Das Schneeufer war zu steil, das Wasser zu tief, um hineinzusteigen. Ich hielt den Atem an, nahm wieder die Angel und bugsierte den Fisch aus dem Wasser heraus, in ständiger Angst, die Schnur und der Rand des Eises würden nicht halten. Der Fisch, eine vierzig Zentimeter lange Flussforelle, lag auf der schneebedeckten Böschung und zuckte nur mehr schwach. Große, weiße Eissplitter klebten an seinen Seiten. Ich zerschmetterte ihm den Kopf und hielt ihn stolz in die Höhe. Das war meine erste und größte Forelle. So schnell konnte ich meine Dummheit vergessen, einfach eine ganze Maus als Köder zu nehmen – und ich hatte die Idee auch noch gut gefunden.

Jetzt konnte ich mich beglückwünschen, so schlau gewesen zu sein, die Mäuseeingeweide zu verwenden. Wenn ich sie weiter als Köder benutzte, würde ich keinen Mangel haben. Mäuse gab es hier überall. Ein Festessen, besser gesagt eine ganze Forellen-Saison, erwartete mich.

Mit den Fingern griff ich der Forelle durch die Kiemen und trug sie so zum Zelt. Die warme, sonnige Luft machte mich so beschwingt, dass ich meinen gemächlichen Trott nicht mehr aushielt und in einen leichten Trab verfiel, bis ich plötzlich losrennen musste. Unter den Bäumen war die Schneekruste noch hart genug, um mein Gewicht auszuhalten, und ich rannte, so schnell ich konnte, zwischen den dichten Bäumen hindurch, unter den tiefen Ästen hinweg. Die Mokassins an meinen Füßen trugen mich federleicht.

Ich spurtete über das halb flüssige Eis auf dem Indian Creek, halb rechnete ich damit, einfach einzubrechen, doch ich lachte nur bei dem Gedanken. Heute war ich in verwegener Stimmung, am liebsten hätte ich die ganze Welt herausgefordert. Als ich aus dem Wald hinausrannte auf meine Wiese, wo die Sonne schon seit Stunden brannte, brachen meine Füße durch den brüchigen Schnee. Ich fiel der Länge nach hin, die Angel schleuderte ich noch rechtzeitig weit von mir weg, die Forelle glitt mir aus den Fingern und schlitterte über den Schnee. Ich kugelte mich bereits vor Lachen, als Boone dahergerannt kam und über mich hinwegsprang, um den glitschigen Fisch zu fassen. Vor lauter Herumtollen und Lachen hatte ich beinahe nicht die Puste, um sie zurückzupfeifen.

Am Nachmittag backte ich Kartoffeln als Beilage für meinen Fisch, streute Asche aufs Feuer und klettere hinauf zum Indian Ridge, wo ich mich unter einer der mächtigen

Goldkiefern niederließ. Ich entledigte mich all meiner Hemden und streckte mich auf der nackten, sonnenbeschienenen Erde aus, um die Sonnenstrahlen in mich eindringen zu lassen. Ein Schwarm krabbelnder Marienkäfer leuchtete bunt auf den braunen Erdflecken. Gott weiß, von wo die aufgetaucht waren. Ich beobachtete sie für eine Weile, bis ich fürchten musste, dass meine Kartoffeln zu kleinen, schwarzen Rosinen verbrannt waren.

Langsam wurde es zu einer Art Regel: Kaum hatte ich mich an den Sonnenschein gewöhnt, fing es wieder zu plätschern an. Immer noch beschwingt von den sonnigen Tagen, ging ich durch den Regen, aber bald war ich gezwungen, mich immer länger im Zelt aufzuhalten, wo ich viel Zeit mit meinem Buch über *Papillons* Einzelhaft verbrachte. Ob ich das je überstanden hätte, was er durchgemacht hatte?

Am Morgen vor Frühlingsanfang lag ich im Bett, das trübe Licht in meinem Zelt war das sichere Zeichen dafür, dass mir ein weiterer stiller und grauer Tag bevorstand. Statt die Decken wegzuziehen, lag ich einfach da und betrachtete interessiert die Schimmelflecken an meinem schmuddeligen Zelt. Die Flecken bildeten Muster, es waren Köpfe und Gesichter, die ich mittlerweile mit verbundenen Augen hätte nachzeichnen können. Das trüb-graue Licht erinnerte mich an die Nebelmeere im Winter, die nach den kristallklaren Kälteeinbrüchen aufgetaucht waren und die ganze Gegend in Schweigen gehüllt hatten. Auch das Mittagslicht an den Februartagen voller Schneeregen und Lawinen hatte so ausgesehen.

Plötzlich hallte ein Kanonenschuss durch meinen engen Canyon. Ich richtete mich kerzengerade auf und blickte mich um, gerade als ob ich die Geräuschquelle durch meine Zeltwände entdecken könnte. Es flogen hier zwar öfter Flugzeuge mit Überschallgeschwindigkeit vorbei, aber dieses Geräusch hatte anders geklungen.

Nach dem Knall wurde es sofort wieder still. Hatte ich ihn auch tatsächlich gehört? Dann ertönte ein Grollen, ein leises Knacken und ein Ächzen. Ich stemmte mich mit den Armen hoch und flüsterte nur ein einziges Wort: »Eis.« Die Eisdecke auf dem Fluss begann aufzubrechen.

Im Hinausrennen streifte ich mir hastig die Kleider über, doch als ich beim Selway ankam, war alles schon vorüber. Der Fluss war offen. In den letzten paar Wochen waren einige Löcher im Eis entstanden, aber das aufgebrochene Eis staute sich noch an den offenen Stellen. Mit den Lawinen, die den Fluss zugeschüttet hatten, hatten sich mächtige Eismauern aufgetürmt, die den Fluss blockierten und die Flut übertreten ließen, wo vorher einige meiner alten Wege verlaufen waren.

Der Knall kam vom Eisdamm, der am Oberlauf des Flusses lag und durch den Druck von weiter oben gebrochenen Dämmen geborsten war. Nun schrammten schmelzende Eisbrocken gegen die Felsen und fielen rumpelnd auseinander, oder sie klemmten fest, bis nachfolgende Blöcke auf sie prallten.

Die Luft war erfüllt von prasselndem Lärm. Er kam aber nicht vom Gedröhn und dem Knirschen des Eises, sondern vom Wasser des Flusses. Das gewöhnliche Gurgeln und Plätschern des fließenden Wassers war wieder zu hören. Meine Welt war nicht mehr stumm. Ich erinnerte mich wieder an den Herbst, als das Rauschen des Flusses mich überallhin begleitet hatte. Nachts, im ersterbenden Licht meiner Lampe, hatte sich das Geräusch in Stimmen verwandelt. Ein Echo der Symphonien, die mein Vater immer so gern hörte, hatte damals die Dunkelheit erfüllt, während ich bibbernd im Bett lag und darauf wartete, dass die Decken mich wärmten.

Ich blieb den ganzen Tag am Fluss und wanderte am Ufer auf und ab, oder ich besuchte meine alten Lieblingsstellen. Und dabei lauschte ich mit seligem Lächeln dem neuen Geräusch. Eiswände aus durchsichtigem Blau, auf denen oben noch Schnee lag, stemmten sich weiterhin gegen die Strömung, doch das entfernte Rauschen des Flusswassers war deutlich vernehmbar. Diese Stimmen waren einen ganzen Winter lang von Eis und Schnee zum Schweigen gebracht worden. Irgendwie hatte ich sie überhört, als ich an der offenen Eisstelle geangelt hatte.

Als ich in dieser Nacht in meinem Bett lag und die Laterne flackernd ausgegangen war, stimmte ich summend in die geheimnisvolle Musik ein, die ich nun freudig willkommen hieß.

Am Tag nach dem Eisbrechen schüttete es in Strömen. Ich ging am Fluss entlang, nur um das Wasser zu beobachten. Regentropfen pickten kleine Löcher auf die schwarze Oberfläche, trotz der Strömung. Ich erledigte meine Arbeit am Kanal, indem ich Bretter am Schleusentor befestigte, als der Indian Creek zu steigen begann. Innerhalb kürzester Zeit war ich vollkommen durchnässt. Ich ging watend zurück zu meinem Zelt und richtete mich darauf ein, den restlichen Tag mit Kochen zu verbringen. Ich wollte Maisbrot und Reispudding backen und eine ordentliche Portion Chili zubereiten.

Es wurde ein langer, stiller Tag. Nach dem Abendessen las ich noch lange in meinem Buch und ging dann zu Bett.

Etwa um zwei Uhr früh wachte ich plötzlich mit stechenden Bauchschmerzen auf. Ich lag im Dunkeln, die Taschenlampe hatte ich, wie immer, in der Hand, damit ich jederzeit nachsehen konnte, wie spät es war, und wartete ab, bis die Krämpfe nachließen. Ich lag in Schweiß gebadet. Plötzlich musste ich mich gleichzeitig übergeben und den Darm entleeren. Taumelnd tapste ich durch die Dunkelheit, und kaum war ich draußen, hockte ich mich sofort in den matschigen Schnee, da ich die siebzig Meter bis zu meinem Klohäuschen nicht schaffen konnte. Doch als ich draußen hockte, konnte ich mich nicht mehr erleichtern, und so kroch ich wieder zurück in mein Zelt. Immer noch schweißtriefend, machte ich ein Feuer, ich wusste nicht, wann ich je wieder in der Lage dazu sein würde. Allein diese paar Handgriffe erschöpften mich derart, dass ich mit dem Gedanken spielte, die Decken einfach vom Bett herunterzuziehen und mich direkt vor den Ofen zu legen. Trotzdem schlüpfte ich wieder ins Bett, mein Bild als zusammengekauerter Fötus vor dem Ofen schob ich wieder von mir weg. Das könnte ich immer noch in die Wirklichkeit umsetzen, falls es ganz schlimm werden sollte.

Noch ein paarmal musste ich in dieser Nacht hinaus, jedoch immer ohne Erfolg. Zwischen meinen Gängen nach draußen schwitzte und zitterte ich und krümmte mich vor dem brennenden Schmerz in meinen Eingeweiden. Beim ersten Morgenlicht hatte ich endlich Stuhlgang, was die Sache aber nur zu verschlimmern schien, statt die erhoffte Erleichterung zu bringen. Ich hatte es die ganze Zeit vor mir hergeschoben, doch nun nahm ich doch mein Erste-Hilfe-

Buch mit ins Bett und las unter Blinddarmentzündung nach. Die Symptome trafen zwar nicht genau zu, aber irgendwie hatte ich mich darauf versteift. Lewis und Clark hatten bei ihrer Durchquerung des amerikanischen Kontinents nur den Verlust eines einzigen Mannes zu beklagen gehabt. Nur einen in zwei Jahren und nach den unzähligen Meilen. Es hatte weder an einem Unfall noch an den Blackfeet-Indianern gelegen, sondern an einem Blinddarmdurchbruch. Wieder las ich die Symptome nach, aber ich versuchte mich damit zu beruhigen, dass mein Blinddarm bestimmt nicht durchbrechen würde, und zum Trost blätterte ich das Kapitel über Lebensmittelvergiftung auf. Mein Atem ging nur in kurzen Stößen.

Eine echte Lebensmittelvergiftung, die vierundzwanzig Stunden dauerte, kann mehrere Ursachen haben, las ich. Die Einzige, die für mich in Frage kam, waren Eier. Ich hatte einige für das Maisbrot verwendet, sie waren fünf Monate alt und stammten aus meinem Vorratslager. Seit meiner Ankunft hatte ich sie immer zum Backen genommen. Fleischvergiftung, so hieß es weiter, wird durch Erbrechen, Bauchkrämpfe und Muskelschwäche charakterisiert, oftmals mit tödlichem Ausgang. Oft wird sie durch Dosenmais verursacht. Ich hatte zwar einiges davon zum Abendessen gegessen, doch eine halbe Dose hatte ich schon zwei Tage vorher verspeist und überlebt. Ich konnte eigentlich nicht feststellen, was ich hatte, ich wusste nicht, ob es bis morgen vorbei sein würde oder nicht, oder was ich dagegen tun könnte. Die Worte »mit tödlichem Ausgang« lasteten auf mir wie eine drohende Gefahr, während ich in meinem Bett lag und das graue Morgenlicht durch die Zeltleinwand schimmerte.

Nun erinnerte ich mich, wie ich vor meinen Eltern angegeben hatte, dass ich mich, sollte mir irgendetwas zustoßen, einfach zu Fuß aufmachen oder notfalls auch kriechen würde. Jetzt wusste ich, falls ich tödlich erkrankt sein sollte, würde ich keinen Meter kriechen können. Ich würde einfach nur hier liegen und sterben.

Am Morgen musste ich mich übergeben. Es war, als würde es mir die Eingeweide umstülpen. Danach, als ich völlig erschöpft im Bett lag, trat eine leichte Besserung ein. Gegen zehn konnte ich mich anziehen und zum Klohäuschen stolpern. Ich setzte mich, am ganzen Leib zitternd, hin und war froh, dass ich es bis hierher geschafft hatte. Hugh Glass war Hunderte von Meilen gekrochen, nachdem er arg zugerichtet worden war. Mir war nichts dergleichen zugestoßen, ich hatte lediglich zu Abend gegessen. Und hier saß ich nun und war froh, dass ich die siebzig Meter geschafft hatte.

Der Morgen schleppte sich dahin, er verlief in schmerzhafter Routine: hinhocken in den Schnee und erbrechen, dazwischen die Arme an den Bauch gepresst halten, um nicht zu explodieren. Am Nachmittag erschien endlich die Sonne, und nach einem Gang zum Klohäuschen fühlte ich mich etwas besser und beschloss, zum Kanal zu wandern, nur um kurz nachzusehen und ein wenig die Sonne zu spüren. Ich zwang mich zu gehen, als wollte ich von den Worten »oft mit tödlichem Ausgang« davonlaufen.

Ich setzte mich auf die Brücke über den Indian Creek und sah, dass über Nacht keine Eisbrocken das Schleusentor blockiert hatten. Dann legte ich mich zurück und rollte mich zusammen, um die Bauchkrämpfe ein wenig zu lindern. Zum ersten Mal in meinem Leben stellte ich mir die Frage, ob ich wohl sterben würde. Aber ich beschloss, dass ich es einfach nicht zulassen würde. Der scharfe Geruch von Imprägniermittel, den die Bretter der Holzbrücke ausströmten, umhüllte mich, seine Schärfe tat mir irgendwie gut. Zum ersten Mal seit meiner schlaflosen Nacht schlummerte ich ein wenig ein.

Als ich erwachte, war eine volle Stunde vergangen. Die Sonne war verschwunden. Ein Wind war aufgekommen, und ich schleppte mich zurück ins Zelt, ehe Hagel herunterprasselte. Ich musste die Zeltwände mit Holzscheiten abstützen, und bis ich wieder im Bett war, hatte ich zu zittern und zu schwitzen begonnen. Aber seit Stunden hatte ich mich nicht mehr übergeben. Diese Tatsache wertete ich als einen Fortschritt.

Das Gewitter war bald vorüber. Am späten Nachmittag schleppte ich mich wieder nach draußen und legte mich unter einen Baum. Die Sonne war meine einzige Medizin. Ich hatte mir das Erste-Hilfe-Buch mitgenommen, aber ich schaute es nicht einmal an. Jetzt hieß es nur abwarten, hier war es nicht damit getan, einen Verband anzulegen.

Bald kam ein heftiger Windstoß auf und trieb mich zurück ins Zelt. Ich versuchte es mit einer leichten Lektüre, doch ich hatte so starke Schmerzen, dass mir die Buchstaben vor den Augen verschwammen.

Abends ließen die Krämpfe nach, und in der Nacht hatte ich endlich die Gewissheit, dass ich nicht sterben würde. Aber je länger es dunkel war, umso mehr beschlichen mich Zweifel. Sollte ich wirklich todkrank sein, mit Blinddarmentzündung oder einer ähnlich gefährlichen Krankheit, wie könnte ich es überhaupt feststellen, um etwas dagegen zu unternehmen? Ein Unfall war eine klare Sache – entweder es hörte auf zu bluten oder nicht. Mit Krankheiten wusste ich so gut wie gar nicht Bescheid.

Ich wusste noch, wie stolz ich darauf gewesen war, dass ich es bis zum Klohäuschen geschafft hatte. Bevor ich einschlief, überlegte ich mir noch, was es mir nützen würde, wenn ich wüsste, dass ich in Todesgefahr schwebte. Dann wäre ich gezwungen, es wenigstens zehn Meilen bis nach Magruder zum Telefon zu schaffen. Ich hätte nicht die geringste Chance.

In dieser Nacht schlief ich nur wenig, aber am nächsten Morgen fühlte ich mich besser – ausgezehrt, aber besser. Vorsichtig aß ich ein Stück Brot, das aus nichts Giftigerem bestand als Mehl, Backpulver und Wasser. Und obwohl es mir widerstrebte, warf ich sämtliche Speisen fort, die ich vor meiner Krankheit zubereitet hatte. Sie waren es nicht wert, das Ganze noch einmal zu riskieren. Ab jetzt würde ich jedes Lebensmittel genau unter die Lupe nehmen, ehe ich es verwendete.

In den folgenden Tagen kam ich wieder zu Kräften. Das tat auch meiner Selbstsicherheit gut. Bald war ich wieder so weit, dass ich in der Gegend herumwandern konnte, doch ich blieb immer in der sicheren Nähe meines Zeltes. Ich war beinahe froh, als es wieder zu nieseln anfing. Das gab mir einen Grund, zu meiner Koch- und Leseroutine zurückzukehren.

KAPITEL 18

Am Morgen des siebenundzwanzigsten März – draußen plätscherten Regentropfen auf mein Zelt, während ich in die Lektüre von *Der Hund von Baskerville* vertieft war und meinen Frühstückskaffee schlürfte – krachten plötzlich Schüsse auf meiner Wiese. Sechs Schuss schnell hintereinander. Sofort ließ ich mich zu Boden fallen und überlegte hektisch, was ich tun sollte, bis mir auf einmal einfiel, dass nur einer einen Auftritt dieser Art machen würde.

Rader.

Ich streckte den Kopf aus dem Zelt und erblickte tatsächlich Rader und Sponz, die anscheinend zu Fuß gekommen waren und lachend mitten auf meiner Wiese standen. Gleich schnappte ich mir mein Schwarzpulvergewehr und schwang es über meinem Kopf in die Luft, während ich ihnen jubelnd entgegenlief. Leider war mein Gewehr nicht geladen, sonst hätte ich ihren Salut erwidert.

Da standen wir nun alle drei auf der Wiese im Regen, und sie warfen mir eine Whiskyflasche zu, eine alte Tradition aus der Zeit unserer gemeinsamen Trapper-Lektüre. Während ich die Flasche öffnete, ging es mir durch den Kopf, dass diese Burschen wohl immer noch diesen wildromantischen Flausen nachhingen. Kaum war ich in ihrer Gesellschaft, erging es mir ebenso. Ich setzte die Flasche an und nahm einen Riesenschluck.

Nachdem wir die Begrüßungsfloskeln hinter uns gebracht hatten, kam ich endlich dazu, sie zu fragen, was um alles in der Welt sie hier vorhatten. Warum waren sie hier? Wie waren sie hergekommen? Meine Fragen reizten sie wieder zum Lachen, und nun gaben sie eine weitere Schneemaschinengeschichte zum Besten. Diesmal waren sie auf zwei Schneemaschinen losgebraust. Den Lawinen auf den Straßen hatten sie anfangs ausweichen können. Doch schließlich sahen sie sich gezwungen, ihre Maschinen ein paar Meilen weiter am Oberlauf des Flusses stehen zu lassen und die letzte Strecke zu Fuß zurückzulegen. »Wir sind bloß ein paar Dutzend Mal umgekippt«, bemerkte Rader.

Wir gingen ins Zelt hinein. Rader fischte sich ein Stück gebratenes Brot aus der Pfanne, das ich mir eben zum Frühstück gemacht hatte. Es sah nicht gerade einladend aus, drei Zentimeter breit und zwei Zentimeter hoch, etwa vom Gewicht einer Diskusscheibe. Eben etwas, um den Bauch zu füllen. Rader wog die Brotscheibe in der Hand. »Ah, wieder so ein zartes Gebäck.«

Sie erkundigten sich, was hier so alles passiert sei, worauf ich zu meinem Versteck ging und mit dem Rotluchsfell zurückkehrte. Rader, der sich in solchen Dingen gut auskannte, war ganz aus dem Häuschen über die Größe des Fells. Es war ein Vermögen wert, wahrscheinlich um die vierhundert Dollar. Zwei Monatsgehälter. Ich erzählte ihnen von dem Absturz des Rotluchses und wie er sich mir entgegengeschleppt hatte, und umso mehr staunten sie. Während sie das Fell voller Bewunderung begutachteten, fragte ich mich, wie es wohl wäre, wenn ich das Fell einfach verkaufen würde und es nie mehr in den Händen halten könnte.

Endlich setzten wir uns hin, und wieder fragte ich sie, was sie hier vorhatten. Waren sie hier, um ein langes Wochenende herumzukriegen?

Rader sah kurz zu Sponz hinüber und grinste: »Ich heirate«, verkündete er. »Am Samstag.«

Er wartete die Wirkung seiner Worte ab, ehe er mich fragte: »Kommst du mit?«

Ich sah zuerst zum einen, dann zum anderen hin. Sie hatten es tatsächlich ernst gemeint. »Ihr seid also hergekommen, um mich abzuholen?«

Er nickte. Dann fragte ich ihn, wie er sich das vorstellte, wann ich zurückkehren und wie überhaupt die ganze Reise ablaufen sollte. Also setzten wir uns an meinen kleinen Tisch und hielten Rat. Rader meinte, ich sollte das Rotluchsfell mitnehmen. Nach einer halben Stunde waren wir wieder bei ihren Maschinen und stiegen auf. Erst als ich Boone abfahrbereit auf meinem Schoß hatte, wo sie sich gegen Raders Rücken stützte, kam mir richtig zu Bewusstsein, was ich da eigentlich unternahm.

Wir kippten mit unseren Maschinen beinahe über jeden Schneerutsch, bis ich mich entschloss, auch die leichtesten zu Fuß zu bewältigen. Ehe wir Magruder erreicht hatten, taten uns die Seiten weh vor lauter Lachen über uns selbst, wie wir uns gegenseitig aus dem Schnee zogen und die Maschinen wieder auf ihre Skier stellten. Wir hatten wieder einmal völlig unüberlegt gehandelt, aber wenigstens sah uns diesmal keiner dabei zu.

Auf dem Weg nach Deep Creek in Richtung Pass behinderten uns keine Lawinen mehr, und die Fahrt verlief glatt. Ein seltsames Gefühl, auf der Fahrt an Orten wie Slow Gulch und Blondies Hütte vorbeizugleiten. Diese Orte hatte ich seit Dezember, als ich meinem Vater und meinem Bruder hinterhergejagt war, nicht mehr aufgesucht. Während wir an ihnen vorbeisausten, erzählte ich Rader die Geschichte, und er schüttelte nur ungläubig den Kopf, als hätte ich das alles erfunden. Beim Erzählen kamen mir auf einmal die düsteren Tage von damals nicht mehr so schlimm vor. Jetzt schien ich endlich eine Geschichte zu haben, mit der ich meine Freunde beeindrucken konnte. Hatten mein Vater und mein Bruder das alles deswegen durchmachen müssen? Plötzlich war ich mir nicht mehr sicher. Wahrscheinlich würde ich den Leuten nur ein paar der Geschichten erzählen, die ich erlebt hatte. Nicht alle waren für jedermann geeignet.

Den Pass hinunter in Richtung Montana überholte Sponz plötzlich Rader und mich und fuhr knatternd mit Höchstgeschwindigkeit an uns vorbei. Er war augenblicklich außer Sichtweite. Erst nach einer Meile entdeckten wir ihn wieder, wie er auf der Straße taumelnd nach seiner Maschine suchte. Sein Helm war eingequetscht und ihm fast über seine verwirrten Augen gerutscht.

Wir stiegen ab, hoben ihn auf und brachten ihn dazu, sich auf den Boden zu setzen. Seine Schneemaschine war von der Straße abgekommen und unter einer Tanne gelandet, sie war beinahe ganz im Schnee vergraben. Sponz war über einen Schneerutsch gerast und heruntergeschleudert worden, während die Maschine weitergeschlittert war. Als er sich, noch benommen von dem Sturz auf den Kopf, wieder hochgerappelt hatte, konnte er die Maschine nicht mehr finden. Nach einer Weile schien uns Sponz so weit wieder in Ordnung zu sein, und wir tuckerten weiter, allerdings sehr viel gemächlicher als zuvor. Wir behielten uns jetzt im Auge.

Beim »Wildtöter« angekommen, luden wir die Maschinen auf den gemieteten Anhänger und fuhren los. Ich konnte kaum glauben, wie schnell alles vonstatten ging. In nur ein paar Stunden hatten wir die Strecke eines strammen zweitägigen Fußmarsches hinter uns gebracht. Als wir aus Darby hinausflitzten, erblickte ich im Westen den immer noch schneebedeckten Trapper Peak. Jetzt bekam ich ihn vom Bitterroot Valley aus zu Gesicht. Nach weniger als einer Stunde trafen wir in Missoula ein.

Wir hielten zuerst bei Sponz, und ich stellte mich bei ihm sofort unter die Dusche. Das war etwas ganz anderes als die armseligen Güsse, die ich gewohnt war. Ich blieb so lange unter der Dusche, bis Sponz sich erkundigte, ob ich den Abfluss hinuntergespült worden sei. Er saß auf dem Klodeckel und spulte wieder einmal eine Geschichte nach der anderen ab, während ich das heiße Wasser an mir herunterprasseln ließ, bis der Boiler leer war. Danach musste ich mir Kleidung von ihm ausborgen, denn hier in der Stadt würde ich nur neugierige Blicke auf mich ziehen, so wie ich angezogen war, mit meinen vielen Wollsachen, die ich übereinander trug, und den kniehohen Mokassins.

Sponz und Rader waren von der langen Fahrt auf den Schneemobilen völlig gerädert, und so legten wir uns schon sehr früh schlafen. Rader machte sich in sein Apartment auf und nahm Boone mit sich, da Hunde in Sponz' Zimmer nicht erlaubt waren. Ich schlief bei Sponz auf dem Boden.

Am nächsten Tag rief als Erstes Rader an. Er hatte Boone ein bisschen rausgelassen, und nun war sie verschwunden. Er hatte schon überall Zettel angebracht und auch die Radiostationen benachrichtigt. Während er mir das sagte, fummelte ich nervös an dem klebrigen Schildchen mit der Notrufnummer und dachte dabei an ihr klägliches Wimmern in jener Nacht in Paradise im Camp der Pumajäger. »In Ordnung«, sagte ich und hängte auf. Mehr konnten wir nicht tun. Sie war noch nie in Missoula gewesen, wir konnten also an keiner bestimmten Stelle nach ihr suchen. Trotzdem kutschierten wir ein paar Stunden in der Gegend herum, ohne allerdings nur eine Spur von ihr zu entdecken. Ich ging über die große Wiese des Campus, auf der es nur so von Hunden wimmelte. Ich dachte, dort würde es sie vielleicht hinziehen. Dabei stieß ich unentwegt auf Bekannte, und nach kürzester Zeit war auch eine Party vereinbart. Ich ließ mich überreden, mit meinen Bekannten mitzugehen. Ich hoffte, dass derjenige, der Boone finden würde, mich gleich telefonisch benachrichtigen würde.

Die folgenden Tage bekamen schnell Routine, so wie ich es seit meinen früheren Beschäftigungsmanövern am Selway gewohnt war. Gleich beim ersten Morgenlicht durchstreifte ich die schlafende Stadt auf der Suche nach Boone. Wie es ihr jetzt wohl erging? Ich überquerte die Brücke über den Clark Fork, der noch größer war als der Selway. Beim Anblick der Enten, ohne mein Gewehr über den Schultern, kam ich mir direkt nackt vor. Ich stieg hinunter zum Fluss, um nach Boone zu suchen, und hoffte bei jeder Flusswindung, sie durch das Gestrüpp über den Schnee auf mich zulaufen zu sehen, wie es ihre Gewohnheit war, wenn sie auf unserer Wiese einem Wild hinterhergejagt war. Aber hier gab es keinen Schnee, und auch Boone rannte nicht um die Flussbiegung.

Wenn es Abend wurde, verbrachte ich meine Zeit mit all den Leuten, von denen ich mich im Herbst wochenlang verabschiedet hatte. Ich traf mich auch mit einem Mädchen zum Abendessen, das ich kurz vor meiner Abreise in die Wildnis kennen gelernt hatte. Im Restaurant kam ich nicht aus dem Staunen heraus über die vielen Menschen auf so engem Raum. Als ich vor der Salatbar in der Schlange stand, fühlte ich mich regelrecht bedrängt, ich war es nicht mehr gewohnt, dass Menschen so dicht zusammenstanden und dass ich bei jedem Schritt auf andere achten musste. Am Selway hatte jede noch so flüchtige Bewegung eine Bedeutung, sei es, dass irgendetwas in der Nähe war oder dass irgendetwas geschah. Hier war überall nur einfach Bewegung, ohne dass sie irgendetwas zu bedeuten gehabt hätte.

Zurück an meinem Tisch, schaute ich mir die Warteschlange genauer an und erkannte, es waren einfach nur Menschen, niemand hegte hier irgendwelche dunklen Absichten. Mir fielen die hautengen Jeans der Männer auf. Mit denen würden sie in den Bergen keine Minute überleben. Sie würden sich wie ein Schwamm mit nassem Schnee vollsaugen, und die Männer würden zu Tode erfrieren. Natürlich war diese Feststellung völlig irrelevant, denn niemand würde solche Hosen da draußen in der Wildnis tragen.

Es war ein komisches Gefühl, bedient zu werden und ein Essen fix und fertig vor sich stehen zu haben, ohne dafür auch nur den kleinsten Finger zu rühren. Doch kaum hatte ich einen Bissen vom Salat gekostet, war dieses Gefühl wieder verflogen. Ich hatte beinahe schon vergessen, wie sehr mir frischer Salat gefehlt hatte.

Nach dem Essen spazierten wir durch die Nacht und hielten Ausschau nach Boone, meine Begleiterin schien ebenso besorgt zu sein wie ich. Ich dachte an Beau, Brians Hund, den er auf seiner ersten Pumafährte in den Bergen verloren hatte, und ich fragte mich, hinter wem wohl Boone bei ihrem ersten Stadtausflug auf der Fährte war. Wenigstens gab es hier keine Koyoten.

Die Hochzeit verlief reibungslos, obwohl Rader und ich die ganze Nacht davor kein Auge zugedrückt hatten. Sponz kam als Retter in der Not; er schleifte Rader unter die Dusche und steckte ihn rechtzeitig für die Hochzeitszeremonie in seinen Hochzeitsanzug. Ich selbst hatte mich in einen geborgten Anzug gezwängt, der mich an Hals und Schultern beengte, und hielt mich, noch etwas angeschlagen von der vorangegangenen Nacht, im Hintergrund, von wo aus ich versuchte, alles mitzubekommen, als beide vor dem Altar standen. Wie war das bloß alles nur so gekommen, erst ein oder zwei Rendezvous und gleich darauf die Heirat? Und das alles innerhalb kürzester Zeit, so schien es mir jedenfalls, seitdem ich da draußen war. Während der Priester unablässig redete, machte ich mir Sorgen um Boone.

Die Hochzeitsparty zog sich über das ganze Wochenende hin, und ich nahm daran teil, wie betäubt von all dem, was es zu sehen gab, von den Leuten und den vielen Gesprächen. Ich gab ein paar Geschichten über das Leben am Selway zum Besten, aber in großen Menschengruppen verstummte ich, gegen eine Wand gelehnt, um das große Treiben nur zu beobachten. Es fiel mir gar nicht so leicht, über meinen Aufenthalt am Selway zu berichten, obwohl diese Leute doch die Gleichen waren, die ich damals vor meiner Abfahrt dorthin zurückgelassen hatte. Aber sie waren jetzt eine eingeschworene Partygemeinde des Colleges geworden, Meister des gedankenlosen Vergnügens.

Von Boone gab es immer noch keine Spur.

Am Montag nach der Hochzeitsfeier beruhigten sich die Dinge etwas. Die Collegestudenten gingen wieder zu ihren Vorlesungen, ihre Eltern fuhren nach Hause. Rader und ich trugen das Rotluchsfell zur Pacific Hide and Fur, der Pelzhandelsgesellschaft. Ich hatte noch nie etwas mit einem Pelzhändler zu tun gehabt. Ich beobachtete ihn, wie er das Fell ausbreitete, die Größe ausmaß und auf unsichtbare kleine Fehler hinwies.

Er machte viel Aufhebens, ehe er sein erstes Angebot aussprach – vierhundertzwanzig Dollar. Zuerst war ich etwas überrascht, aber schon stieg ein leiser Verdacht in mir auf. Als er dann vom Datenzettel und der Jagdlizenz anfing und über die Schwierigkeiten zu jammern begann, die er mit der Jagd- und Fischereiverwaltung bekommen würde, war ich mir auf einmal gar nicht mehr so sicher, ob ich das Fell überhaupt verkaufen wollte.

Schließlich folgerte er für sich, dass wir wohl gar keinen Datenzettel besaßen. Jetzt übernahm Rader die Verhandlung, bis der Kerl zugab, dass es Mittel und Wege gab, dies zu umgehen, wobei er nicht vergaß zu betonen, dass er in diesem Fall für das Rotluchsfell keinen Spitzenpreis mehr bezahlen könne. Rader fragte, wie nah sein Angebot an einen Spitzenpreis herankäme. Der Händler überlegte kurz und erklärte dann, hundertfünfzig Dollar, mehr könne er nicht riskieren.

Das war der Gipfel der Unverschämtheit. Ich schnappte mein wunderbar weiches, vom Händler fachmännisch gebürstetes Fell, und wir machten uns aus dem Staub. Ich dachte an die alte Raubkatze, wie sie sich auf dem Rücken der Hirschkuh angeklammert hatte, die Zähne zu verbraucht, um sie zu schlagen; sie hatte keinen Moment aufgegeben, auch dann nicht, als sie mit dem Wild in den Abgrund gestürzt war und ich mich ihrem völlig zerschundenen Körper genähert hatte. Warum sollte ich das Fell verkaufen? Der Besitzer nach mir würde nur ein hübsches Fell sehen, weiter nichts. Ich hatte das Geld nicht so nötig, dass ich meine wunderbare Rotluchsgeschichte dafür opfern wollte.

Rader schlug Alternativen vor, und ich hörte ihm zu, denn ich wollte ihm nicht lange erklären, warum ich das Fell nicht verkaufen wollte. Er war jetzt ein verheirateter Mann und musste sich um Dinge wie Geld und Sicherheit Sorgen machen. Außerdem hatte er nicht die wilden, gelben Augenschlitze des Rotluchses gesehen. Wir kehrten zurück zum Campus, wo Rader Unterricht hatte. Ich wechselte das Thema, ehe ich mich weiter darüber ausließ. Das war wohl etwas, das man gleich oder nie begriff.

Nachdem ich Rader abgesetzt hatte, begann ich wieder meine Runden auf dem Campus zu drehen, um zu sehen, ob ich Boone zwischen den Hunden dort finden könnte. Dabei stieß ich auf einen Bekannten, und wir unterhielten uns auf der großen Wiese, als er mir plötzlich über die Schulter blickte und sagte: »He, ist das nicht dein Hund?« Ich wirbelte herum und sah tatsächlich Boone auf mich zutrotten. Sie lächelte, wie das Hunden eigen ist, so als wäre sie nur ein wenig auf unserer Wiese herumspaziert. Vier Tage lang war sie fort gewesen. Wir tollten wie die Wilden über den Campus und wühlten dabei das nasse Gras auf. Nun, da Boone aufgetaucht war, konnte ich wieder zum Selway aufbrechen. Ich musste mich um die Fische kümmern, und ich war es leid, anderen Leuten zur Last zu fallen, indem ich bei Sponz wohnte und dem frisch verheirateten Rader die Zeit stahl. Außerdem hingen mir das ewige Saufen und Quatschen zum Hals heraus. Ich wollte einfach nur wieder in meinem Zelt sitzen.

Keiner konnte sich noch einmal die Miete für zwei Schneemaschinen oder gar einen Anhänger für ihren Transport leisten, also borgten Rader und ich uns einen klapprigen Laster und fuhren damit mit Ach und Krach nach Hamilton, wo wir uns eine einzige Schneemaschine mieteten. Wir verluden sie auf den Laster, und am Nachmittag waren wir am Ende der asphaltierten Straße angelangt, fünfunddreißig Meilen von meinem Zelt entfernt. Es war ein warmer, sonniger Tag, der Schnee war an der Oberfläche schon wässrig, die Kruste darunter aber noch hart. Wir hatten eine weitere Abschiedsparty hinter uns, der wir gestern Abend nicht hatten ausweichen können, genau wie im letzten Herbst. Wir waren müde und ziemlich verkatert.

Wir starteten den Motor und fuhren in Richtung Pass. Unterhalb der matschigen Oberfläche pappte der Schnee und bremste die Skier. Nach etwa einer Meile verlor der Motor an Kraft. Boone hatten wir vorher abgehängt, doch jetzt konnte sie in bequemem Trott mit uns mithalten.

Nach ein paar hundert Metern blieb die Maschine einfach stehen. Der Motor heulte zwar auf, doch nichts geschah. Rader und ich stiegen ab und sahen uns nur an. Wir hoben die Motorhaube, der Keilriemen war noch intakt. Das war übrigens so ziemlich das Einzige, was er reparieren konnte. »Vielleicht hat der Zylinder ein Loch«, meinte er.

Der Mann bei der Autovermietung hatte das alles vorausgesehen. Er hatte uns vor den schlechten Straßenverhältnissen gewarnt und uns abgeraten, mit zwei Personen auf der Schneemaschine zu fahren. Rader war ihm irgendwie bekannt vorgekommen, er erinnerte sich dunkel an zwei lädierte Schneemaschinen, die Rader schon mal zurückgebracht hatte. Er war sich aber zum Glück nicht ganz sicher.

Wir ließen den Motor abkühlen. Rader saß auf dem schwarzen Sitz aus Vinyl, während ich mich in eine Schneewehe fallen ließ, gut eingepackt, wie ich war, in diversen Lagen von Wollpullovern. Endlich konnten wir uns einmal vernünftig unterhalten, ohne den Alkohol, der auf den Partys üblich gewesen war. Es ging hauptsächlich um die Ehe, das war etwas Neues und Unbekanntes und daher auch etwas Beängstigendes für uns.

Schließlich war der Motor unserer Meinung nach genügend abgekühlt, und so setzten wir ihn wieder in Betrieb. Rader fuhr noch etwa zweihundert Meter die Straße hoch, während ich nebenherlief. Aber wir mussten einsehen, dass die Schneemaschine nicht durchhalten würde. Also setzten wir uns wieder in den Schnee.

Rader konnte mich wieder nach Missoula mitnehmen, aber er würde nicht die Zeit haben, mich noch einmal hier heraufzufahren. Eine andere Maschinen zu mieten, war auch nicht möglich, auch wenn der Bursche von der Autovermietung tatsächlich bereit gewesen wäre, uns eine weitere Schneemaschine zu Schrott fahren zu lassen. Ich sagte Rader, ich könnte einfach nicht länger von meinen Fischen fern bleiben. Es könnte auch ein Baum quer über den Kanal fallen. Oder es käme ein Blizzard. Es konnte alles Mögliche passieren.

Wir saßen etwas ratlos da und vermieden es, uns in die Augen zu sehen.

An diesem Tag hatten wir noch nichts zu uns genommen, der Kater hatte uns jeglichen Appetit verdorben.

»Du hast nicht zufällig einen Schlafsack bei dir?«, fragte er, obwohl die Antwort auf der Hand lag. Ich hatte ja keinen Rucksack dabei.

Ich schüttelte den Kopf. »Zum Essen habe ich auch nichts.«

»Schneeschuhe?«

Wieder schüttelte ich verneinend den Kopf.

»Wie lange hast du gestern geschlafen?«

Jetzt mussten wir beide grinsen. »Eine Stunde, vielleicht sogar weniger.«

»Also, worauf wartest du? Bis später.«

Wieder lachten wir, doch ich erklärte ihm, dass ich mich wirklich auf den Weg machen würde. Er fand dies keine besonders gute Idee, und er hatte Recht, doch ich wollte auf keinen Fall zurück nach Missoula. Es wäre mir unangenehm gewesen, vor Sponz' Tür zu stehen und ihm sagen zu müssen, dass er mich doch nicht losgeworden wäre. Ich wollte nicht, dass Rader Lorrie erklären müsste, er würde mich wieder herfahren. Ich hatte genug von Missoula und wollte unbedingt zurück zu meinem Zelt.

Ich versicherte Rader, dass ich zur Not in Blondies Hütte oder in Slow Gulch übernachten könnte. Wir erhoben uns. »Bist du sicher?«, fragte er. Ich nickte. Dann schüttelten wir uns die Hände, und er fuhr einmal im Kreis herum, dass der Schnee aufspritzte. »Abwärts geht's großartig«, sagte er.

»Wunderbar.«

»Alles Gute«, rief er, und während er den Berg hinuntertuckerte, begann ich meinen mühsamen Aufstieg über den Pass zum Selway und zum Indian Creek.

Nach einer Stunde hatte die Sonne den Schnee so weit aufgeweicht, dass ich auf der offenen Kurvenstraße beinahe bei jedem Schritt durch die verharschte Schneedecke durchbrach. Der Schnee war mittlerweile so schwer geworden, dass ich nur knietief hineinsank, nicht mehr bis zu den Hüften wie damals im Pulverschnee. Trotzdem war es ein langsames, anstrengendes Vorwärtskommen.

Oben auf dem Berg war die Sonne so stark, dass mir die Augen von dem gleißend hellen Schnee tränten und ich wieder begann, mein Kopfweh von gestern Nacht zu spüren. Ich fragte mich, wie schnell man wohl schneeblind werden konnte. Es war ein Regentag gewesen, als sie mich abgeholt hatten, und meine Sonnenbrille lag noch im Zelt.

Obendrein wurde Boone gerade läufig und begann zu bluten. Sie lief eine kurze Strecke, dann schleifte sie wimmernd ihr Hinterteil durch den Schnee. Ich kannte mich in diesen Dingen nicht besonders gut aus. Vielleicht erwartete sie nach ihrem Ausflug in Missoula einen Wurf Hundebabys.

Als ich den Pass überquerte, war ich noch recht guter Dinge. Wenigstens ging es ab jetzt nur noch bergab. Doch ich hatte jetzt Hunger, und bis nach Magruder waren es noch vierzehn Meilen. Ich hielt bei Blondies Hütte, die Müdigkeit nach der fast schlaflosen letzten Nacht quälte mich am meisten. Am liebsten hätte ich hier Rast gemacht, aber ich wusste nicht, wie es danach weitergehen sollte. Es war immerhin noch hell, und ich hatte weder etwas zu essen noch einen Schlafsack dabei. So entschloss ich mich weiterzugehen und steckte mir hie und da etwas Schnee in den Mund.

Ich hatte weder eine Armbanduhr noch meinen Wecker mitgenommen und schaute immer wieder auf die Sonne, um festzustellen, wie lange es noch hell sein würde. Eine Taschenlampe hatte ich auch nicht mit. Ich versuchte jetzt, mich zu erinnern, in welcher Phase der Mond gerade war, aber in der Stadt hatte ich nicht darauf geachtet. Ich wusste also nicht einmal, ob ich in der Nacht hier draußen überhaupt etwas sehen könnte.

Auf meinem mühseligen Marsch, vorbei an all den Etappen meiner Suche nach Paul und Dad, kam die Erinnerung wieder auf, doch mehr noch beschäftigten mich Missoula und unsere wüste Fahrt dorthin vor ein paar Tagen. Ich war erstaunt, wie froh ich jetzt war, hierher zurückzukommen und Missoula wieder hinter mir zu lassen. Ich setzte einen Fuß vor den anderen, immer vorwärts, und konnte kaum glauben, dass ich mir den Winter lang so sehr gewünscht hatte, einmal für ein paar Tage herauszukommen. Was hatte ich mir da vorgestellt?

Wie benommen stolperte ich den Weg entlang, bis ich Magruder erreichte, gerade rechtzeitig vor Einbruch der Dunkelheit. Vollkommen am Ende meiner Kräfte, war ich nicht einmal in der Lage, das Propangas aufzudrehen. Im Keller fand ich eine Dose Aprikosen, die ich mir aufmachte. Nachdem ich Feuer gemacht hatte, setzte ich mich vor die offene Ofenklappe, um den kalten Schweiß auf meiner Haut trocknen zu lassen.

Zum ersten Mal erschien mir Magruder gar nicht mehr so wohnlich. Es war jetzt für mich nur ein Ort, an dem ich Rast machen konnte. Wenn ich nicht so erschöpft gewesen wäre, hätte ich mich noch bis zum Indian Creek aufgemacht, am Selway hatte ich sogar noch mit diesem Gedanken gespielt. Nach den fünfundzwanzig Meilen Marsch, die ich hinter mich gebracht hatte, waren mir die letzten zehn Meilen zu meinem Zelt, von denen ich jeden Zentimeter kannte und die ich schon seit geraumer Zeit mit traumwandlerischer Sicherheit ging, wie ein Katzensprung vorgekommen. Es wäre aber doch eine Dummheit gewesen, das sah ich rechtzeitig ein und vertagte den Weitermarsch bis zum Morgen.

Sobald mir wieder warm war und nichts mehr an mir klebte, kroch ich in einen der beiden Schlafsäcke und schlief prompt ein. Morgens erwachte ich, als mich eine Maus am Bart zupfte. Nachdem ich mich vergewissert hatte, dass das Feuer aus war, begann ich die letzte Etappe meines Marsches. Vor Mittag war ich wieder bei meinem Zelt. Ich dachte, ich würde vollkommen ausgehungert sein, doch nach meinem Kontrollgang zum Kanal, wo ich alles aufs Beste vorfand, gingen Boone und ich zum Ufer des Indian Creek, legten uns auf die hart getrocknete Erde unter einer Goldkiefer und fielen sofort in tiefen Schlaf.

KAPITEL 19

Sobald ich nach meiner langen Abwesenheit mein Camp und den Kanal inspiziert hatte, machte ich mich mit knirschenden Schritten hinauf zum Indian Ridge. Oben angekommen, schnallte ich mir die Schneeschuhe an, die ich dort verstaut hatte, und marschierte weiter, bis der Trapper Peak sichtbar wurde. Dann hockte ich mich auf einen Stein und betrachtete ihn lange. Irgendwie wirkte er von diesem Aussichtspunkt besonders beeindruckend. Er lag weit entfernt in verschwommenen Umrissen wie ein Bild, das erst im Kopf zur Vollkommenheit gelangt.

Ich blieb den ganzen Tag oben, bis sich die Dämmerung senkte. Dann erst machte ich wieder kehrt. Meine Schneeschuhe hängte ich an einen Baum und stapfte durch braunen Matsch und Geröllreste über den Südwesthang zu meinem Zelt.

Am Nachmittag fiel bald wieder Schneeregen, und ich blieb im Zelt, um alle möglichen Hausarbeiten zu erledigen. In einem meiner Angier-Bücher stieß ich auf die Beschreibung, wie man Schleudern herstellte – von der Art, wie sie David in seinem Kampf gegen Goliath so viel Erfolg gebracht hatte.

Ich schnitt ein handtellergroßes Mittelstück aus Leder aus sowie die Riemen, die ich zusammenband. Dann trat ich hinaus in den Nieselregen, um meine Schleuder auszuprobieren.

Ich hielt mich genau an die Beschreibung im Angier und suchte mir einen Stein in der Größe eines Rotkehlchens aus, den ich über meinen Kopf wirbelte. Dann ließ ich einen Riemen los. Der Stein schoss zwischen die Bäume – nach hinten. Da musste ich lachen, entfernte mich aber vorsichtshalber außer Reichweite meines Zelts, ehe ich einen weiteren Stein aufhob. Bald flogen meine Steine in alle Richtungen, manchmal sogar in die richtige. Bis ich das Gefühl hatte, mein Arm würde mir abfallen, war ich in der Schleudertechnik so weit geübt, dass die Steine vorwärts und nicht mehr rückwärts flogen. Wenn Goliath plötzlich auf meine Bergwiese spaziert wäre, hätte ich allerdings nichts zu lachen gehabt.

Jeden Tag trieb ich mich im Nieselregen in der Nähe meines Zeltes herum und übte mich weiter im Schleuderschießen. Ich schleuderte die Steine in die steigende Flut, und mit der Zeit traf ich sogar die Felsen im Wasser, die ich mir als Zielscheiben ausgesucht hatte.

Es regnete ohne Unterlass, doch mit jedem Frühlingstag wuchs meine Energie. Der Schnee auf der Wiese verschwand allmählich und blieb nur in den festgetretenen Pfaden liegen, in denen dünne Linien die Reste meiner Fußspuren vom Winter anzeigten. Eines Abends tauchten auf dem breiten Abschnitt des Selway oberhalb meines Zeltes ein paar Gänsesäger auf, dort, wo der Elch vorbeigesprengt war. Ihr leuchtend weißes und schwarzes Brustgefieder schimmerte, während sie wie Steine über das Wasser hüpften und auf der Suche nach Nahrung immer wieder die Köpfe gierig untertauchten. Beinahe hatte ich vergessen, dass diese Geschöpfe zurückkehren würden.

Ob es regnete oder die Sonne schien, ich blieb meinen täglichen Wanderungen treu. Die Rufe der Wildhühner schwebten so leise durch die Wälder, dass ich nicht wusste, ob ich sie tatsächlich gehört oder mir nur eingebildet hatte. Ich traf jetzt regelmäßig auf Bärenspuren, und täglich begegnete mir viel Wild, meistens Wapitipärchen. Doch die Dickhornschafe hielten sich weiterhin geschickt versteckt. Wapitigeweihe lagen im Wald wie Abfall herum, die schönsten nahm ich mit, sie häuften sich in meinem Zelt, obwohl ich nicht wusste, was ich mit ihnen anfangen wollte. Sie übten einfach eine Faszination auf mich aus.

Eines Abends kehrte ich vom Indian Creek mit dem riesigen Geweih eines Siebenenders zurück, das ich über eine Meile entfernt gefunden hatte. Plötzlich entdeckte ich am Himmel ein bewegliches Pünktchen. Ich blieb stehen und beobachtete, wie sich das Pünktchen vergrößerte und näher kam, bis es sich in einen Adler verwandelte. Er senkte sich immer weiter herunter, die Schwingen angelegt wie ein Falke, Kopf und Schwanz schimmerten weiß durch den Dunst.

Ich blickte mich um, wem sein Sturzflug galt, aber ich konnte nichts entdecken. In Gedanken sah ich ihn schon auf die Tannenwipfel prallen, da breitete er seine Schwingen weit auseinander und hielt seinen Sturzflug mit heftigem Flattern auf. Sobald seine Fallgeschwindigkeit nachließ, faltete er wieder seine Flügel ein. Nun hing er für einen Augenblick völlig reglos in der Luft, er drehte sich auf den Rücken und sackte ein Stück hinunter, ehe er mit immer schnelleren Flügelschlägel wieder gen Himmel flog, knapp an den Tannen vorbei. Ich konnte beobachten, wie er immer wieder ein Stück nach unten sackte, bis ihn eine Warmluftströmung auffing und er sich, große Kreise ziehend, wieder emporschwang und schließlich am Himmel verschwand. Beim Anblick dieses wilden Schauspiels stieß ich einen Freudenschrei aus. Ich fühlte mich wie der Adler.

Das Wetter wurde immer wärmer, und plötzlich tauchte ein Schwarm kleiner himmelblauer Schmetterlinge auf, sie flatterten knapp über dem Boden und wirbelten um meine Beine herum. In unermüdlicher Jagd war Boone stets hinter ihnen her. Ich bereitete jetzt meine Mahlzeiten im Freien zu statt in meinem engen, heißen und rauchigen Zelt. Neben meiner Kochstelle streckte ich mich auf dem Boden aus und beobachtete Ameisen und dicke, schillernde grüne Fliegen, die dort herumkrabbelten. Winzige Wildblumen, gelbe und blaue Tupfer, sprossen plötzlich überall aus der Erde.

Es kehrten noch mehr Gänsesäger zurück, auch ein Schellentenpärchen fand sich ein. Und es kamen noch weitere Entenarten. Die Krickenten mit ihren grünen Flügeln erschienen als eine der ersten. Ich wollte sie aufstöbern, allerdings ohne Erfolg. Ich war nur die Jagd auf Wildhühner gewohnt, die einfach nur interessiert zuguckten, wenn ich sie ins Visier nahm. Die Enten jedoch flogen in dem Augenblick, in dem sie mich erblickten, auf und davon, ehe ich überhaupt das Gewehr von der Schulter genommen hatte.

Fortwährend stieg das Wasser in den Bächen und Flüssen und schwemmte Erde und Schlamm mit sich, was mir zusätzliche Arbeit am Kanal einbrachte. Ich musste versuchen, die Strömung so gut wie möglich einzudämmen, sodass der Schlamm nicht die Lachse in ihren Verstecken zwischen den Flusssteinen begrub. Also senkte ich am Ende des kleinen Kanals ein Drahtgitter ab. Eigentlich handelte es sich mehr um einen primitiven Auffangbehälter, der die Lachse abfangen sollte, bis ich sie gezählt hatte und freilassen konnte.

Aber es tauchten immer noch keine Lachse auf.

Das Wetter blieb mehrere Tage schön, und so konnte ich größere Ausflüge unternehmen. Es war jetzt um die zehn Grad plus, und oft zog ich mir die Hemden aus und schlang sie um die Hüften. Ich hatte beinahe vergessen, dass es je wieder warm werden würde. Eines Tages wurden es fünfzehn Grad, und ich schwankte wie benommen durch die Hitze.

Ich kam wieder zu dem Abgrund, den ich auf meinem Weg zum Sheep Creek einmal beinahe hinuntergestürzt wäre, weil ich darauf aus war, Dickhornschafe zu beobachten. Die baumlosen Talhänge waren schon grün unter dem herabfließenden Wasser des schmelzenden Schnees, überall lagen Gesteinsbrocken verstreut. Einmal stieß ich vermutlich auf eine Herde von etwa fünfzehn Dickhornschafen, es war aber schon zu spät, um auf die Entfernung sagen zu können, ob es sich nicht doch um Hirsche gehandelt hatte. Ich kehrte zurück und hoffte, einmal ein Dickhornschaf aus nächster Nähe zu sehen. Ich war nie einem in freier Wildbahn begegnet.

Eines Morgens fand ich Bärenkot auf meiner Wiese; ich beugte mich über den schwärzlichen Haufen und warf einen schnellen Blick zwischen die schwarzen Bäume um mich herum. In meinem Zelt befanden sich allerhand Leckerbissen für Bären wie Erdnussbutter und Honig. Ich ging ins Zelt und lud mein Gewehr. Wie es wohl wäre, wenn ich mich eines Nachts in meinem Zelt gegen einen Bären verteidigen müsste? Wenn ich daran dachte, wie lange es gedauert hatte, bis der Elch verendet war, verspürte ich jedoch keine große Lust mehr, auf einen Bären zu schießen.

Auf meinen Spaziergängen hielt ich stets Ausschau nach Bären, auch ihnen war ich noch nie in freier Wildbahn begegnet. Ich stieß auf weiteren Bärenkot sowie Bärenspuren. Die Bären hatten an den jungen Bäumen ihr dickes Winterfell abgewetzt. Aus den abgeschabten Ästen war nun der klebrige Saft herausgetreten, und lange Fellhaare hafteten daran. Nachdem ich einen der Bäume genauer untersucht hatte, wurde ich sehr vorsichtig; ich war mir sicher, dass sich irgendwo in der Nähe ein Bär aufhielt. Dann kam ich über den nächsten Abhang und stand keine achtzehn Meter vor einem Hirschen. Ich hatte so felsenfest mit einem Bären gerechnet, dass ich jetzt erst einmal tief Luft holen musste.

Der Hirsch lief nicht davon, sondern blieb wütend stehen. Nervös trippelte er auf der Stelle, dann machte er einen Schritt auf mich zu. Und noch einen zweiten. Was hatte er vor? Er kam weiter unbeirrt näher, und ich überlegte kurz, welche Gefahr ein Hirsch für mich bedeuten könnte. Ich hatte mich nicht gerührt, Boone stand immer noch neben mir.

Er kam bis auf zehn Meter zu mir heran, dann machte er plötzlich kehrt und stieß dabei einen seltsamen bellenden Laut aus. Er stob den Abhang in staksigen, abgehackten Sprüngen hinunter und hielt einen Augenblick inne, die Nase hoch in die Luft gereckt. Er hatte mittlerweile meine und Boones Witterung aufgenommen. Auf einmal war er im Handumdrehen verschwunden.

Ich wollte hinter ihm her, um zu sehen, wohin er sich verziehen würde, wenn er einmal hinter der nächsten Anhöhe verschwunden und vor meinen Blicken sicher wäre. Also schlich ich den Abhang hinauf, um nach ihm Ausschau zu halten.

Stattdessen erblickte ich Dickhornschafe. Sie waren beinahe gelbbraun, viel heller gefärbt als das Wild. Sie standen in Windrichtung hintereinander aufgereiht, mit dem Rücken zu mir, und grasten. Das letzte Dickhornschaf in der Reihe war keine dreißig Meter von mir entfernt. Zwei der Dickhornschafe hoben den Kopf, blickten kurz den Abhang hinunter, denn grasten sie weiter. Es dauerte noch ein paar Sekunden, bis das letzte Dickhornschaf in der Reihe auch seinen schweren Kopf hob und ebenfalls kurz den Abhang hinunterschaute. Noch ehe es den Kopf wieder senkte, warf es einen Blick über die Schulter. Als sein Blick mich traf, erstarrte es.

Seine Kinnlade blieb mitten im Kauen offen stehen, und steifbeinig drehte es sich herum, bis es mir gegenüberstand. Die anderen Dickhornschafe kauten weiter, dann wandte sich das größte Schaf um, aufmerksam geworden durch das aufgeregte Getrappel und das unentwegte Starren meines Gegenübers. Sofort machte es eine heftige Bewegung, sodass die anderen Schafe hochschreckten. Plötzlich hatten sich alle Dickhornschafe unter großem Getrampel und Steinegepolter zu mir gewandt. Es waren alles Böcke, die nun ihre Köpfe mit den seltsam gewundenen Hörnern auf mich richteten und mich anstarrten. Beim Anblick dieser wehrhaften Hörner, die alle in meine Richtung zeigten, bekam ich es mit der Angst zu tun. Wenn diese Dickhornschafe auf mich losgingen, müsste ich rennend hinunter zum Selway die Flucht ergreifen.

Plötzlich hörte ich ein Gescharre über meinem Kopf, und ein kleiner Bock preschte bergabwärts, mitten durch die Herde hindurch. Das war das Startzeichen für die anderen. Sie polterten jetzt alle gleichzeitig den Abhang hinunter, dem kleinsten Bock hinterher, und ließen mich zurück. Ich rührte mich nicht und wartete grinsend, bis auch das letzte weiße Hinterteil verschwunden war.

Zuerst war ich einem Bären auf der Spur gewesen, dann hatte ich den Hirsch verfolgt, und schließlich war ich dem geheimnisumwitterten Dickhornschaf begegnet, das wie aus dem Nichts vor mir aufgetaucht war. Und das alles direkt vor meiner Tür.

Immer mehr Tiere zeigten sich, es schien überhaupt kein Ende zu nehmen. An diesem Abend auf meinem Heimweg durch die dichten Wälder zuckte ich auf einmal erschrocken zusammen, als ein Hühnerhabicht direkt über meinen Kopf flog. Ich duckte mich schnell und sah, wie er mit heftigen Flügelschlägen versuchte, mir auszuweichen, ohne das Eichhörnchen zwischen seinen Krallen fallen zu lassen. In Sekundenschnelle flitzte er zwischen den Ästen hindurch und war verschwunden. Ich hätte nie gedacht, dass auch nur der kleinste Vogel durch dieses Dickicht hindurchkäme. Mein Herz begann wie wild zu rasen, als mir klar wurde, dass ich den Hühnerhabicht fast nicht mehr rechtzeitig gesehen hatte. Wie immer hatte ich zu spät reagiert.

Nun, da die Tage immer länger wurden, konnte ich unentwegt durch die Gegend streifen, und ich wünschte mir, sie würden bald noch länger werden. Es gab so viel zu sehen, die Zeit schien einfach nicht auszureichen. Oft saß ich oben auf den Bergen und sah zu, wie Stürme aufzogen und sich die Wolkenmassen heranwälzten, die von den spitzen Bergketten auseinander gerissen wurden. Ab und zu tobte ein Hagelsturm, vor dem ich schnell unter den Bäumen Schutz suchen musste. Dabei brach ich in übermütiges Lachen aus, das jedoch von dem ohrenbetäubenden Getöse des Sturms noch übertönt wurde. Das ungestüme Wetter versetzte mich in eine wilde Laune, die ich im Spiel mit Boone austobte. Wenn der Sturm sich verzogen hatte, tollten wir durch die knirschenden Hagelkörner, die sofort verschwanden, wenn der erste Sonnenstrahl durch die Wolkenfetzen drang.

Auch wenn meine Erregung kaum zu bezähmen war, musste ich mich doch noch ernähren, und um zu essen, musste ich kochen. Das hatte ich während meiner Wanderungen durch die Berge vernachlässigt, sodass meine Vorräte schließlich auf einen kleinen Rest zusammengeschrumpft waren. Also legte ich einen Tag Pause ein, backte Brot, kochte Bohnen und bereitete mir Leckerbissen wie Reispudding und Mokkakuchen.

Die Hitze des Backofens vertrieb mich aus dem Zelt, aber ich konnte mich nicht weit entfernen. Jede Stunde musste ich nach dem aufgehenden Teig im Ofen sehen oder eine meiner Köstlichkeiten hinausbefördern. Ich dachte daran, wie Rader über mein unansehnliches Frühstücksbrot gelacht hatte, und als ich jetzt einen perfekt gelungenen Laib Brot aus dem Ofen holte, wünschte ich mir, er könnte mich sehen.

Nachdem ich alles fertig hatte, ruhte ich mich auf den Resten meines Holzstapels aus und genoss die letzten Sonnenstrahlen, während ich nach Zecken suchte – auch diese Tierchen waren im Frühling wiedergekehrt. Gerade als ich mir das Hemd ausziehen wollte, hörte ich ein dumpfes Grollen. Ich setzte mich auf und blickte über meine Wiese. Der Krach wurde immer lauter, und einen Augenblick später fuhr ein gelber Schneepflug rumpelnd heran, gefolgt von einem Laster der Forstverwaltung.

Ich schaute entgeistert. Abgesehen von gelegentlichen Schneerutschen war die Straße schon seit einer Woche frei.

Der Schneepflug ratterte weiter an meiner Wiese vorbei, aber der Laster blieb stehen, und ein Mann stieg aus. Es war ein Angestellter der Forstverwaltung, den ich im Herbst kennen gelernt hatte. Wir schüttelten uns die Hand und unterhielten uns ein wenig. Es hatte sie eine Woche gekostet, die Strecke zu räumen, und er schimpfte, wie schwer es gewesen sei, durch die Schneerutsche hindurchzukommen.

Sie hatten vor, die Straße bis zum Ende, das heißt bis nach Paradise, zu räumen und noch vor Abend zurückzufahren, daher blieb er nur kurz. Er sagte, sie müssten die Straße für die Bärenjäger räumen, die sie jedes Jahr darauf drängten, den Beginn der Saison für die Bärenjagd vorzuverlegen.

Ich dankte ihnen, dass sie bei mir vorbeigeschaut hatten, und ging in mein Zelt, denn ich musste diese Neuigkeit erst einmal verdauen. Ich war immer noch im Zelt, als sie ein paar Stunden später mit dröhnenden Motoren und hupend auf ihrem Rückweg bei mir vorbeifuhren.

Die Straße war frei. Jetzt könnte ich wieder durch die Gegend fahren. Nach Paradise oder nach Magruder, um ein Bad zu nehmen. Ich könnte sogar bis nach Missoula fahren. Es stand mir frei hinzufahren, wo ich wollte. Ein eigenartiges Gefühl, mit dem ich nichts so recht anfangen konnte. Ich war mir nicht einmal sicher, ob ich überhaupt irgendwohin fahren wollte, denn ich fürchtete, ich könnte hier etwas versäumen.

Obwohl es den ganzen Winter hindurch mein dringlichster Wunsch gewesen war, für ein paar Tage hier herauszukommen, sprang ich jetzt nicht auf den Laster und fuhr weg. Ich zog es vor, in den Bergen zu bleiben und zu beobachten, wie der Frühling Einzug hielt und alles um mich herum veränderte.

KAPITEL 20

Einen Tag nachdem die Straße geräumt worden war, fiel heftiger Schnee, aber gleich am nächsten Tag brach wieder die Sonne hervor. Ein paar Tage später setzte der Besucherstrom bei mir ein. Eine Menge Leute von der Forstverwaltung schauten bei mir scheinbar ohne besonderen Anlass vorbei. Die Wildhüter kehrten zurück, diesmal blieben sie sogar etwas länger als sonst, nun, da sie ohne Probleme herumkutschieren konnten. Sie hatten lauter Gräuelmärchen zu erzählen. Der Pass war noch schwer befahrbar, immer noch führten nur zwei Radspuren durch den Schnee, was sie allerdings nicht daran hinderte, ständig hier aufzutauchen. Auch Brian sah ich wieder, und wir tranken ein Schlückchen zusammen. Er war auf dem Weg zum Camp des Ausrüsters, denn bald würden die Bärenjäger hier eintreffen.

Wir waren jetzt nicht mehr alle bis über die Ohren eingemummt. Jetzt, da jeder ohne große Schwierigkeiten über den Pass kommen konnte, war auf einmal der Unterschied zwischen mir und den Besuchern deutlich zu erkennen. Sie waren, im Gegensatz zu mir, gewaschen und trugen saubere Kleidung. Die Burschen von der Forstverwaltung und die Wildhüter hatten adrette, gut gebügelte Uniformen an. Sogar Brian wirkte jetzt weniger struppig und unmanierlich in seiner hellen Kleidung und mit gewaschenen Haaren.

Ich hingegen sah immer noch wie ein Höhlenmensch aus. Am ersten warmen Nachmittag schleppte ich meine Zinkbadewanne ins Freie, stopfte so viel Holz in den Ofen, bis die Klappe kaum noch zuging, und setzte den großen Wassertopf auf. Wie immer dauerte es stundenlang, bis das Wasser kochte, aber ich konnte mich ja außerhalb meines stickigen Zeltes aufhalten. Als ich mir dann endlich draußen in der Sonne das Wasser über den Kopf goss, war das ein ausgesprochener Luxus im Vergleich zu den Waschprozeduren in meinem dunklen Zelt, wo ich im eiskalten Luftzug stehen musste.

Ich hüpfte nackt umher und ließ mich von der Sonne trocknen, aber bald glaubte ich ein entferntes Motorengeräusch zu hören und verschwand sofort im Zelt. Wie ich mir gedacht hatte, fuhren wieder Ausflügler daher. Auf einem Baumstumpf hockend, ließ ich mir die Haare in der Sonne trocknen, und langsam dämmerte mir, dass diese Gegend mir nicht mehr allein gehörte.

Das Wetter wurde immer schöner, an einem Tag wurden es sogar einundzwanzig Grad, eine so hohe Temperatur war auf den Thermometern der Forstverwaltung gar nicht verzeichnet. An den Stellen, wo der Schnee geschmolzen war, tauchten überall Wildblumen auf, und mit dem Bestimmungsbuch für Blumen, das mir meine Schwester Ellen geschenkt hatte, ging ich herum, um sie zu studieren. Die Wachslilie war noch vor dem Hundsveilchen da, Knollengrensel und Ginseng übersäten meine Wiese. Große dunkle Schmetterlinge mit gelben oder weißen Flügelrändern sowie eine kleinere, orange-schwarz gesprenkelte Sorte gesellten sich zu den winzigen himmelblauen Schmetterlingen, die schon seit der ersten Schneeschmelze hier herumflogen.

Sogar einen Schneehasen bekam ich zu Gesicht, sein weißes Fell war jetzt beinahe vollkommen grau geworden.

Und zum ersten Mal, seit ich diesen Job hatte, sah ich meine Fische. Sie verließen jetzt langsam ihr Versteck und machten sich bereit für ihre lange Wanderung. Sie waren jetzt ungefähr zweieinhalb Zentimeter lang, hellrosa und mit dunklen Klecksen an den Seiten. Ein Restfädchen des Dottersacks wölbte sich noch auf ihrer Unterseite. Sie schienen viel zu winzig für die bevorstehende Strapaze einer achtzehnhundert Meilen langen Wanderung.

Sie sammelten sich in Schwärmen im Becken unterhalb der Schleuse, wo ich immer das Eis abgeschlagen hatte, einige von ihnen waren noch zu schwach und wurden von der Strömung gegen das Drahtgitter gepresst, wo sie verendeten.

Die lebenden Fische zählte ich in einem Messglas, indem ich dreieinhalb Kubikzentimeter Wasser auffüllte und so lange Fische hinzufügte, bis das Wasser auf sieben Kubikzentimeter gestiegen war. Im Durchschnitt zählte ich pro Messvorgang hundertzehn Fische. Es kam mir nicht so vor, als wären sie für den Überlebenskampf gerüstet, der sie erwartete. Ich begann, täglich Fische aus dem Becken in den Fluss schwimmen zu lassen, und bald waren es fünfzehnhundert Fische, die ich jeden Morgen freiließ.

Die Forellen waren ganz versessen auf meine Fische. Einige der Lachse schlüpften durch den Auffangbehälter hindurch; das genügte, um die Forellen zum Kanalende zu locken. Eines Morgens fand ich im Becken zwei besonders verwegene Bachforellen. Sie hatten sich wohl durch das Schleusentor gezwängt und sich den ganzen Kanal entlang durch das seichte Wasser gewunden, um sich am Wasserfall ins Becken fallen zu lassen. Ich verspeiste sie zum Frühstück. Ihre Mägen waren mit winzigen Lachsen voll gestopft.

Wie ich wusste, befanden sich zweieinhalb Millionen Lachslaich im Kanal. Die Überlebensstrategie der Lachse besteht in der Überproduktion von Nachkommen. Sie überschwärmen die Flüsse mit mehr Fischen, als je vernichtet werden können. Beim Anblick der Forellenmägen, aus denen junge Lachse hervorquollen, erkannte ich mit einigem Ärger die Notwendigkeit dieser Strategie. Wenn sie den schweren Winter überstanden hatte, erwartete die Fischbrut draußen ein Massaker.

Der Verkehr auf der Straße beruhigte sich langsam. Ich erledigte meine Arbeit am Kanal und ließ täglich einen Fischschwarm in den Fluss. Danach machte ich mich auf meine Wanderungen durch die Gegend, um nicht in meinem Zelt von unerwarteten Besuchern überrumpelt zu werden, mit denen ich mich dann unterhalten müsste. Es war nicht mehr so sehr die Sonne, die ich oben suchte, sondern ich wollte die Erinnerung an den langen Winter wieder aufleben lassen, der jetzt so schnell dahinschwand.

Die Straße war schon seit geraumer Zeit frei, und nach einem ganzen Tag in den Berghöhen rutschte ich in der Dämmerung mit meinen Schneeschuhen die schlammige Erde auf dem alten Nez-Perce-Pfad hinunter. Unten bei der Furt am Selway nahm ich auf der Straße die letzten vier Meilen zum Zelt in Angriff. Jetzt war es schon fast dunkel. Aber seit die Straße geräumt war, hielt ich mich nicht mehr so strikt an meine eiserne Regel, stets vor Dunkelheit zu Hause zu sein.

Auf dem Weg hörte ich Motorengeräusche. Ich ging an den Straßenrand, und in letzter Minute versteckten sich Boone und ich im Gebüsch. Wir beobachteten, wie zwei Laster mit texanischen Nummernschildern an uns vorbeifuhren. Die Scheinwerfer waren aufgedreht. Je zwei Personen saßen drinnen, und oben auf den Gepäckträgern waren Gewehre befestigt. Die Bärenjäger waren da.

Als sie vorübergefahren waren, machte ich mich wieder auf durch die Dunkelheit. Der Anblick dieser vielen Fremden bedrückte mich. Nach dem langen, einsamen Winter hier war es für mich einfach nicht gerecht, dass so viele Menschen hier herumfuhren, als wäre es die größte Selbstverständlichkeit. Dies war nicht einfach irgendeine Gegend, wo man sich mal so eben ein oder zwei Bären schoss. Diese Gegend bedeutete viel mehr.

Die Ausflügler aber hatten keine Ahnung davon. Sie wussten nichts über Skifahrer, die am Pass umgekehrt waren, oder über Nächte bei vierzig Grad Kälte, bei denen die Sterne zum Greifen nah waren. Sie wussten nicht, dass der Schnee über einen Meter gelegen hatte und dass der festgetretene Restschnee, den sie trotz der Sonne immer noch auf den Bergwiesen sehen konnten, von meinen Winterpfaden übrig geblieben war. Sie würden den Schnee und auch sonst nichts begreifen, da sie die ganze Vorgeschichte nicht kannten. Ich aber hatte das Gefühl, hierherzugehören, und nun fuhren diese Schmarotzer einfach hier herum und machten sich breit.

Ich marschierte am Raven Creek vorbei, an der Stelle, wo der Rotluchs verendet war, und immer noch empfand ich das alles als himmelschreiende Ungerechtigkeit. Als ich wieder zu meiner Wiese zurückkam, sah ich die beiden Laster aus Texas vor meinem Zelt geparkt stehen. Ich setzte mich einfach unter einen Baum und wartete ab, bis sie verschwunden waren, ehe ich über die dunkle Lichtung zu meinem Zelt ging.

Am nächsten Morgen auf meinem Weg zum Kanal tauchten die Laster wieder auf. Sie kamen flussaufwärts von Paradise her. Diesmal saß ich in der Falle. Die Insassen, zwei Ehepaare, stiegen aus und kamen den Abhang hinunter zu mir.

Sie stellten sich vor, und wir begrüßten uns. Eine der Frauen war sofort ganz vernarrt in Boone. Sie kauerte sich hin und streichelte ihren Kopf, wobei sie begeisterte Ohs und Ahs von sich gab und schwärmte, wie reizend Boone doch sei. Boone war mittlerweile eine stattliche Hündin geworden. Sie hatte mehr von einem Schäferhund, doch auch der Husky kam etwas durch. Ihre Brust war breit und kräftig von den langen Strecken, die sie seit ihrer Jugend in den Bergen gelaufen war. Sie saß neben mir und wusste nicht so recht, was sie mit diesen Fremden anfangen sollte.

Die Männer aus Texas sagten mir, sie hätten von den Wildhütern von meinem Winteraufenthalt hier gehört, wenn also jemand über die Verstecke der Bären Bescheid wüsste, dann sei ich das. Die halbe Nacht hätten sie bei meinem Zelt auf mich gewartet.

Sie mimten ein wenig Interesse für meine Fische und meinen Aufenthalt hier, dann fuhren sie mit ihren Lastern zurück zu meinem Zelt. Ich ging zu Fuß hinterher. Ich bot ihnen Kaffee an, doch sie waren nur daran interessiert, etwas über die Bären zu erfahren.

Obwohl ich nicht angeben wollte, war ich doch darüber enttäuscht, dass sie sich nur flüchtig danach erkundigten, wie ich den Winter hier verbracht hatte. Ich hätte keine Bären gesehen, sagte ich ihnen. Sie konnten es einfach nicht glauben. Ansonsten waren sie ziemlich gut informiert und meinten, dass es am Selway von Bären nur so wimmeln würde. Tatsache war, dass diese Gegend zu den wenigen gehörte, in der man zwei Bären zum Abschuss frei bekam, bemerkten sie noch.

Schließlich äußerten sie den Verdacht, ich wollte die Bären für mich allein behalten, und lachten. Die ganze Zeit war die Frau Boone nicht von der Seite gewichen, und mir schien, dass Boone ihre Zuwendung genoss. Eigentlich waren diese Leute ganz in Ordnung. Nur ich war noch nicht so weit, ihnen mein Land auf dem Tablett zu servieren.

Wir trafen uns beinahe jeden Tag. Die Texaner kamen mit eisgekühltem Bier aus ihrer Tiefkühltruhe vorbei und fragten mich ununterbrochen, ob und wo ich Bären gesichtet hätte. Das verriet ich ihnen nur dann, wenn die Bärenspuren mindestens sechs oder sieben Meilen von der Straße entfernt lagen. Dann lachten sie und meinten, sie hätten leider keine Pferde dabei, und ich stimmte in ihr Gelächter ein.

Eines Morgens tauchte plötzlich Brian mit quietschenden Bremsen vor meinem Zelt auf und stieg türenknallend aus seinem Lastwagen aus. Ich war gerade damit beschäftigt, einen neuen Ladestock für mein Gewehr zu schnitzen, als er auf mich losgestürzt kam und mit dem Daumen nach hinten zu seinem Wagen deutete, in dem zwei Jäger saßen und wie versteinert das Amaturenbrett anstarrten. Er erzählte mir, wie sie die Straße entlanggefahren waren auf der Suche nach Bären, bis sie einen aufgespürt hatten, der tapsend aus dem Gebüsch auftauchte und mit schweren Schritten den Fluss überquerte. Bevor Brian ihn davon abhalten konnte, war einer der Jäger aus dem Wagen gesprungen und hatte gefeuert.

»Er hat ihn auch getroffen«, sagte Brian. »Allerdings habe ich keine Ahnung, wie gut.«

Brian hatte ihn ganz schön zusammengestaucht und gefragt, wie zum Teufel er den Fluss überqueren wollte, um den Bären zu finden, sollte er ihn getroffen haben. Der Jäger war beim Anblick des Bären so in Erregung geraten, dass er dies alles nicht bedacht hatte.

Brian und ich gingen zum Fluss, der weiter anschwoll. Von Tag zu Tag wurde er größer und wilder. »An dieser Stelle kann man ihn am besten überqueren«, meinte Brian. Ich ging die Strecke in Gedanken durch und gab ihm Recht.

Im Winter hatte ich Brian einmal von meiner Schwimmerei erzählt. Er selbst sei kein sonderlicher Schwimmer, hatte er damals erklärt. Jetzt forderte er mich auf, ihn über den Fluss zu begleiten. »Na klar«, stimmte ich zu, doch beim Anblick des reißenden Wassers war ich mir nicht so sicher, ob mir meine Schwimmkünste viel nützen würden.

Wir schnitten uns Stöcke zurecht, und Brian band sich sein Gewehr quer über die Schultern. Dann ließen wir uns ins Wasser gleiten und wateten auf die andere Seite, wobei wir uns schwer auf unsere Stöcke aufstützen mussten. Ehe ich die Hälfte überquert hatte, waren meine Füße vollkommen taub, und jedes Mal, wenn ich einen Fuß hob, riss ihn die Strömung zur Seite. Ohne die Stöcke wären wir verloren gewesen.

Als wir das andere Ufer erreicht hatten, rieben wir uns erst einmal die Beine warm. Langsam kehrte das Gefühl in ihnen zurück, doch vor Schmerzen mussten wir uns auf die Lippen beißen. Wir grinsten uns an, und fluchend machten wir uns am Ufer entlang auf den Weg, um den Kreislauf wieder in Bewegung zu setzen.

Nach einer Stunde waren wir an der Stelle, wo der Jäger geschossen hatte; der Boden war aufgewühlt, und ein paar

Blätter waren mit Blutstropfen bespritzt. In seiner rasenden Wut hatte der Bär Baumschösslinge entwurzelt. Wir sahen uns vorsichtig um, und Brian nahm sein Gewehr von den Schultern. Ich zog mein Beil aus dem Gürtel, aber bei dem Gedanken, mich damit gegen den Bären zu verteidigen, musste ich lachen. Wieder so eine Hugh-Glass-Idiotie.

Wir verfolgten die Fährte des Bären über eine Meile, aber die Blutspuren wurden immer spärlicher, bis sie schließlich ganz verschwanden. Bald sahen wir überhaupt keine Fährte mehr. Wieder ließ Brian eine Schimpfkanonade auf die Jäger los. Ich musste an den Bären denken, der vielleicht einen Schuss abbekommen hatte und nun hilflos und tollpatschig mit einem angeschossenen Bein herumirrte, und dann an die Jäger, die hier völlig fremd waren und jetzt im Laster saßen und warteten, während wir für sie die Kastanien aus dem Feuer holten.

Vergeblich versuchten Brian und ich noch zweimal, den Fluss zu überqueren, doch wir waren gezwungen, bis auf die Höhe meines Zeltes zu wandern, um dort ans andere Ufer zu gelangen. Brian bedankte sich bei mir, und ohne ein Wort an seine Jäger zu richten, sprang er, klatschnass, wie er war, in den Laster und brauste mit ihnen davon.

Einige Zeit später fuhr ich nach Missoula. Meine Freunde waren alle noch da, und wir feierten noch wilder als im Herbst, doch jetzt war keine Verzweiflung mehr dabei. Ich hatte keine Angst mehr, wieder fortzugehen. Im Gegenteil, es zog mich zu meinem Zelt zurück, nur befürchtete ich diesmal, dass es am Indian Creek jetzt nicht mehr so sein würde wie vorher. Er schien jetzt jedermann zu gehören.

Ich nutzte die Zeit in der Stadt und rief in Nevada an, wo ein Job als Rettungsschwimmer bei der Parkverwaltung auf mich wartete. Ja, ich sollte gleich kommen, sagten sie. Danach fragte ich gleich bei der Jagd- und Forstverwaltung von Idaho nach, und der Wildhüter meinte, das ginge schon in Ordnung, sie würden schon jemanden für die letzten paar Wochen finden, um die Fische freizulassen, im Frühling sei das keine Schwierigkeit.

Ich kehrte zum Indian Creek zurück. Zwei Zelte waren auf meiner Wiese aufgeschlagen. Ich fuhr einfach an ihnen vorbei und verschwand in meinem Zelt. Es herrschte noch immer Frühling – es war gerade Mitte Mai, aber der richtige Frühling, das Erwachen in den Bergen nach dem Winter, war nun vorüber. Ich wollte einfach nicht mehr hier bleiben und zusehen, wie ein fremder Besucher nach dem anderen in meine Gegend eindrang.

Zum letzten Mal kletterte ich mit Boone zum Indian Ridge hinauf. Wieder saß ich unter dem Baum, an dem ich den ganzen Frühling über meine Schneeschuhe aufgehängt hatte. Ich kraulte Boone hinter den Ohren und verscheuchte den Gedanken daran, was jetzt mit ihr geschehen sollte. Bei meinen Stippvisiten in Missoula war mir aufgefallen, dass Boone viel zu früh in die Wälder gekommen war. Sie konnte sich in der Stadt überhaupt nicht zurechtfinden und lief mir ständig weg. Bei meinem letzten Besuch war sie wieder einen Tag lang alleine herumgeirrt. Außerdem hatte sie die Angewohnheit, frontal auf die Autos zuzurennen, gerade so, als wären sie ein Wild, das vor ihr kehrtmachen und davonlaufen würde. Bei der Forstverwaltung konnte ich sie nicht in Obhut geben, denn dort nahm man keine Hunde in Pension. Aber ich konnte mir Boone ohnehin nicht vorstellen, wie sie, an einer Kette angebunden, darauf wartete, dass ich sie nach Feierabend abholen würde.

Schließlich erhob ich mich und stupste Boone in die Rippen. Zum letzten Mal nahm ich alles ringsum in mich auf. Die Berge erstreckten sich bis zum Horizont, nordwestlich lagen große, abgebrannte Hänge, immer noch kahl von den großen Bränden in den vierziger Jahren. Im Westen lag das mächtige Kar, das sich nach einem außergewöhnlich starken Regenguss im vergangenen Herbst mit blau leuchtendem Eis gefüllt hatte. Der Boden war mit Nadeln übersät und verströmte immer noch einen starken, würzigen Geruch. Endlich nahm ich die Schneeschuhe vom Baum herunter und schnallte sie mir auf den Rücken. Es war schon alles gepackt. Nur sie hatten noch gefehlt.

Am Fuß das Abhangs verließ ich den Pfad und schritt den Indian Creek entlang zu meinem Zelt. Rader wartete schon auf mich. Ich stieg in seinen Kombi. Doch statt wegzufahren, drehten wir in Richtung Paradise ab. Für Boone konnte ich nur eines tun.

Die Bärenjäger aus Texas kampierten immer noch in Paradise. Rader fuhr auf ihr Lager zu und blieb hinterm Steuer sitzen. Er schaute dauernd auf seine Fingernägel, während ich mit Boone ausstieg.

Die beiden Frauen mit ihren Ehemännern hatten uns gehört und traten mir aus ihrem Zelt entgegen. Die Frau, die so vernarrt war in Boone, bückte sich sofort und begann, sie zu streicheln. Sie waren gerade bei ihren Abenddrinks und wollten mir auch einen anbieten. Ich lehnte dankend ab mit der Entschuldigung, ich hätte keine Zeit. Endlich erkundigte ich mich, ob sie noch an meinem Hund Interesse hätten.

Selbstverständlich sei sie interessiert, meinte die Frau, und blickte von Boone auf, als wollte sie fragen, ob ich sie tatsächlich aufgeben könnte.

Ich hatte mit ihnen schon die ganze Angelegenheit besprochen und wiederholte nun, dass mir gar keine andere Wahl bliebe.

Die Bärenjäger lebten in Texas auf einer Ranch mit fünftausend Morgen Land. Oder fünfzehntausend oder fünfzigtausend – ich hörte nicht mehr so genau hin, was sie sagten. Sie versicherten mir jedenfalls, dass Boone genügend Auslauf hätte und dass sie keinesfalls an die Kette käme. Auf einmal hatte ich es fürchterlich eilig, alles hinter mich zu bringen, sodass ich sogar vergaß, die Adresse dieser Leute zu notieren.

Ich schüttelte allen ringsum die Hand und übergab Boones Leine an ihre neue Herrin. Dann ging ich zurück zum »Wildtöter«. Schweigend fuhr Rader auf den Pass zu. Als Erstes mussten wir zur Seite fahren, um den vielen entgegenkommenden Lastern Platz zu machen.

Ich starrte durchs Wagenfenster auf die engen, dunkelfeuchten Felswände des Selway und auf sein tosendes Wasser. Jeden Tag wurde der Fluss reißender, meine winzigen Lachse befanden sich irgendwo da drinnen und kämpften um ihr Überleben.

Als die Straße für einen Moment frei war, fuhren wir wieder los; Boone, meinen Frühling und meine Lachse ließen wir hinter uns. Eigentlich war ich nur hergekommen, damit ich einmal meine eigene Geschichte zu erzählen hätte, doch dauerte es noch eine Weile, bis ich die Worte dazu fand.

EPILOG

Nach einem weiteren Sommer als Rettungsschwimmer am Lake Mead machte ich im darauf folgenden Winter noch eine Wanderung durch Neuseeland, ehe ich nach Missoula zurückkehrte, um dort meinen Abschluss in Wildbiologie zu machen. Vier Jahre später, als meine Lachse vom Pazifik über die Dämme und an den Anglern vorbei wieder zu ihrem Geburtsfluss aufstiegen, war ich als Fluss-Ranger am Snake River angestellt. Von den zweieinhalb Millionen Lachslaich, die ich gehütet hatte, kehrten weniger als zwanzig Fische zurück zum Indian Creek.

REISEN · MENSCHEN · ABENTEUER

NATIONAL GEOGRAPHIC TASCHENBÜCHER
VON FREDERKING & THALER

WASSER UND MEHR

W. Hodding Carter
Wie die Wikinger
Von der verrückten Idee zur abenteuerlichen Fahrt
ISBN 3-89405-190-6

Kontiki? – Das war gestern. Heute segelt der amerikanische Abenteurer W. Hodding Carter auf den Spuren des Wikingers Leif Eriksson durch die eisigen Gewässer des Ozeans – mit "Snorri", dem originalgetreuen Nachbau eines Wikingerschiffs.

Dea Birkett
Jella
Allein unter Männern auf dem Schiff von Lagos nach Liverpool
ISBN 3-89405-156-6

Die Welt entdecken, zur See fahren – reine Männersache? Nicht für Dea Birkett. Sie heuert auf der "Minos" an, als einzige Frau unter lauter rauen Kerlen, denen sie rasch beweist, dass sie seetüchtig, wind- und wetterfest ist.

Patrice Franceschi
Die Odyssee der "La Boudeuse"
Abenteuerreisen auf einer Hochseedschunke
ISBN 3-89405-205-8

Auf einer Hochseedschunke in indonesischen Gewässern: Die Besatzung des Forschungsschiffes "La Boudeuse" ist fasziniert und verzaubert von der Inselwelt Indonesiens. Die Reise führt sie zum Stamm der Sakuddei und zu der überwältigenden Höhlenlandschaft der Sungai Bai auf Borneo ...

So spannend wie die Welt.

NATIONAL GEOGRAPHIC
FREDERKING & THALER